तोमर (तंवर/तनवर)

TOMAR (TANWAR)

रनवीर सिंह

Made with ♥ on the Notion Press Platform
www.notionpress.com

समर्पण

तोमर वंश के समस्त पूर्वजों को जिनका इतिहास आज हम पढ़कर गौरवान्वित होते हैं, उनको समर्पित

क्रम-सूची

क्रम-सूची

प्रस्तावना

प्रस्तावना तोमर

जन्म एक उत्पत्ति है । जिसका जन्म है, उसकी मृत्यु निश्चित है । इस विषय पर अनेक मत - मतान्तर हैं । आदि काल, रामायणकाल, महाभारत काल, वर्तमान काल से यह चला आ रहा है । सामान्यतः गर्भकाल भी जीवन जाति विशेष पर निर्भर करता है । खरगोश 1 माह, कुता 2 माह, बिल्ली 2 माह, बन्दर 4 माह, शेर 4 माह, बकरी 6 माह, गाय 9 माह, मनुष्य 9 माह, भैंस 10 माह, गधा - घोड़ी 12 माह, तथा हाथी का 20 - 21 माह का समय कहा गया है । अपवाद स्वरूप और विशेष परिस्थिति में थोड़ा कुछ बदलाव आता रहता है ।

भोजन – देश, काल, परिस्थिति, जलवायु के अनुसार भोजन, खानपान रहा है । भोजन - वृक्ष जिस दूषित वायु को खाकर जीते हैं, अन्य प्राणी उसे खाकर मर जाते हैं । पेट्रोल की गाडी डीजल से नहीं चलती है । मानव के दांत भी शाकाहार के अनुसार बनाए हैं । जबकि मानव शाकाहारी और मांसाहारी दोनों हैं । जानवर जो मांसाहारी हैं उनके दांतों की संरचना शाकाहारी दांतों से भिन्न है । जिनका मांसाहार किया जाता है, वे प्रायः शाकाहारी जीव ही होते हैं । जैसे मुर्गा, बकरा, भैंस, हिरण, अन्य पशु आदि ।

जीवन क्रम - श्वांस के लेने, रोकने, छोड़ने (रेचक, कुम्भक, पूरक) की गति प्रत्येक जीवधारी की अलग - अलग रहती है । उसी के अनुरूप जीवन रहता है, तेज गति की श्वांस वाले जीवधारी प्रायः कम उम्र तथा कम गति की श्वांस वाले जीवधारी अधिक उम्र के होते हैं । चूहा 4 वर्ष, खरगोश 8 वर्ष, कबूतर 8 वर्ष, लोमड़ी 14 वर्ष, कुता 12 से 14 वर्ष, बकरा - बकरी 15 वर्ष, बन्दर 21 वर्ष, गाय 22 वर्ष, शेर 22 से 25 वर्ष, चमगादड़ 24 वर्ष, बैल 24 - 25 वर्ष, भैंस 32 वर्ष, घोड़ा 32 वर्ष, मगरमच्छ 45 वर्ष, गधा 45 वर्ष, घड़ियाल 58 वर्ष, हाथी 40 से 70 वर्ष, मानव 70 से 100 वर्ष, सर्प 120 वर्ष, कछुआ 150 वर्ष सामान्यतः उम्र रहती है ।

वर्ण व्यवस्था - मनु के वर्ण व्यवस्था में भी ब्राह्मण, क्षत्रिय, वैश्य और शूद्र का वर्गीकरण लेख है । इनमें भी शिक्षा अनिवार्य और प्राथमिक रही । जिसमें शब्द ब्राह्मण का सामान्य भाव है कि " ब्रह्म जानाति ब्राह्मण " अर्थात जिसे ब्रह्माण्ड की जानकारी है वह ब्राह्मण है । जिसमें ऋषि, देवर्षि, महर्षि, महात्मा, मुनि आदि की जानकारी मिलती है । सभी जातियों के व्यक्ति इस वर्ण व्यवस्था से सम्बन्धित थे । परशुराम, वशिष्ठ, विश्वामित्र, वाल्मीकि, अत्रि, भारद्वाज,

रावण सभी समकालीन थे परन्तु सभी ब्राह्मण नहीं थे । दूसरे वामन (52) अक्षरों (हिन्दी वर्णमाला – 16 स्वर, 36 व्यंजन, कुल 52 अक्षर) का ज्ञानी वामन (ब्राह्मण) है । जो ब्राह्मण शब्द का ही अपभ्रंश है । यहां यह स्पष्ट करना जरुरी है कि वर्तमान हिन्दी में प्राय: स्वरों में 13 स्वर (**अ आ इ ई उ ऊ ए ऐ ओ औ अं अः ऋ – बारह खड़ी और ऋ)** को ही पढ़ाया जा रहा है, 16 स्वर नहीं । स्वर (vowel) :- वे वर्ण जिनके उच्चारण में किसी अन्य वर्ण की सहायता की आवश्यकता नहीं होती, स्वर कहलाता है । इसके उच्चारण में कंठ, तालु का उपयोग होता है, जीभ, होठ का नहीं । जैसे – 16 स्वर **(अ आ इ ई उ ऊ ए ऐ ओ औ अं अः ऋ ॠ ऌ ॡ)** । जबकि मराठी भाषा में 16 स्वर ही पढ़ाये जाते हैं । अन्य भाषाओं में पंजाबी में 41, बंगाली में 43, गुजराती में 47, कन्नड़/मलयालम में 49, तमिल में 31, तेलगू में 60, अंग्रेजी/फ्रेंच 26, उर्दू में (39 मुख्य, व 13 अन्य) 52 अक्षरों का प्रावधान है । यही शब्द बाद में एक " ब्राह्मण " जाति विशेष में बदला है, क्योंकि इनका अध्ययन – अध्यापन मुख्य कार्य हो गया । यद्यपि इन्होनें कृषि कार्य एवं युद्ध कौशल जैसे कार्यों में भी अपनी भूमिका निभाई है । जैसे परशुराम, रावण आदि । कुछ विद्वान मत अनुसार जब मानव बौद्धिक विकास से सम्बन्धित कार्य का निष्पादन - मुख्यत: - पठन - पाठन, ब्रह्म कार्य, बुद्धि कार्य, जिसमें विश्वामित्र, अत्रि, कश्यप, वाल्मीकि भी हैं, पर ब्राह्मण नहीं हैं । जब शरीर के द्वारा दूसरे की सहायता/रक्षा का कार्य हुआ वे क्षत्रिय कहलाए, - परशुराम (जमदग्नि - रेणुका पुत्र) और रावण (पुलत्स्य – अगस्त ऋषि कुल में विश्रवा के पुत्र) ब्राह्मण होते हुए क्षत्रिय कार्य करने के कारण क्षत्रिय भी कहे गए हैं । जिन्होंने उदर पूर्ति की व्यवस्था से सम्बन्धित कृषि कार्य, पशु पालन कार्य, बागवानी व अन्य व्यापार किया, वे वैश्य कहलाए । परन्तु यह कार्य भी ब्राह्मण और क्षत्रियों ने भी किए, फिर भी इन्होनें अपना शिक्षा एवं रक्षा कार्य को ही प्राथमिकता दी जिससे वे अपने ही वर्ण के रहे । इसलिए वे अपने वैश्य के स्थान पर ब्राह्मण और क्षत्रिय कहलाना पसंद करते हैं । शूद्र - शरीर के शुद्धीकरण से सम्बन्धित कार्य (स्नान, शौच आदि) व्यवस्था को शुद्धि एवं अन्य दूसरे की सेवा करने वाले को शूद्र कहा गया । हर मानव अपने आप में उपरोक्त चारों वर्णों से युक्त है, परन्तु समय के साथ जिसने जिसे वरीयता दी उसको वर्ण या जाति बना लिया । कहने का आशय यह है कि शिक्षा की उपयोगिता सभी के लिए अपना एक विशेष स्थान रखती है । अशिक्षित व्यक्ति के बारे में कहा गया है कि "काला अक्षर भैंस बराबर" और संस्कृत में –

" येषां न विद्या न तपो न दानम, ज्ञानम न शीलं, न गुणों धर्मः, ।

ते मृत्युलोके भुवि भारभूता, मनुष्य रूपेण मृगाश्च चरन्ति ।। " (चाणक्य नीति /10/7)

तथा – " पुस्तकेषु विद्या परहस्त गतम धनम, कार्यकाले उत्पन्ने, न ततसा विद्या न तत धनम " ।

और शिक्षित व्यक्ति के लिए कहा गया है कि –

" विद्या ददाति विनयम, विनयम ददाति पात्रताम " ।

और यही कारण है कि मानव जीवन के चारों वर्णों (ब्राह्मण, क्षत्रिय, वैश्य तथा शूद्र) के चारों आश्रमों (ब्रह्मचर्य, गृहस्थ, वानप्रस्थ, और संन्यास) में ब्रह्मचारी जीवन से ही शिक्षा की व्यवस्था की गयी है और उसी शिक्षा के अनुसार फिर गृहस्थ और अगले आश्रमों का निर्वहन होता है । शिक्षा ही कर्म प्रधानता को श्रेष्ठ कहती है - हिन्दी में - " कर्म ही पूजा है ", अंग्रेजी में " वर्क इज वरशिप (WORK IS WORSHIP) ", रामचरित मानस में – " कर्म प्रधान विश्व करि राखा " श्रीमदभगवत गीता में - " कर्मण्येवाधिकारस्तु मा फलेषु कदाचन " और संस्कृत में – " उध्यमेनहि कार्याणि सिद्धन्ति न मनोरथैः, न हि सुप्तस्य सिंहस्य प्रविशन्ति मुखे मृगा " आदि । यह कहना भी आवश्यक है कि वर्ण धर्म कार्य अनुरूप है बदलता नहीं, किसान – किसान, व्यापारी – व्यापारी, मजदूर – मजदूर, संत – संत, डाक्टर – डाक्टर, इंजीनियर – इंजीनियर, प्रोफ़ेसर – प्रोफ़ेसर, वकील – वकील, नेता – नेता, अभिनेता – अभिनेता, आदि यहाँ यह कर्म जाति है जिस जाति में पैदा हुआ वह नहीं । जन्म जिस जाति में हुआ, वही जाति कहलाती है – यथा – पुरुष – पुरुष, स्त्री – स्त्री, जानवर – जानवर, पक्षी – पक्षी भी अपनी जाति से ही पहचाने जाते हैं । क्या गाय को भैंस, बकरी या अन्य जानवर बना सकते हैं, नहीं । उसी प्रकार जाति धर्म नहीं बदलते । जैसा कि आजकल धर्म परिवर्तन, अंतरजातीय विवाहों में भी अपवाद देखे जा रहे हैं, कहीं सामान्य वर्ण का व्यक्ति, किसी अन्य वर्ण से शादी करता/करती है तो शादी के बाद पुरुष प्रधान जाति की वरीयता कही गयी है । पहले जब स्त्री या पुरुष अंतरजातीय विवाह करते थे, उस समय पुरुष जाति को प्रधानता दी जाती थी । यथा एक ही स्त्री से जब पारासर ऋषि सम्बन्ध बनाते हैं उसकी संतान वेद व्यास ब्राह्मण ही कहलाए, जबकि उसी स्त्री से राजा शांतनु विवाह करते हैं तो उनकी संतान विचित्र वीर्य और चित्रांगद क्षत्रिय कहलाए । यह प्रसंग महाभारत कालीन है । धार्मिक मत और वैज्ञानिक मत भी इसके पक्षधर हैं । जमीन और माँ को माता और जन्मदात्री कहा है – " जननी जन्म भूमिश्च स्वर्गादपि गरीयसी " । खेत में बोई हुई फसल (बीज) के अनुसार पैदावार (फसल) का नाम होता है जैसे गेंहू से गेंहू, मक्का से मक्का आदि खेत से नहीं ।

स्त्री पुरुष में भी बीज (वीर्य) से संतान पैदा होती है इसलिए पुरुष को जातीयता प्रधानता दी गयी है। परशुराम भार्गव की माँ राजा मान्धाता (क्षत्रिय) की बहिन – रेणुका थी और पिता जमदग्नि ऋषि थे, इसलिए ब्राह्मण कहलाए। इस तरह के अनेकों प्रकरण मिल जायेंगे। परन्तु अब जब सुविधाओं के मामलों में चर्चा करते हैं तो यह उलटा है, यदि सामान्य वर्ण यदि अनुसूचित जाति या अनुसूचित जन जाति की लड़की/लडके से शादी करता है तो वह लडकी/लड़का उस सामान्य वर्ण से होने पर भी वह अनुसूचित या अनुसूचित जन जाति से सम्बन्धित लाभों की हकदार रहेगी/रहेगा, ऐसा क्यों ? विरोधाभास है यह केवल आर्थिक दृष्टि से है।

आश्रम धर्म समय के साथ बदलता है, जन्म के बाद ब्रह्मचर्य, के बाद गृहस्थ, के बाद वानप्रस्थ, के बाद संन्यास और पहले/बाद में मृत्यु।

वर्ण में रंगभेद – भौगोलिक एवं एक ही माता – पिता की संतान में भी यह भेद पाया जाता है। प्रायः तीन ही रंग वर्ण मुख्य कहे गये हैं - गोरा (भूरा) वर्ण, काला (श्याम) वर्ण, लाल (रक्त) वर्ण। गोर वर्ण के लक्ष्मण, शत्रुघन, बलराम, शंकर तथा महासरस्वती हैं। श्याम वर्ण (काला) राम, भरत, कृष्ण, विष्णु, महाकाली जी हैं। रक्त वर्ण में मुख्यतः ब्रह्मा व महालक्ष्मी जी हैं।

भूतकाल – एक प्रेरणा स्रोत इतिहास है जिसे हम अध्ययन कर/जानकर जीवनपयोगी बनाते हैं न कि नक़ल।

जाति ही मानव को उच्चतम गुणों को ग्रहण करने एवं विकसित करने के योग्य बनाती है। यह नियम है कि देखना केवल सजातीय में संभव होता है अर्थात दृश्य दर्शन और दृष्टा के एक ही जाति के होने से देखना होता है अन्यथा नहीं। जो जाती नहीं वह " जाति " है।

जाट जाति भारत देश का गौरव है, वे अन्यों की अपेक्षा हृष्ट - पुष्ट, परिश्रमी, किसान तथा उत्कृष्ट हैं। 13 वीं शताब्दी तक जाटों में रक्त, भाषा और धर्म की एकता थी, परन्तु अब इनमें 30 प्रतिशत मुस्लिम जाट, 20 प्रतिशत सिख जाट तथा शेष 50 प्रतिशत हिन्दू जाट हैं। वर्तमान में व्यापार, व्यवसाय व कार्यक्षेत्र के कारण मुख्यतः सम्पूर्ण विश्व में विशिष्ट स्थानों पर पाए जाते हैं।

वंश परम्परा

प्राचीन काल में मनु वंश परम्परा नामक एक ही वंश था। इसके बाद एक वंश मनु पुत्रों से, एक वंश मनु पुत्री इला से प्रारम्भ हुआ। जिन्हें क्रमशः ऐतिहासिक पहचान सूर्य वंश और चन्द्र वंश मिली। अग्नि वंश, नाग वंश, ऋषि वंश आदि।

जाट वंश –

सूर्यवंशी मूल – आर्यों में क्षत्रिय जो सूर्य की पूजा करते थे तथा संवत के चलन में काल गणना सूर्य की गति के आधार पर करते थे, सूर्यवंशी कहलाए। ब्रह्मा के मारीच पुत्र से कश्यप ऋषि पैदा हुए। कश्यप की पत्नि अदिति (दक्ष की पुत्री) से विवस्वान (सूर्य) पैदा हुए। उसके मनु पुत्र से इक्ष्वाकु पैदा हुए जिनसे सूर्यवंश चला। राम और लक्ष्मण का जन्म सूर्यवंश में हुआ। जाटों के सूर्यवंश के गोत्र है।

चन्द्रवंशी मूल –

आर्यों में क्षत्रिय जो चन्द्रमा की पूजा करते थे तथा संवत के चलन में काल – गणना चन्द्रमा की गति के आधार पर करते थे, वे चंद्रवंशी कहलाये। भागवत पुराण के अनुसार ब्रहमा के एक अत्रि पुत्र थे। जिनके पुत्र सोम (चन्द्र) थे। सोम के बुध पुत्र थे। मनु पुत्री इला का विवाह बुध के साथ हुआ। इन दोनों से चन्द्र वंश का चलन होना बताया गया है। इनका पहला पुरुरवा पुत्र था। इनका बेटा नहुष और नहुष का ययाति, जाट जाति का सम्बन्ध ययाति की संतानों के साथ है। श्रीकृष्ण का जन्म भी चन्द्रवंश में हुआ था। जाटों के अधिकाँश समूह चन्द्र वंशियों के हैं, व्यक्ति के नाम पर, जगह के नाम पर।

अग्नि वंश –

अग्नि वंश - अग्नि पुराण के अनुसार यह वंश अग्नि से पैदा हुआ माना गया है। ये माउंट आबू (राजस्थान) क्षेत्र से संबन्धित है। कुछ इंडोसिया चीन से मूल बताते है। जब क्षत्रियों ने बौद्ध धर्म अपनाया तब उन्होने वैदिक धर्म के रीति रिवाज छोड़ दिये थे। अग्नि वंश की चार शाखाए चौमुख (चौहान), सोलंकी, परिहार, और परमार कही गयी है। यह शाखा भी जाट गोत्रों की हैं।

नाग वंश मूल –

नागवंशी लोगों के छोटे – छोटे गणराज्य होते थे तथा किसी जानवर, पक्षी या पेड़ – पौधे को राज्य का प्रतीक मानते थे और उसकी पूजा करते थे। इन गणराज्यों की पहचान भी इन्हीं नामों से होती थी। प्रायः इतिहासकार यह भूल गए हैं कि जाटों के कतिपय गोत्रों की उत्पत्ति नागवंशियों क्षत्रियों से होना पाया जाता है।

ऋषि वंश – जाटों में अत्रि, भारद्वाज, कश्यप, दुर्वासा गोत्र के जाट है।

वंशवाद – गोत्र – व्याकरण के प्रयोजनों के लिए पाणिनी में भी गोत्र की परिभाषा – " अपात्यय पौत्र प्रभृतिगोत्रं " (4.1.1.62) अर्थात गोत्र शब्द का अर्थ है बेटे के बेटों के साथ शुरू होने वाली संतान, अष्टाद्यायी के अनुसार अपात्यम प्रभृति यदा गोत्रं पौत्र - एक पुरखा के पोते, पड़पोते आदि जितनी संतान होंगी वह एक गोत्र की कही जायेंगी।

तोमर शब्द एवं गोत्र –

तुलसीदास रचित राम चरित मानस के लंका कांड में, तथा महाभारत में तोमर शब्द का उपयोग आया है ।

तलवार - तोमर तलवार सबसे प्रसिद्ध शस्त्र है, तलवार का हत्था छोटा, लेकिन ऊपरी भाग धारदार और लंबा होता है, इसके लगते ही शत्रु का अंत हो सकता है । चंद्रहास - चंद्रहास रावण का प्रिय शस्त्र था, रावण की तपस्या से प्रसन्न होकर शिवजी ने उसे दिया, चंद्रहास टेढ़ी तलवार की तरह दिखाई देता था, इसका आकार आधे चंद्रमा के जैसा होता है ।

तोमर - बीज तोमर सदाबहार वृक्ष का बीज जड़ी बूटी है, जो समशीतोष्ण और उपोष्ण कटिवंधीय क्षेत्र में पाया जाता है । इसे जांथांक्साइलम, प्रिकलली, तेजल, सिचू आन, कालीमिर्च और तिमुर के रूप में भी जाना जाता है । भारतीय और चीनी व्यंजनों में बीज मसालों और मसालों के रूप में उपयोग किया जाता है । बीज तोमर के औषधिय गुण निम्नानुसार हैं: - यह दाँत दर्द और मुँह की गंध जैसी मौखिक समस्याओं का इलाज करने में मदद करता है । (डाबर कंपनी के टूथपेस्ट में तोमर बीज प्रयोग होता है) बीज से बने काढ़े, अपच, बुखार और हैजा का इलाज करने में सहायक होता है । खांसी आम सर्दी और पेट की समस्याओं के इलाज में मदद करता है ।

दिल्ली शासनकाल –

जाट शासन – दिल्ली (817 ईसवी पूर्व से 372 ईसवी पूर्व) – 445 वर्ष (16 पीढ़ी) – स्वामी दयानंद सरस्वती – सत्यार्थ प्रकाश, मौर्य वंश – (322 ईसवी पूर्व से 185 ईसवी पूर्व) - 137 वर्ष, गुप्त वंश – (319 ईसवी से 605 ईसवी) – 386 वर्ष, जाट तोमर वंश (734 ईसवी से 1192 ईसवी) – 458 वर्ष (ठाकुर देशराज – पांडव वंशी तोमर) रहा है ।

तोमर – तोमर राजवंश का मूल उदगम महाभारत के योद्धा पांडव अर्जुन से है, भगवान श्री कृष्ण के फुफेरे भाई तथा बहनोई एवं अन्यय सखा अर्जुन एवं सुभद्रा के पुत्र अभिमन्यु की पत्नि उत्तरा के गर्भ से जन्मे महाराजा परीक्षित एवं उनके पुत्र जनमेजय के वंशज । दिल्ली – इसी राजवंश के आगे बढ़ते इंद्रप्रस्थ दिल्ली के राज सिंहासन पर राजा अनंगपाल सिंह तोमर सिंहासनारूढ़ हुए (736 ए.डी) ।

वर्तमान में तोमर (तंवर) गौत्र जाट और राजपूत तथा गुर्जरों मे भी मिलता है । आजकल तो अन्य जातियां भी अपने को तंवर लिखती हैं । वास्तविकता का पता लगाना इन परिस्थियों में आसान नहीं होता । तंवर जाटों को ही तोमर बोला जाता है । जाट तंवर दिल्ली के चारों ओर मेरठ, बागपत, श्यामली, गौतम

बुद्ध नगर, बुलंदशहर, गाजियाबाद, हापुड़, मुरादाबाद, बिजनौर, अलीगढ़, मथुरा, पलवल, फरीदाबाद जिलों में बसे हुए है । दिल्ली की अधिकतर भूमि पहले जाटों की ही थी जहां आज बसावट है ।

राणा सिंघन देव का जन्म गोहद के स्थानीय बगथरा गाँव से एक संभ्रांत जाट परिवार में हुआ था । इनके पिता कृपाल सिंह थे । सन 1505 में ग्वालियर के तोमर राजा मानसिंह ने राणा सिंघन देव को गोहद क्षेत्र का नियमित राजा (उनकी युद्ध बहादुरी के कारण) बना दिया । राजतिलाकोत्सव "बगथरा" तहसील गोहद जिला भिंड मध्य प्रदेश गांव में ही मनाया गया । जटवारा चम्बल सिंध क्षेत्र अन्तर्गत जाटों के 360 किले एवं गढ़ियों से युक्त क्षेत्र है । गोहद जाटों का किला यूनेस्कों की विश्व धरोहर में सम्मिलित है । आज भी कई किलों पर उस समय की तोप उपलब्ध है - यथा गोहद (भिंड), बेहट, पिछोर (डबरा), हिम्मतगढ़, मोहनगढ़ , भितरवार (जिला ग्वालियर) तथा इन्दर गढ़ जिला दतिया और धौलपुर जिला राजस्थान ।

तोमरों का ऐसाह जिला मुरैना आगमन –

सन 1192 में तराइन के निर्णायक युद्ध में चाहड़ पाल देव तोमर की मृत्यु के पश्चात तोमरों के दिल्ली साम्राज्य का पतन हो गया । दिल्ली तथा उसके आस - पास के हिन्दू राजाओं पर विदेशी आक्रांताओं का दबाब बढ़ने लगा तब ये लोग मैदानी क्षेत्र को छोड़कर मध्य भारत के बीहड़ों तथा दुर्गम क्षेत्रों की ओर नई सत्ता की स्थापना के लिए बढ़ने लगे । तोमर शासक चम्बल के बीहड़ों में स्थित अपने प्राचीन स्थान ऐसाह आ गए ।

ऐसाह मुरैना जिला का तोमर वंश का पुराना दुर्ग, महल एवं भगेसुरी युक्त स्थान है, जो कि ऐसाह की गढ़ी के नाम से विख्यात है । चम्बल क्षेत्र में तोमरों के 140 - 150 गाव है, यह मुख्यत: मुरैना जिले की सम्पूर्ण अम्बाह व पोरसा तहसील के गाव, गोहद तहसील (भिंड - जिला) के कुछ गाव का सम्पूर्ण क्षेत्र ही तंवरघार कहलाता है ।

बाद में इस वंश ने ग्वालियर पर भी अधिकार कर मध्य भारत में एक बड़े राज्य की स्थापना की । ग्वालियर नरेश राजा राम शाह तोमर के तीनों पुत्र (कुँवर - शालीवाहन, भवानी सिंह, प्रताप सिंह) एवं पौत्र बलभद्र सिंह सहित सैकड़ों तोमर वीर हल्दी घाटी युद्ध में वीर गति को प्राप्त हुए थे। ग्वालियर दुर्ग इन्हीं के समय का बना हुआ है । राजा मानसिंह ने मान मंदिर, विक्रमजीत महल तथा मृगनयनी (निन्नी - गुर्जर समाज की बहादुर - सुन्दर लड़की) से शादी (1492) करने पर किले की तलहटी में गुजरी महल अलग से बनवाया था । सन 1922 में पुरातत्व विभाग द्वारा गुजरी महल को संग्राहालय में बदल दिया गया जिसमे 28 गैलरियाँ

9000 कलाकृतियाँ है । राजा मान सिंह ग्वालियर के एक प्रतापी शासक (1486 - 1516), संगीत एवं कला प्रेमी रहे थे ।

इससे स्पष्ट होता है कि तोमर व जाट सम्बन्ध एक थे । जबकि गोहद (भिंड) के जाट राणाओं और अटेर के भदोरिया शासकों के युद्‌ध के वर्णन मिलते हैं । तंवरघार के तोमर और गोहद के राणाओं को मध्य कोई युद्‌ध नहीं हुआ । और यही कारण है जब ग्वालियर नरेश राजा राम शाह तोमर के तीनों पुत्र (कुँवर - शालीवाहन, भवानी सिंह, प्रताप सिंह) एवं पौत्र बलभद्र सिंह सहित सैकड़ों तोमर वीर हल्दी घाटी युद्‌ध (18 जून 1576) में वीर गति को प्राप्त हुए थे। और बाद में गोहद भिंड के राणाओं ने ग्वालियर पर शासन किया ।

पुस्तक में तोमर से सम्बन्धित विभिन्न परिस्थितियों की विवेचना की गयी है, जिससे वास्तविकता की स्थिति स्पष्ट बनी रहे ।

पावती (स्वीकृति)

पावती (स्वीकृति)

स्तनधारी प्राणी एशिया से ही यूरोप में गया है । आज भी संसार का सबसे प्राचीन ग्रन्थ ऋग्वेद माना जाता है । मोहन जोदोड़ो, हड़प्पा की खुदाई से मिलने वाली वस्तुओं से भी वैदिक सभ्यता अति प्राचीनता/विदित होती है । अभी विगत वर्षों ही में गांव – सनौली, तहसील - श्यामली, जिला – बागपत, उत्तर प्रदेश में भी वैदिक सभ्यता के मोहन जोदोड़ो, हड़प्पा के समकालीन अवशेष मिले हैं (यू ट्यूब या जाटलैंड विकी पर विस्तृत जानकारी देख सकते हैं) । उत्तर प्रदेश के पूर्व मुख्यमंत्री श्री सम्पूर्णानंद ने अपनी पुस्तक " आर्यों का आदि देश भारत " पुस्तक में भारत को ही आर्यों की जन्मभूमि माना है । पाश्चात्य लोग, गोर, लम्बे, बड़े सिर वाले भारतीय, ईरान, यूरोप वासियों को आर्य कहते है । परन्तु भारतीय कहते हैं कि जो रूप, रंग, आकृति, प्रकृति, धर्म, कर्म, विज्ञान, आचार – विचार तथा शील में सर्वश्रेष्ठ है, वही आर्य है ।

कर्तव्यमाचरण का ममकर्तव्य मनाचरण । तिष्ठति प्रकृताचारें मः स आर्य, इति स्मृतः । । (वसिष्ठ - स्मृति)

जाति – गुर्जर 5 – 6 वीं शताब्दी से, राजपूत शब्द 5 – 6 वीं शताब्दी से, सिख शब्द 15 वीं शताब्दी से, मराठा 17 वीं शताब्दी से चलन में हैं, जबकि यादव और जाट शब्द इनसे पहले से उपयोग हो रहे हैं । यादव कृष्ण (द्वापर) से तथा जाट शब्द का उल्लेख महर्षि पाणिनि (जट झट संघाते) और देव संहिता में शिव – पार्वती के संवाद में तथा महाभारत में भी स्पष्ट उल्लेख है । जिसमें यह कहा गया है कि जाट वीरभद्र के वंशज हैं । कहने का तात्पर्य यह है कि अधिकतर वंश तो अपने को ब्रह्मा, विष्णु से ही सम्बन्धित कहते हैं, परन्तु जाट तो देवों के देव – महादेव से सम्बंधित हैं । जो इस बात का स्पष्ट ध्योतक है कि जाट आदिकालीन व्यवस्था से जुड़ा समाज है ।

जहाँ तक तोमर शब्द का प्रश्न है, उसका उल्लेख रामायण, महाभारत और वन औषधि में भी मिलता है । इससे स्पष्ट है कि तोमर शब्द, राजपूत और गुर्जर शब्द से पहले का है । इसलिए तोमर जाट के बाद राजपूत और गुर्जर शब्द आए, लगभग 5 – 6 वी शताब्दी में । वर्तमान स्थिति में तो तोमर (तंवर) शब्द का उपयोग क्षत्रिय (जाट, राजपूत और गुर्जर) के अतिरिक्त भी अन्य जाति के व्यक्ति भी कर रहे हैं । अतः ऐसी स्थिति में केवल तोमर शब्द के उपयोग से जाति

विशेष का पता लगाना आसान नहीं है, जब तक विस्तृत विवेचना/जानकारी न हो ।

उपरोक्त सभी बिन्दुओं को ध्यान में रखते हुए तोमर जाट, राजपूत, गुर्जर से सम्बन्धित विवेचना की जानकारी को संकलित किया गया है । दिल्ली व दिल्ली के आसपास के क्षेत्र से सम्बन्धित जानकारी का विभिन्न माध्यमों से संकलन किया है। विशेषकर जाट लैंड विकीपीडिया, दिल्ली के तोमर (तोमरों का इतिहास – प्रथम भाग – दिल्ली के तोमर (736 – 1193) लेखक श्री हरिहरनिवास द्विवेदी (विद्या मंदिर प्रकाशन – मुरार ग्वालियर), तथ्यों के परिप्रेक्ष्य में – जाट – इतिहास लेखक डॉ. नत्थन सिंह, पवन प्रिंटर्स नवीन शाहदरा, दिल्ली – 110032), जाटों की उत्पत्ति एवं विस्तार, लेखक डॉ. अतल सिंह खोकर, जयपाल एजेंसी 31ए सुभाषपुरम, आगरा), सिन्धिया-जाट सम्बन्ध गोहद के विशेष सन्दर्भ में, लेखक डॉ. प्रद्युम्न कुमार ओझा, पांडव गाथा (मानवेन्द्र सिंह व चमन सिंह), पांडववंशी तोमर (कौन्तेय, कुंतल, जाट का पूर्ण इतिहास), जाट वीरों का इतिहास (दलीप सिंह अहलावत), सेमीनार ऑन किंग्स (Seminar on kings . PDF –) दिल्ली के संस्थापक महाराजा अनंगपाल तोमर – III. , डॉक्टर योगानन्द शास्त्री पूर्व विधान सभा अध्यक्ष दिल्ली सरकार द्वारा लिखित पुस्तक - प्राचीन भारत में योद्धेय गणराज्य, श्री अजयसिंह अमेरिका (मूल निवास जिला मेरठ) आदि ।

श्री राम (रामचन्द्र) तथा श्री कृष्ण ने अपने नाम के आगे कभी अपना गोत्र अथवा जाति नहीं लिखी है, यद्यपि वे भी किसी न किसी जाति से सम्बन्धित थे । यद्यपि युद्ध कौशल के कारण ही दोनों क्षत्रिय वर्ण में आते हैं । जबकि एक का जन्म एक राज परिवार से था और दूसरे का जन्म एक साधारण परिवार से था । श्री राम दिन में पैदा होने के कारण (सूर्य प्रभाव) से रघुवंशी के स्थान पर सूर्यवंशी भी कहलाते हैं तथा उनके आगे के वंश अपने को सूर्यवंशी कहते है । उसी प्रकार से श्री कृष्ण का जन्म रात्रि कालीन समय (चन्द्र प्रभाव) में पैदा होने के कारण वे चंद्रवंशी तथा उनके आगे के वंशज अपने को चंद्रवंशी कहलाते हैं । एक ही जाति के विभिन्न व्यक्ति अपने को सूर्यवंशी अथवा चंद्रवंशी भी लिख रहे हैं । यही स्थिति नाग वंश और ऋषि परम्पराओं में है । नाम के आगे किसी प्रकार का सम्बोदन लिखने से व्यक्ति उस वंश अथवा जाति से नहीं हो जाता जब तक विस्तृत जानकारी न हो जिससे वास्तविकता का पता चले या उसके अभिलेखों में उसकी जाति का उल्लेख न हो । यह सत्य और प्रचलन में है कि अधिकतर व्यक्ति अपने नाम के साथ जाति नहीं लिखते परन्तु गोत्र अधिकतर अब प्रचलन में आ गया है, जबकि पहले यह भी (गोत्र) प्रचलन में नहीं था । परन्तु एक दूसरे के प्रति मान सम्मान अपना विशेष

महत्त्व रखता है । प्राय: ब्रज के ग्रामीण क्षेत्र में आम जनता पंडित जी को " पंडित जी पांय लांगू (चरण स्पर्श)" कहती है और वही पंडित जी जब भगवान के मंदिर में बैठते हैं तब मन्दिर के भगवान को " ठाकुर जी पांय लागूं (चरण स्पर्श) " कहते है । कितना सम्मान एक दूसरे के प्रति ?

जाट जाति का इतिहास बड़ा गौरवमयी रहा है जिसने हर क्षेत्र में अपना झंडा गाड़ा है । 1 जनवरी 1915 ईसवी में अस्थायी सरकार ने भारत का पहला स्वतंत्रता दिवस मनाया जिसमें राजा महेंद्र प्रताप (मुरसान हाथरस तत्कालीन जिला अलीगढ़ उत्तर प्रदेश) ने बतौर राष्ट्रपति ध्वजारोहण अफगानिस्तान में किया था । वर्तमान में भी अफगानिस्तान संसद में उनकी मूर्ति स्थापित है । वर्ष 2021, 14 सितम्बर में देश के प्रधानमंत्री श्री नरेन्द्र मोदी ने राजा महेन्द्र प्रताप विश्वविद्यालय अलीगढ की आधार शिला रखी है । राजा जी 28 वर्ष की उम्र में भारत देश छोड़ दिया था देश की आजादी के लिए , जबकि नेताजी सुभाष चन्द्र बोस ने तो आजाद हिन्द फ़ौज 1943 ईसवी में बनायी थी । राजा महेंद्र प्रताप की स्मृति में भारत सरकार ने दिनांक 15 अगस्त 1979 को एक डाक टिकिट पोस्ट और टेलीग्राफ द्वारा जारी किया । ये राजा महेन्द्र प्रताप भी मूलतः तोमर ही थे , परन्तु देश की आजादी के लिए संघर्ष की ठान ली थी इस कारण से तोमर के स्थान पर अपने को ठेनुआ लिखने लगे थे ।

गाँव शादीपुर, तहसील खैर जिला अलीगढ़ में शहीद भगत सिंह ने तोमर परिवार (ठाकुर टोडरसिंह तोमर - जाट) के यहां 18 महीने रहकर आजादी के कार्यक्रम संचालित किए थे ।

जाटों ने आजाद भारत से पहले राष्ट्रपति (श्री राजा महेन्द्र प्रताप - अफगानिस्तान) , आजादी के बाद उपराष्ट्रपति , प्रधानमंत्री, उपप्रधानमंत्री , राज्यपाल, मुख्यमंत्री , मंत्री विभिन्न सरकार में रहे है । विदेश में श्री महेंद्र सिंह (पूर्वज हरियाणा वल्हारा जाट) फिजी के प्रधानमंत्री रहे हैं । पाकिस्तान के प्रथम प्रधानमंत्री चौधरी लियाकत अली मुस्लिम जाट थे ।

भारतीय सेना के तीनों (थल, जल, वायु) के प्रमुखों का रहने का श्रेय जाट जाति को है । प्रशानिक अधिकारी (राजस्व, पुलिस,वनविभाग, विदेश विभाग) सभी पदों को शोभायमान किया है तथा वर्तमान में भी किया है और कर रहे हैं । अभी अभी श्री इन्दरमीत गिल दूसरे भारतीय और प्रथम जाट वर्ल्ड बैंक चीफ एकोनोंमिस्ट 27 जुलाई 2022 को चुने गए है जो 1 सितम्बर 2022 से अपना पदभार संभालेगें । इनसे पहले भारतीय श्री कौशिक बसु (2012 से 2016)इस पद पर रहे थे ।

पावती (स्वीकृति)

कई वर्षों से कॉमन वेल्थ गेम्स प्रतियोगिताओं में जाट लड़के और लड़कियों की प्रगति को कौन नहीं जानता ? संत समाज संस्था जिसका नाम राधा स्वामी सतसंग ब्यास (आर एस एस बी) शुरू से लेकर आजतक सतसंग सेवा के साथ साथ चिकित्सा सेवा में अपनी भूमिका निभा रहे है , इनके के एक गुरु बाबा (श्री महाराज चरण सिंह पौत्र संत बाबा सावन सिंह) की शादी तोमर रियासत पिसावा जिला अलीगढ़ से हुई थी ।

अत: तोमर जाट जानकारी जानना एक गौरवमयी विषय है, इस कारण से यह संकलन कर प्रकाशित कराया जा रहा है ।

1

जम्बूद्वीप, भारतखंड, आर्यावर्त

जम्बूद्वीप, भारतखंड, आर्यावर्त

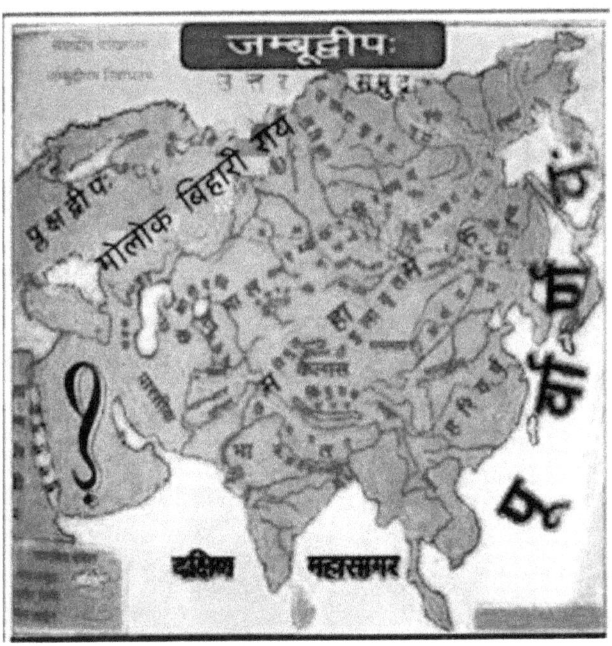

जम्बू द्वीप

जब कोई शुभ कार्य किया जाता है तब एक संकल्प लिया जाता है कि अमुख व्यक्ति या समूह का अमुख कार्य निर्विघ्न संपन्न हो , तब भगवान विष्णु के साथ जम्बूद्वीप, भारत खंड, आर्यावर्त अंतर्गत अमुख स्थान, अमुख तिथि , नक्षत्र , अमुख व्यक्ति , अमुख जाति और अमुख गोत्र आदि का उच्चारण किया जाता है ।

जम्बूद्वीपे भारतवर्षे भरतखण्डे आर्यावर्ते.. राज्ये..नगरे.. -

ये संकल्प आपने सुना होगा कोई भी शुभ कार्य से पूर्व पंडित जी द्वारा बोला गया । तो कभी सोचा कि जम्बूद्वीप क्या है ..!

- प्राचीन काल में सम्पूर्ण पृथ्वी पर सनातन धर्म का विस्तार था । उसमें भी जम्बूद्वीप हिंदुओं का केंद्र रहा है ।
- पुराणों में उद्धृत सात द्वीपों (सात – महाद्वीप - Seven Continents) में से जम्बूद्वीप (एशिया - Asia) सबसे बड़ा व मध्य में स्थित है।

जम्बू द्वीप का विस्तार - जम्बू दीप : सम्पूर्ण एशिया एवं आर्यावर्त

भारतवर्ष : पारस (ईरान), अफगानिस्तान, पाकिस्तान, हिन्दुस्थान, नेपाल, तिब्बत, भूटान, म्यांमार, श्रीलंका, मालद्वीप, थाईलैंड, मलेशिया, इंडोनेशिया, कम्बोडिया, वियतनाम, लाओस तक भारतवर्ष ।

महाभारत काल के जनपद

इसी जम्बूद्वीप में स्थित है भारतवर्ष और भारतवर्ष के मध्य में स्थित है हिंदुस्थान जो उत्तर में हिमालय व दक्षिण में सागर तक फैला हुआ है, इसी के उत्तरी भाग को कहते हैं आर्यावर्त। आर्यभूमि का विस्तार काबुल की कुंभा नदी से भारत की गंगा नदी तक रहा। तो आर्य कहीं बाहर से नहीं आये इसी विस्तृत भूमि की संताने हैं।

किसने बसाया भारतवर्ष : त्रेतायुग में अर्थात भगवान राम के काल के हजारों वर्ष पूर्व प्रथम मनु स्वायंभुव मनु के पौत्र और प्रियव्रत के पुत्र ने इस भारतवर्ष को बसाया था, तब इसका नाम कुछ और था।

वायु पुराण के अनुसार महाराज प्रियव्रत का अपना कोई पुत्र नहीं था तो उन्होंने अपनी पुत्री के पुत्र अग्नीन्ध्र को गोद ले लिया था जिसका लड़का नाभि था। नाभि की एक पत्नी मेरू देवी से जो पुत्र पैदा हुआ उसका नाम ऋषभ था। इसी ऋषभ के

पुत्र भरत थे तथा इन्हीं भरत के नाम पर इस देश का नाम 'भारतवर्ष' पड़ा। हालांकि कुछ लोग मानते हैं कि राम के कुल में पूर्व में जो भरत हुए उनके नाम पर भारतवर्ष नाम पड़ा। कुछ कहते हैं कि पुरुवंश के राजा दुष्यंत और शकुन्तला के पुत्र भरत के नाम पर भारतवर्ष पड़ा। यह मत भिन्नता है।

इस भूमि का चयन करने का कारण था कि प्राचीनकाल में जम्बू द्वीप ही एकमात्र ऐसा द्वीप था, जहां रहने के लिए उचित वातारवण था और उसमें भी भारतवर्ष की जलवायु सबसे उत्तम थी। यहीं विवस्ता नदी के पास स्वायंभुव मनु और उनकी पत्नी शतरूपा निवास करते थे।

राजा प्रियव्रत ने अपनी पुत्री के 10 पुत्रों में से 7 को संपूर्ण धरती के 7 महाद्वीपों का राजा बनाया दिया था और अग्नीन्ध्र को जम्बू द्वीप का राजा बना दिया था। इस प्रकार राजा भरत ने जो क्षेत्र अपने पुत्र सुमति को दिया वह भारतवर्ष कहलाया। भारतवर्ष अर्थात भरत राजा का क्षेत्र।

सप्तद्वीपपरिक्रान्तं जम्बूदीपं निबोधत।
अग्नीध्रं ज्येष्ठदायादं कन्यापुत्रं महाबलम।।
प्रियव्रतोअभ्यषिञ्चतं जम्बूद्वीपेश्वरं नृपम्।।
तस्य पुत्रा बभूवुर्हि प्रजापतिसमौजसः।
ज्येष्ठो नाभिरिति ख्यातस्तस्य किम्पुरूषोअनुजः।।
नाभेर्हि सर्गं वक्ष्यामि हिमाह्व तन्निबोधत।
(वायु पुराण 31-37, 38)

दलीप सिंह अहलावत ने लिखा है....ययाति महाराज जम्बूद्वीप के सम्राट् थे। जम्बूद्वीप आज का एशिया समझो। यह मंगोलिया से सीरिया तक और साइबेरिया से भारतवर्ष शामिल करके था। इसके बीच के सब देश शामिल करके जम्बूद्वीप कहलाता था।कानपुर से तीन मील पर जाजपुर स्थान के किले का ध्वंसावशेष आज भी 'ययाति के कोट' नाम पर प्रसिद्ध है। राजस्थान में सांभर झील के पास एक 'देवयानी' नामक कुंआ है जिसमें शर्मिष्ठा ने वैरवश देवयानी को धकेल दिया था, जिसको ययाति ने बाहर निकाल लिया था। इस प्रकार ययाति राज्य के चिह्न आज भी विद्यमान हैं। महाराजा ययाति का पुत्र पुरु अपने पिता का सेवक व आज्ञाकारी था, इसी कारण ययाति ने पुरु को राज्य भार दिया। परन्तु शेष पुत्रों को भी राज्य से वंचित न रखा। वह बंटवारा इस प्रकार था –

1. यदु को दक्षिण का भाग (जिसमें हिमाचल प्रदेश, पंजाब, हरयाणा, राजस्थान, दिल्ली तथा इन प्रान्तों से लगा उत्तर

प्रदेश, गुजरात एवं कच्छ हैं)।

2. तुवर्सु को पश्चिम का भाग (जिसमें आज पाकिस्तान,अफगानिस्तान, ईरान,इराक, सउदी अरब, यमन, इथियोपिया, केन्या, सूडान, मिश्र, लीबिया, अल्जीरिया, तुर्की, यूनान हैं)।

3. द्रहयु को दक्षिण पूर्व का भाग दिया।

4.अनु को उत्तर का भाग (इसमें उत्तरदिग्वाची सभी देश हैं) दिया। आज के हिमालय पर्वत से लेकर उत्तर में चीन, मंगोलिया, रूस, साइबेरिया, उत्तरी ध्रुव आदि सभी इस में हैं।

5. पुरु को सम्राट् पद पर अभिषेक कर, बड़े भाइयों को उसके अधीन रखकर ययाति वन में चला गया।

यदु से यादव क्षत्रिय उत्पन्न हुए। तुर्वसु की सन्तान तंवर/तोमर कहलाई। द्रुहयु के पुत्र भोज नाम से प्रसिद्ध हुए । अनु से म्लेच्छ जातियां उत्पन्न हुईं। पुरु से पौरव वंश चला।

आर्यावर्त -

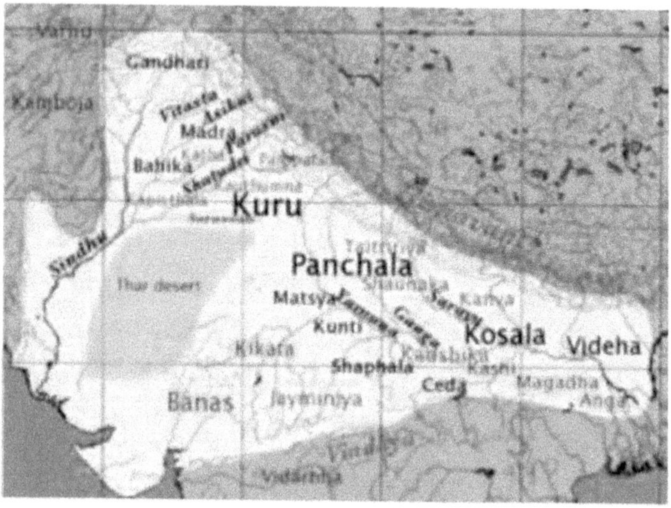

आर्यावर्त

प्राचीन संस्कृत ग्रंथों में 'उत्तरी भारत' को **आर्यावर्त** (शाब्दिक अर्थ : आर्यों का निवासस्थान) कहा गया है।

प्राचीन साहित्य में आर्यावर्त

ऋग्वेद में आर्यों का निवासस्थल "सप्तसिंधु" प्रदेश के नाम से अभिहित किया जाता है। ऋग्वेद के नदीसूक्त (10/75) में आर्यनिवास में प्रवाहित होनेवाली नदियों का एकत्र वर्णन है जिसमें मुख्य ये हैं - कुभा (काबुल नदी), क्रुगु (कुर्रम), गोमती (गोमल), सिन्धु, परुष्णी (रावी), शुतुद्री (सतलज), वितस्ता (झेलम), सरस्वती, यमुना तथा गंगा। यह वर्णन वैदिक आर्यों के निवासस्थल की सीमा का निर्देशक माना जा सकता है।

ब्राह्मण ग्रंथों में कुरु पांचाल देश आर्य संस्कृति का केंद्र माना गया है जहाँ अनेक यज्ञयागों के विधान से यह भूभाग "प्रजापति की नाभि" कहा जाता था। शतपथ ब्राह्मण का कथन है कि कुरु पांचाल की भाषा ही सर्वोत्तम तथा प्रामाणिक

है।

उपनिषद्काल में आर्यसभ्यता की प्रगति काशी तथा विदेह जनपदों तक फैली। फलतः पंजाब से मिथिला तक का विस्तृत भूभाग आर्यों का पवित्र निवास उपनिषदों में माना गया है ।

आर्यावर्त की सीमा

धर्मसूत्रों में आर्यावर्त की सीमा के विषय में बड़ा मतभेद है। वशिष्ठधर्मसूत्र (1.8-9) में आर्यावर्त की यह प्रख्यात सीमा निर्धारित की गई है कि यह आदर्श (विनशन; सरस्वती के लोप होने का स्थान) के पूर्व, कालक वन (प्रयाग) के पश्चिम, पारियात्र तथा विंध्य के उत्तर और हिमालय के दक्षिण में है। अन्य दो मतों का भी यहां उल्लेख है कि (क) आर्यावर्त गंगा और यमुना के बीच का भूभाग है और (ख) उसमें कृष्ण मृग निर्बाध संचरण करता है।बौधायान (धर्मसूत्र 1.1.27), पतंजलि (महाभाष्य 2.4.10 पर) तथा मनु (मनुस्मृति 2.17) ने भी वसिष्ठोक्त मत को ही प्रामाणिक माना है। मनु की दृष्टि में आर्यावर्त मध्यदेश से बिलकुल मिलता है और उसके भीतर "ब्रह्मवर्त" नामक एक छोटा, परंतु पवित्रतम भूभाग है, जो सरस्वती और दृषद्वती नदियों द्वारा सीमित है और यहां का परंपरागत आचार सदाचार माना जाता है। आर्यावर्त की यही प्रामाणिक सीमा थी और इसके बाहर के देश म्लेच्छ देश माने जाते थे, जहां तीर्थयात्रा के अतिरिक्त जाने पर इष्टि या संस्कार करना आवश्यक होता था। बौधायनधर्मसूत्र (1.1.31) में अवंति, अंग, मगध, सुराष्ट्र, दक्षिणापथ, उपावृत्, सिंधुसौविर, चंपा, कंबोज, गांधार, कुशस्थाली, कलिंग, ब्रह्मादेश, त्रीभुवन, पर्शव, ताम्रपरणि, द्रविड़ राज्य, कर्हाटक, प्रतिस्थान, जनस्थान, कोशल, गोकर्ण, आंध्र आदि आर्य देशों में गिनाए गए हैं।

परंतु आर्यों की संस्कृति और सभ्यता ब्राह्मणों के धार्मिक उत्साह के कारण अन्य देशों में भी फैली जिन्हें आर्यावर्त का अंश का न मानना सत्य का अपलाप होगा। मेधातिथि का इस विषय में मत बड़ा ही युक्तिपूर्ण प्रतीत होता है। उनका कहना है कि "जिस देश में सदाचारी क्षत्रिय राजा म्लेच्छों को जीतकर चातुर्वर्ण्य की प्रतिष्ठा करे और म्लेच्छों को आर्यावर्त के चांडालों के समान व्यवस्थित करे, वह देश भी यज्ञ के लिए उचित स्थान है, क्योंकि पृथ्वी स्वतः अपवित्र नहीं होती, बल्कि अपवित्रों के संसर्ग से ही दूषित होती है" (मनु 2.23 पर मेधातिथिभाष्य)। ऐसे विजित म्लेच्छों देशों को भी मेधातिथि आर्यावर्त के अंतर्गत मानने के

पक्षपाती हैं। संस्कृति की प्रगति की यह मांग ठुकराई नहीं जा सकती। तभी तो महाभारत पंजाब को, जो कभी आर्य-संस्कृति का वैदिककालीन केंद्र था, दो दिन भी ठहरने लायक नहीं मानता (कर्णपर्व 43.5-8), क्योंकि यवनों के प्रभाव के कारण शुद्धाचार की दृष्टि से उस युग में यह नितांत आचारहीन बन गया था। आर्यावर्त ही गुप्तकाल में 'कुमारी द्वीप' के नाम से प्रसिद्ध था। पुराणों में आर्यावर्त "भारतवर्ष" के नाम से ही विशेषतः निर्दिष्ट है (विष्णुपुराण 2.3.1, मार्कंडेयपुराण57.59 आदि)।

जम्बूद्वीप - प्राचीन भारतीय ग्रन्थों में प्रायः बृहत्तर भारत की धरती को जम्बूद्वीप नाम से अभिहित किया गया है । वस्तुतः जम्बूद्वीप का अधिकांश भाग वर्तमान एशिया माना जाता है । प्राचीन भारतीय ब्रह्माण्डशास्त्र में 'द्वीप' का अर्थ वर्तमान समय के द्वीप या महाद्वीप (continent) जैसा है । सम्भवतः सबसे पहले सम्राट अशोक ने तीसरी शताब्दी ईसापूर्व में अपने राज्यक्षेत्र को 'जम्बूद्वीप' कहा है । पश्चातवर्ती ग्रन्थों में यही शब्दावली देखने को मिलती है। उदाहरण के लिये, 10वीं शताब्दी के एक कन्नड़ शिलालेख में भी भारत को 'जम्बूद्वीप' कहा गया है।

पौराणिक भूगोल के वर्णन के अनुसार जम्बूद्वीप सप्तमहाद्वीपों में से एक है। यह पृथ्वी के केन्द्र में स्थित माना गया है। इसके नवखण्ड हैं, जिनके नाम ये हैं- इलावृत, भद्रास्व, किंपुरुष, भारत, हरि, केतुमाल, रम्यक, कुरू और हिरण्यमय । इसका नामकरण जम्बू (जामुन) नामक वृक्ष के आधार पर हुआ है। इस जम्बू वृक्ष के रसीले फल जिस नदी में गिरते हैं वह मधुवाहिनी जम्बूनदी कहलाती है। यहीं से जाम्बूनद नामक स्वर्ण उत्पन्न होता है। इस जल और फल के सेवन से रोग-शोक तथा वृद्धावस्था आदि का प्रभाव नहीं होता।भारतवर्ष के सनातनी परिवार पूजा तर्पण के समय एक मन्त्र में प्रतिदिन स्मरण करते हैं- *जम्बूद्वीपे, भरतखण्डे, आर्यावर्ते....*। पुराणों में जम्बूद्वीप के छह वर्ष पर्वत बताए गए हैं- हिमवान, हेमकूट, निषध, नील, श्वेत और श्रृंगवान । कालान्तर में इस जम्बूद्वीप के आठ द्वीप बन गए- स्वर्णप्रस्थ, चन्द्रशुक्ल, आवर्तन, रमणक (रमन्त्रा) मन्दर, हरिण, पाञ्चजन्य तथा सिंहल । जम्बूद्वीप की भौगोलिक रचना हस्तिनापुर (उ०प्र०) में निर्मित है । 250 फुट के विस्तृत क्षेत्र में इसका निर्माण हुआ है ।

महाराज सगर के पुत्रों के पृथ्वी को खोदने से जम्बूद्वीप में आठ उपद्वीप बन गये थे जिनके नाम हैं:

- स्वर्णपथ
- चन्द्रकुल
- आवर्तन
- रमणक
- मनदहरिण
- पान्चजय
- सिंहल तथा
- लंका
- **जम्बूद्वीप के वर्ष**
- इलावृत वर्ष के मध्य में ही मर्यादापर्वत सुमेरु स्थित है।
- भारतवर्ष के अतिरिक्त अन्य वर्षों का वर्णन इस प्रकार हैः
- भद्राश्च वर्ष में धर्मराज के पुत्र भद्रश्रवा का राज्य है। वहाँ पर भगवान हयग्रीव की पूजा होती है।
- हरि वर्ष में दैत्यकुलभूषण भक्तवर प्रह्लाद जी रहते हैं। वहाँ पर भगवान नृसिंह की पूजा होती है।
- केतुमाल वर्ष वर्ष में लक्ष्मी जी संवत्सर नाम के प्रजापति के पुत्र तथा कन्याओं के साथ भगवान कामदेव की आराधना करती हैं।
- रम्यक वर्ष के अधिपति मनु जी हैं। वहाँ पर भगवान मत्स्य की पूजा होती है।
- हिरण्यम वर्ष के अधिपति अर्यमा हैं। वहाँ पर भगवान कच्छप की पूजा होती है।
- उत्तर कुरु वर्ष में भगवान वाराह की पूजा होती है।
- किम्पुरुष वर्ष के स्वामी श्री हनुमान जी हैं। वहाँ पर भगवान श्रीरामचन्द्र जी की पूजा होती है।

जम्बुद्वीप का वर्णन - सभी द्वीपों के मध्य में जम्बूद्वीप स्थित है। वर्तमान एशिया

सुमेरु पर्वत

इस द्वीप के मध्य में सुवर्णमय सुमेरु पर्वत स्थित है। इसकी ऊंचाई चौरासी हजार योजन है और नीचे काई ओर यह सोलह हजार योजन पृथ्वी के अन्दर घुसा हुआ है। इसका विस्तार, ऊपरी भाग में बत्तीस हजार योजन है, तथा नीचे तलहटी में केवल सोलह हजार योजन है। इस प्रकार यह पर्वत कमल रूपी पृथ्वी की कर्णिका के समान है।

सुमेरु के दक्षिण में

हिमवान, हेमकूट तथा निषध नामक वर्षपर्वत हैं, जो भिन्न भिन्न वर्षों का भाग करते हैं।

सुमेरु के उत्तर में

नील, श्वेत और शृंगी वर्षपर्वत हैं।

- इनमें निषध और नील एक एक लाख योजन तक फ़ैले हुए हैं।
- हेमकूट और श्वेत पर्वत नब्बे नब्बे हजार योजन फ़ैले हुए हैं।
- हिमवान और शृंगी अस्सी अस्सी हजार योजन फ़ैले हुए हैं।

वर्षों की स्थिति एवं वर्णन

मेरु पर्वत के दक्षिण में

पहला भारत वर्ष , दूसरा किम्प्पुरुष वर्ष तथा तीसरा हरिवर्ष है। इसके दक्षिण में रम्यक वर्ष, हिरण्यमय वर्ष और तीसरा उत्तर कुरु वर्ष है। उत्तरकुरुवर्ष द्वीपमण्डल की सीमा पार होने के कारण भारतवर्ष के समान धनुषाकार है। इन सबों का विस्तार नौ हजार योजन प्रतिवर्ष है। इन सब के मध्य में इलावृत वर्ष है, जो कि सुमेरु पर्वत के चारों ओर नौ हजार योजन फ़ैला हुआ है। एवं इसके चारों ओर चार पर्वत हैं, जो कि ईश्वरीकृत कीलियां हैं, जो कि सुमेरु को धारण करती हैं, वर्ना ऊपर से विस्तृत और नीचे से अपेक्षाकृत संकुचित होने के कार्ण यह गिर पड़ेगा। ये पर्वत इस प्रकार से हैं:-

पूर्व में मंदराचल

दक्षिण में गंधमादन

पश्चिम में विपुल

उत्तर में सुपार्श्व

ये सभी दस दस हजार योजन ऊंचे हैं। इन पर्वतों पर ध्वजाओं समान ग्यारह ग्यारह हजार योजन ऊंचे क्रमशह कदम्ब, जम्बु, पीपल और वट वृक्ष हैं। इनमें जम्बु वृक्ष सबसे बड़ा होने के कारण इस द्वीप का नाम जम्बुद्वीप पड़ा है। इसके जम्बु फ़ल हाथियों के समान बड़े होते हैं, जो कि नीचे गिरने पर जब फ़टते हैं, तब उनके रस की धारा से जम्बु नद नामक नदी वहां बहती है। उसका पान करने से पसीना, दुर्गन्ध, बुढ़ापा अथवा इन्द्रियक्षय नहीं होता। उसके मिनारे की मृत्तिका (मिट्टी) रस से मिल जाने के कारण सूखने पर जम्बुनद नामक सुवर्ण बनकर सिद्धपुरुषों का आभूषण बनती है।

वर्षों की स्थिति

मेरु पर्वत के पूर्व में भद्राश्ववर्ष है और पश्चिम में केतुमालवर्ष है। इन दोनों के बीच में इलावृत वर्ष है। इस प्रकार उसके पूर्व की ओर चैत्ररथ, दक्षिण की ओर गन्धमादन, पश्चिम की ओर वैभ्राज और उत्तर की ओर नन्दन नामक वन हैं। तथा सदा देवताओं से सेवनीय अरुणोद, महाभद्र, असितोद और मानस – ये चार सरोवर हैं।

मेरु के पूर्व में

शीताम्भ, कुमुद, कुररी, माल्यवान, वैवंक आदि पर्वत हैं।

मेरु के दक्षिण में

त्रिकूट, शिशिर, पतंग, रुचक और निषाद आदि पर्वत हैं।

मेरु के उत्तर में

शंखकूट, ऋषभ, हंस, नाग और कालंज आदि पर्वत हैं।

मेरु पर्वत का वर्णन

मेरु पर्वत के ऊपर अंतरिक्ष में चौदह सहस्र योजन के विस्तार वाली ब्रह्माजी की महापुरी या ब्रह्मपुरी है। इसके सब ओर दिशाओं तथा विदिशाओं में इन्द्रादि लोकपालों के आठ रमणीक तथा विख्यात नगर हैं।

विष्णु पादोद्भवा गंगाजी

गंगा जी चन्द्रमंडल को चारों ओर से आप्लावित करके स्वर्गलोक से ब्रह्मलोक में गिरतीं हैं, व सीता, अलकनंदा, चक्षु और भद्रा नाम से चार भागों में विभाजित हो

जातीं हैं। सीता पूर्व की ओर आकाशमार्ग से एक पर्वत से दूसरे पर्वत होती हुई, अंत में पूर्वस्थित भद्राश्ववर्ष को पार करके समुद्र में मिल जाती है। अलकनंदा दक्षिण दिशा से भारतवर्ष में आती है और सात भागों में विभक्त होकर समुद्र में मिल जाती है। चक्षु पश्चिम दिशा के समस्त पर्वतों को पार करती हुई केतुमाल नामक वर्ष में बहते हुए सागर में मिल जाती है। भद्रा उत्तर के पर्वतों को पार करते हुए उतरकुरुवर्ष होते हुए उत्तरी सागर में जा मिलती है।

माल्यवान तथा गन्धमादन पर्वत

ये पर्वत क्रमशः उत्तर तथा दक्षिण की ओर नीलांचल तथा निषध पर्वत तक फ़ैले हुए हैं। उन दोनों के बीच कर्णिकाकार मेरु पर्वत स्थित है। मर्यादा पर्वतों के बहिर्भाग में भारत, केतुमाल, भद्राअश्व और कुरुवर्ष इस लोकपद्म के पत्तों के समान हैं। जठर और देवकूट दोनों मर्यादा पर्वत हैं, जो उत्तर और दक्षिण की ओर नील तथा निषध पर्वत तक फ़ैले हुए हैं। पूर्व तथा पश्चिम की ओर गन्धमादन तथा कैलाश पर्वत अस्सी अस्सी योजन विस्तृत हैं। इसी समान मेरु के पश्चिम में भी निषध और पारियात्र – दो मर्यादा पर्वत स्थित हैं। उत्तर की ओर निशृंग और जारुधि नामक वर्ष पर्वत हैं। ये दोनों पश्चिम तथा पूर्व की ओर समुद्र के गर्भ में स्थित हैं। मेरु के चारों ओर स्थित इन शीतान्त आदि केसर पर्वतों के बीच में सिद्ध-चारणों से सेवित अति सुंदर कन्दराएं हैं, देवताओं के मंदिर हैं, सुरम्य नगर तथा उपवन हैं। यहां किन्नर, गन्धर्व, यक्ष, राक्षस, दैत्य और दानव आदि क्रीड़ा करते हैं। ये स्थान सम्पूर्ण पृथ्वी के स्वर्ग कहलाते हैं। ये धार्मिक पुरुषों के निवासस्थान हैं, पापकर्मा लोग सौवर्षों में भी यहां नहीं जा सकते हैं। विष्णु भगवान, भद्राश्ववर्ष में हयग्रीव रूप से, केतुमालवर्ष में वराहरूप से, भारतवर्षवर्ष में कूर्मरूप से रहते हैं। कुरुवर्ष में मत्स्य रूप से रहते हैं।

हिन्दू ग्रन्थों में वर्णन

श्री दुर्गा पूजन में जम्बूद्वीप का उल्लेख इस प्रकार आता है:

ॐ विष्णुर्विष्णुर्विष्णुः, ॐ अद्य ब्रह्मणोऽह्नि द्वितीय परार्धे श्री श्वेतवाराहकल्पे वैवस्वतमन्वन्तरे, अष्टाविंशतितमे कलियुगे, कलिप्रथम चरणे-------जम्बूद्वीपेभरतखण्डे भारतवर्षे ---------(अपने नगर/गांव का नाम लें) पुण्य क्षेत्रे बौद्धावतारे वीर विक्रमादित्यनृपते : 2068, तमेऽब्दे क्रोधी नाम संवत्सरे उत्तरायणे बसंत ऋतो महामंगल्यप्रदे मासानां मासोत्तमे चैत्र मासे शुक्ल पक्षे प्रतिपदायां तिथौ सोम वासरे (गोत्र का नाम लें) गोत्रोत्पन्नोऽहं अमुकनामा

(अपना नाम लें) सकलपापक्षयपूर्वकं सर्वारिष्ट शांतिनिमितं सर्वमंगलकामनया-श्रुतिस्मृत्योक्तफलप्राप्त्यर्थं मनेप्सित कार्य सिद्धयर्थं श्री दुर्गा पूजनं च अहं करिष्ये। तत्पूर्वागंत्वेन निर्विघ्नतापूर्वक कार्य सिद्धयर्थं यथामिलितोपचारे गणपति पूजनं करिष्ये।

ब्रह्म पुराण , अध्याय 18, श्लोक 21, 22, 23 में यज्ञों द्वारा जम्बूद्वीप के महान होने का प्रतिपादन है-

तपस्तप्यन्ति यताये जुह्वते चात्र याज्विन।।
दानाभि चात्र दीयन्ते परलोकार्थ मादरात्॥ 21॥
पुरुषैयज्ञ पुरुषो जम्बूद्वीपे सदेज्यते।।
यज्ञोर्यज्ञमयोविष्णु रम्य द्वीपेसु चान्यथा॥ 22॥
अत्रापि भारतश्रेष्ठ जम्बूद्वीपे महामुने।।
यतो कर्म भूरेषा यधाऽन्या भोग भूमयः॥23॥

अर्थ - भारत भूमि में लोग तपश्चर्या करते हैं, यज्ञ करने वाले हवन करते हैं तथा परलोक के लिए आदरपूर्वक दान भी देते हैं। जम्बूद्वीप में सत्पुरुषों के द्वारा यज्ञ भगवान् का यजन हुआ करता है। यज्ञों के कारण यज्ञ पुरुष भगवान् जम्बूद्वीप में ही निवास करते हैं। इस जम्बूद्वीप में भारतवर्ष श्रेष्ठ है। यज्ञों की प्रधानता के कारण इसे (भारत को) को कर्मभूमि तथा और अन्य द्वीपों को भोग-भूमि कहते हैं।

जम्बूद्वीप - जम्बू द्विपा **(Jambudvipa)** (संस्कृत : जम्बुद्वीप ; पाली : जम्बुद्वीप) है द्विपा (dvipa) स्थलीय दुनिया के ("द्वीप" या "महाद्वीप"), के कोस्मोलोजीज (cosmologies) में कल्पना के रूप में हिन्दू धर्म, बौद्ध धर्म,और जैन धर्म है, जो दायरे जहां साधारण मनुष्य रहते है।

प्राकृत नाम *Jambudīpasi* "भारत" के लिए (संस्कृत "Jambudvipa") में Sahasram माइनर रॉक फतवेके अशोक , 250 ईसा पूर्व लगभग (ब्राह्मी लिपि)।

जम्बूद्वीप शब्द का शाब्दिक अर्थ है "जंबू वृक्षों की भूमि" जहां जम्बू (जामुन के रूप में भी जाना जाता है) भारतीय ब्लैकबेरी (सिजीजियम क्युमिनी) है और द्वीप के दो अर्थ हैं "द्वीप" या "महाद्वीप" और "ग्रह" समुद्र में स्थित हैं। वाह्य अंतरिक्ष।

"ग्रहों को द्वीप कहा जाता है। बाह्य अंतरिक्ष हवा के सागर की तरह है। जैसे समुद्र के पानी में द्वीप हैं, अंतरिक्ष के महासागर में इन ग्रहों को द्वीप, या बाहरी अंतरिक्ष में द्वीप कहा जाता है" (चैतन्य चरितामृत मध्य 20.218, पुरपोर्ट)

वैदिक ब्रह्माण्ड विज्ञान के अनुसार पौराणिक वर्णन

पुराणिक ब्रह्मांड *विज्ञान के* अनुसार , दुनिया को सात संकेंद्रित द्वीप महाद्वीपों (*सप्त-द्वीप वसुमति*) में विभाजित किया गया है, जो सात घेरे वाले महासागरों से अलग हैं, प्रत्येक पूर्ववर्ती एक (अंदर से बाहर जाने) के आकार से दोगुना है। के सात महाद्वीपों पुराणोंके रूप में दिया गया है **Jambudvipa** , Plaksadvipa , Salmalidvipa , Kusadvipa , Krouncadvipa , Sakadvipa , और Pushkaradvipa । सात मध्यवर्ती महासागरों में क्रमशः नमक-पानी, गन्ने का रस, शराब, घी, दही, दूध और पानी शामिल हैं। लोक लोक नामक पर्वत श्रृंखला , जिसका अर्थ है "दुनिया-नहीं-दुनिया", इस अंतिम समुद्र में फैली हुई है, जो ज्ञात दुनिया को अंधेरे शून्य से चित्रित करती है।

महाद्वीप जम्बूद्वीप (भारतीय ब्लैक बेरी द्वीप), जिसे *सुदर्शनद्वीप के* नाम से भी जाना जाता है , उपरोक्त योजना में अंतरतम संकेंद्रित द्वीप बनाता है। कहा जाता है कि इसका नाम एक जम्बू पेड़ (भारतीय ब्लैक बेरी का दूसरा नाम) से निकला है । जंबू वृक्ष के फलों को विष्णु पुराण (अध्याय 2) में कहा गया है कि वे हाथियों के समान बड़े होते हैं और जब वे सड़ जाते हैं और पहाड़ों की चोटी पर गिर जाते हैं, तो उनके व्यक्त रस से रस की एक नदी बनती है। इस प्रकार बनी नदी जम्बूनदी (जंबू नदी) कहलाती है और जम्बूद्वीप से होकर बहती है, जिसके निवासी इसका पानी पीते हैं। कहा जाता है कि द्वीपीय महाद्वीप जम्बूद्वीप में नौ *वर्ष* (क्षेत्र) और आठ महत्वपूर्ण *पर्वत* (पहाड़) शामिल हैं।

मार्कंडेय पुराण में जम्बूद्वीप को दक्षिण और उत्तर में उदास और बीच में ऊंचा और चौड़ा दिखाया गया है। ऊंचा क्षेत्र *इला-व्रत* या *मेरुवर्ष* नामक *वर्षा का निर्माण करता है* । इला-व्रत के केंद्र में पहाड़ों के राजा स्वर्ण मेरु पर्वत स्थित है। मेरु पर्वत के शिखर पर, भगवान ब्रह्मा का विशाल शहर है , जिसे *ब्रह्मपुरी के* नाम से जाना जाता *है*। ब्रह्मपुरी के आसपास 8 शहर हैं - भगवान इन्द्र में से एक और सात अन्य देवताओं में से एक ।

मार्कंडेय पुराण और ब्रह्माण्ड पुराण जम्बूद्वीप को चार विशाल क्षेत्रों में विभाजित करते हैं, जो कमल की चार पंखुड़ियों के आकार के होते हैं, जिसमें मेरु पर्वत एक पेरिकारप की तरह केंद्र में स्थित होता है । कहा जाता है कि *ब्रह्मपुरी* शहर एक नदी से घिरा हुआ है, जिसे *आकाश गंगा के* नाम से जाना जाता है । कहा जाता है कि *आकाश गंगा* भगवान विष्णु के पैर से निकलती है और चंद्र

क्षेत्र को धोने के बाद "आसमान के माध्यम से" गिरती है और ब्रह्मपुरी को घेरने के बाद "चार शक्तिशाली धाराओं में विभाजित हो जाती है", जिसे चार विपरीत दिशाओं में बहने के लिए कहा जाता है। मेरु पर्वत का परिदृश्य और जम्बूद्वीप की विशाल भूमि की सिंचाई।

द्वीपों के सामान्य नाम, उनके वर्ण (जंबू-द्वीप के लिए 9, अन्य द्वीप के लिए 7) प्रत्येक वर्ण में एक पर्वत और एक नदी के साथ, कई पुराणों में दिए गए हैं। हालांकि, अन्य पुराणों में नामों का एक अलग सेट प्रदान करता है। सबसे विस्तृत भूगोल वह है जो वायु पुराण में वर्णित है ।

बौद्ध धर्म में

बौद्ध ब्रह्माण्ड विज्ञान विभाजित *bhūmaṇḍala* (पृथ्वी के चक्र) तीन अलग-अलग स्तरों में: Kamadhatu (इच्छा दायरे), Rupadhatu (फॉर्म दायरे), और Arupyadhatu (निराकार दायरे)। कामधातु में सुमेरु पर्वत स्थित है जिसके बारे में कहा जाता है कि यह चार द्वीप-महाद्वीपों से घिरा हुआ है। "सबसे दक्षिणी द्वीप को जम्बूद्वीप कहा जाता है"। सुमेरु के आसपास बौद्ध खातों के अन्य तीन महाद्वीप जम्बूद्वीप से मनुष्यों के लिए सुलभ नहीं हैं। जम्बूद्वीप एक त्रिभुज के आकार का है, जिसका मुख दक्षिण की ओर है, कुछ हद तक भारतीय उपमहाद्वीप जैसा है। इसके केंद्र में एक विशाल जम्बू का पेड़ है जिससे महाद्वीप अपना नाम लेता है, जिसका अर्थ है "जंबू द्वीप"।

जम्बूदीप, चार महादीपों में से एक, या महान महाद्वीप, जो कक्कवाला में शामिल हैं और एक कक्कवट्टी द्वारा शासित हैं। उन्हें माउंट सिनेरू के चारों ओर समूहीकृत किया गया है। जम्बूदीप में चौरासी हजार चोटियों, झीलों, पर्वत श्रृंखलाओं आदि के साथ हिमावा है।

इस महाद्वीप का नाम जम्बू-वृक्ष (जिसे नागा भी कहा जाता है) से लिया गया है, जो वहां उगता है, इसकी सूंड पंद्रह योजन परिधि में, इसकी फैली हुई शाखाएँ पचास योजन लंबी, इसकी छाया एक सौ योजन विस्तार और इसकी ऊँचाई एक सौ योजन (विन। i.30; SNA.ii.443; Vsm.i.205f; Sp.i.119, आदि) इस पेड़ के कारण, जम्बूद्वीप को जंबुसंडा (SN.vs.552; SNA.i.121) के नाम से भी जाना जाता है। . महाद्वीप दस हजार योजन विस्तार में है; इनमें से दस हजार, चार हजार समुद्र से ढके हुए हैं, तीन हजार हिमालय पर्वतों द्वारा, जबकि तीन हजार पुरुषों द्वारा बसे हुए हैं (SNA.ii.437; UdA.300)।

जम्बूद्वीप वह क्षेत्र है जहाँ मनुष्य रहते हैं और एकमात्र ऐसा स्थान है जहाँ मनुष्य के रूप में जन्म लेने से कोई प्राणी प्रबुद्ध हो सकता है। यह जम्बूद्वीप में

है कि कोई धर्म का उपहार प्राप्त कर सकता है और चार आर्य सत्य , महान आठ गुना पथ को समझ सकता है और अंततः जीवन और मृत्यु के चक्र से मुक्ति का एहसास कर सकता है । एक अन्य संदर्भ बौद्ध ग्रंथ महावंश से है , जहां सम्राट अशोक के पुत्र महिंदा ने जम्बूद्वीप के रूप में श्रीलंका के राजा देवनमपियातिसा से अपना परिचय दिया , जो अब भारतीय उपमहाद्वीप का जिक्र है। यह महायान में कृतिगर्भ सूत्र में आधारित है ।

जैन धर्म में - जैन ब्रह्माण्ड विज्ञान के अनुसार जम्बूद्वीप के मानचित्र को दर्शाने वाला चित्र

जैन ब्रह्माण्ड विज्ञान के अनुसार , जम्बूद्वीप मध्यलोक, या ब्रह्मांड के मध्य भाग के केंद्र में है, जहां मनुष्य निवास करते हैं। *जम्बूद्वीप प्रज्ञप्ति* या गुलाब के पेड़ के द्वीप पर ग्रंथ में जम्बूद्वीप और *शभ* और राजा भरत की जीवनी का *वर्णन है*। *त्रिलोकसारा* (तीनों लोकों का सार), *त्रिलोकप्रज्ञप्ति* (तीन लोकों पर ग्रंथ), *त्रिलोकदीपिका* (तीनों लोकों की रोशनी) और *क्षेत्रसमासा* (जैन भूगोल का सारांश) अन्य ग्रंथ हैं जो जम्बूद्वीप और जैन ब्रह्मांड विज्ञान का विवरण प्रदान करते हैं। मध्यलोक में महासागरों से घिरे कई महाद्वीप-द्वीप शामिल हैं, जिनमें से पहले आठ के नाम हैं:

महाद्वीप/द्वीप - सागर
जम्बूद्वीप
लवनोडा (नमक - महासागर)
धातकी खंडो
कलौदा (काला सागर)
पुष्करवद्वीप
पुस्करोडा (कमल महासागर)
वरुणवद्वीप
वरुणोदा (वरुण महासागर)
क्षीरवद्वीपः
क्षीरोदा (दूध का सागर)
घृतवद्वीप
घृतोदा (घी सागर)
इक्षुवद्वीपः

इक्सुवरोदा (गन्ने के रस का सागर)
नंदीश्वरद्वीप
नंदीश्वरोदा

मेरु पर्वत दुनिया के केंद्र में जम्बूद्वीप से घिरा हुआ है, जो एक वृत्त के रूप में 100,000 योजन व्यास का है।

जम्बूद्वीप महाद्वीप में 6 पर्वत हैं, जो महाद्वीप को 9 क्षेत्रों (क्षेत्र) में विभाजित करते हैं। इन क्षेत्रों (जोनों) के नाम हैं:

1. भारत क्षेत्र
2. महाविदेह क्षेत्र:
3. ऐरावत क्षेत्र
4. राम्यकवास
5. हरिवास
6. हेरन्यावत क्षेत्र
7. हैमावत क्षेत्र
8. देवकुरु
9. उत्तरकुरु

***आर्किटेक्चर** - हस्तिनापुर में जम्बूद्वीप जैन तीर्थ , ज्ञानमती माताजी की देखरेख में निर्मित , जैन ब्रह्माण्ड विज्ञान के अनुसार जम्बूद्वीप का चित्रण है ।*

जम्बूद्वीप भू-राजनीतिक अर्थों में

टॉलेमी का जम्बूद्वीप का नक्शा जो 'आबादी दुनिया' की भौगोलिक स्थिति की वास्तविक तस्वीर देता है, इस विचार को दूर करता है। अपने चार नोडल बिंदुओं के माध्यम से इस विशेष मानचित्र की भौगोलिक पहचान की खोज के बाद: सिद्धपुरा (उत्तर), लंका (दक्षिण), जुमुकोटे या यामाकोटी (पूर्व) और रूमक (पश्चिम) भारत के दक्षिणी समुद्र तट पर कोणार्क में सूर्य मंदिर के पास, वैज्ञानिक विचार जीवन की उत्पत्ति की भूमि के रूप में इस अंडाकार आकार की भूमि पर मानव

ज्ञान के सभी क्षेत्रों पर विभिन्न शोधों के लिए नई जमीन खुलती है। टॉलेमी के जम्बूद्वीप के नक्शे में ओडिशा में भारत के दक्षिणी समुद्र तट पर सूर्य मंदिर, कोणार्क में भू-भाग के छोटे पैच को चिह्नित किया गया है। यह भूमि सूर्य मंदिर से उत्तर की ओर सिद्धपुरा (हंसपाला) तक लगभग अस्सी मील और समुद्र तट पर पूर्व-दक्षिण-पूर्व विभाजन में चिल्का झील से अस्टारंगा तक लगभग एक सौ मील तक फैली हुई है। लंका का प्रतिनिधित्व लम्बुआपाड़ा द्वारा दया नदी (प्राचीन ग्रंथों की सिंधु नदी) के तट पर भुवनेश्वर (धौली) के पास पिपिली ब्लॉक में है। जुमुकोटे कोणार्क के पास जमंतला और जमाधर्म की पहचान करता है। यह प्राचीन यरूशलेम है; रूमक प्राचीन रमनका या साकेत को संदर्भित करता है, और इसका प्रतिनिधित्व भुवनेश्वर द्वारा ही किया जाता है। यह समुद्र पर चार भुजाओं वाली भूमि के अंडाकार आकार को दर्शाता है। ग्रीक के टॉलेमाइस का प्रतिनिधित्व भारतीय पुराणों के प्लाक्ष्यद्वीप द्वारा किया जाता है। टॉलेमी का जन्म टोला गांव में जम्बूद्वीप की ग्रीक बस्ती में हुआ था। वह अलेक्जेंड्रिया (दो नामों का संयोजन: अलिका और सुंदरा) से जुड़ा था और पुरी सदर ब्लॉक में अलसांडा द्वारा प्रतिनिधित्व किया जाता है। मेरु पर्वत की पहचान पुरी जिले के सत्यबाड़ी प्रखंड के नैसा और बहारदासी-गाँव गाँवों से होती है। (संदर्भ-जंबूद्वीप, पृथ्वी का केंद्र, और जीवन की उत्पत्ति)।

'जंबूद्वीप' शब्द का प्रयोग अशोक ने शायद तीसरी शताब्दी ईसा पूर्व में अपने क्षेत्र का प्रतिनिधित्व करने के लिए किया था, उसी शब्दावली को बाद के शिलालेखों में दोहराया गया है, उदाहरण के लिए दसवीं शताब्दी ईस्वी से मैसूरियन शिलालेख जो इस क्षेत्र का वर्णन करता है, संभवतः भारत, 'जंबूद्वीप' के रूप में।

' *कुंतला देश (जिसमें मैसूर के उत्तर-पश्चिमी भाग और बॉम्बे प्रेसीडेंसी के दक्षिणी भाग शामिल थे) पर नवा-नंदा , गुप्त-कुल , मौर्य राजाओं का शासन था ; तब रत्तों ने शासन किया: किसके बाद चालुक्य थे ; फिर कलचुर्य परिवार ; और उनके बाद (होयसल) बल्लालस।" कुबातुर में एक और, स्पष्ट रूप से कहता है कि चंद्र गुप्त ने जम्बूद्वीप के भरत-क्षेत्र के दक्षिण में नागा - खंड पर शासन किया: यह इतने सारे शिलालेखों का नागर-खंड सत्तर है, जिनमें से बंदनिके (शिमोगा में बंदालिके) प्रमुख शहर प्रतीत होता है। और फ्यूदर, नीचे देखा जाने वाला एक रिकॉर्ड कहता है कि कदम्ब राजा की बेटियों का विवाह गुप्तों में किया गया था।*

2

वंश परम्परा

वंश परम्परा

सूर्य-वंश

ब्रह्मा , - मरीचि , - कश्यप, (अदिति), - विवस्वान – (सूर्य वंश आरम्भ) -

विवस्वान (विवस्वान, अर्यमा, पूषा, त्वष्टा, सविता, भग, धाता, विधाता, वरुण, मित्र, इन्द्र, त्रिविक्रम,)- वैवस्तुमनु, (इला, मृग, इक्ष्वाक्षु, शर्याति, सुकन्या, आनर्त, रेवत, कुर्कदमी, नभाग), - नभग,- नभाग, अम्बरीष (पृथ्वी के चक्रव्रती सम्राट), - विरूप, - प्रषदश्र्व, - रतीथर, इक्ष्वाकु, (इक्ष्वाकु वंश, परम प्रतापी)

इक्ष्वाकु, - (कुक्षि, निमि, दण्डक, कुण, शकुनि, वसाति आदि) - कुक्षि, - विकुक्षि, पुरंजय, - अनरण्य प्रथम, - प्रथु, - विश्र्वरन्धि, - चन्द्र, - युवनाश्र्व,- ब्रहद्श्र्व, - धुंधमार, - द्रढाश्र्व, - हर्षश्र्व, - निकुंभ, - वर्णाश्र्व, - क्रश्यष्व, - सेनजित, युवनाश्र्व (द्वितीय) – (यहा से त्रेता युग आरम्भ होता है)

मान्धाता, - पुरुकुत्स, - त्रसदस्यु , - अनरण्य , हर्षश्र्व , - अरुण , - निबन्धन, - सत्यव्रत , सत्यव्रत (त्रिशंकु) , सत्यवादी हरिश्चन्द्र, रोहिताश, - धम्प, - वसुदेव , विजय, भसक, वृक, - वाहुक, सगर (पत्नि, - प्रभा एवं भानुमति, प्रभा पुत्र जो और्वाग्नि से साठ हजार, एवं कपिल मुनि के श्राप शापित, एवं भानुमति से असमंजस), असमंजस, - अंशुमान , दिलीप प्रथम, भगीरथ , - (जो गंगा को पृथ्वी पर लाए) – श्रुत, - नाभ, - सिंधु दीप , आयुतानुष , ऋतुपर्व , सर्वकाम , सुदास , सौदास , अश्मक, मूलक , सतरथ, एडविड, विश्र्वसह , - खटवांग , - दिलीप (दीर्घबाहु) ,- रघु (यहा से रघु वंश आरम्भ, सूर्य वंश के सबसे प्रतापी राजा) , - अज , - दशरथ , (पत्नि - कौशल्या - राम , कैकयी, - भरत , सुमित्रा - लक्ष्मण , व शत्रुघन), - (राम,लक्ष्मण ,भरत, शत्रुघन) राम से कुश (यहा से द्वापर आरम्भ)

कुश, अतिथि, निषध, नल, नभ, पुंडरीक, क्षेम धन्या , देवानीक , अनीह , परियात्र , बल , उक्थ , वज्रनाभ , खगण , व्यूतिताष्व, विश्र्वसह , हिरण्याभ , पुष्प , ध्रुवसंधि , सुदर्शन ,अग्निवर्मा , शीघ्र , मरु , प्रश्रुत , सुसंधि , अमर्ष , महस्वान, विश्र्व्वाहु , प्रसेनजित , तक्षक , ब्रहद्वल , ब्रहतछत्र , (कलियुग आरम्भ)

रामायण काल - -

राम (दशरथ - कौशल्या) - सीता (जनक – सीरध्वज, सुनयना) - लव (लाहौर क्षेत्र) , कुश (कुशावति क्षेत्र)

लक्ष्मण – (दशरथ – सुमित्रा) - उर्मिला (जनक भ्राता कुशध्वज) अंगद , (अंगद देश), चन्द्र केतू , (चंद्रावती , बहराइच , गोंडा क्षेत्र)

भरत (दशरथ , - कैकयी) , - मांडवी , (कुशध्वज) तक्ष (तक्षशिला) पुष्कर (पेशावर क्षेत्र)

शत्रुघन (दशरथ - सुमित्रा) , श्रुति कीर्ति (कुशध्वज) - सुबाहु (मथुरा) शत्रुघाती/बहुश्रुति (विदिशा)

इक्ष्वाकू - निमि – मिथि (पत्नि-इस्वरोमा) - जनक/विदेह/ सीरध्वज , (पत्नि – सुनयना) एवं कुशध्वज ,

(निमि -विदेह ये ही निमि जैन धर्म के 21 वे तीर्थंकर कहलाए)

जनक - पुत्री , - सीता , कुशध्वज पुत्री – उर्मिला , मांडवी , श्रुतिकीर्ति

ब्रह्मा , - पुल्त्स्य (पत्नि त्रणबिन्दु , त्रण की पुत्री) - अगस्त्य , विश्रवा/ विश्र्वस ,

विश्रवा (पहली पत्नि - देवांगना जो भारद्वाज की पुत्री) , - कुबेर

विश्रवा (दूसरी पत्नि – कैकसी, सुमाली की पुत्री) - सुपर्णखा , कुंभकर्ण , विभीषण , रावण , कुंभीनसी , त्रिशरा)

रावण के मौसेरे भाई – खर , दूषण , सौतेले भाई – महोदर (नील), महापर्श्व (ऋषभ)

मारिचि - सून्द तथा वाटका का पुत्र , ताम्रा की पौत्री , विनीता , - गरुण व वरुण - संपाती व जटायु ,

रावण (मंदोदरी , गयासुर की पुत्री) - मेघनाद/इंद्रजीत (वध – लक्ष्मण), अक्षय कुमार (वध - हनुमान) , देवांतक (वध - हनुमान) नरानतक (वध - अंगद)

रावण (दूसरी पत्नि , धन्य मालिनी) , अतिकाय (वध - लक्ष्मण)

कुंभकर्ण (व्रजवाला , विरोचन कुमार वाली की दौहित्री) - कुम्भ, निकुंभ

विभीषण (सरसा , महात्मा शैलुष्य की पुत्री) - पुत्री कला

शूपर्णखा का पति - विध्युतजिहवा, (कालका का पुत्र) , (वध - रावण)

कुंभनसी – (पति - मधुदानव) - पुत्र - लवण (वध - शत्रुघन)

दशरथ – ऋषि – 2 – (वशिष्ठ , वामदेव)

- मंत्री – 8 - (ध्रष्टि, ध्रष्टि - विजय , विजय, सुराष्ट्र, राष्ट्र वर्धन , अकोप, धर्म पाल , सुमंत्र)

- ब्राह्मण -7 – (सुयज्ञ,जावालि ,काश्यप ,गौतम ,दीर्घायु ,मार्कन्डेय ,कात्यासन)

वानर , - (वाली (सूर्य - पुत्र) , सुग्रीव (इन्द्र पुत्र), अंगद (वाली - तारा - पुत्र), नल , नील (विश्वकर्मा), जामवंत , हनुमान (मारुति - अंजनी), सुहोम , सुषेण (वरुण), गज , गवाक्ष , गवय, गंधमाद (कुबेर))

अंगिरा – उतश्य एवं अन्य , - ब्रहस्पति - भारद्वाज , द्रोणाचार्य , एवं , गौतम ऋषि ,

द्रोणाचार्य – अश्वत्थामा ,

गौतम ऋषि – (अहिल्या) - पुत्र - शतानन्द/शर्दवान, (जनक – पुरोहित), पुत्री – अंजना –(शादी – केशरी) पुत्र - हनुमान

चंद्र - वंश

ब्रह्मा – अत्रि (सती अनुसईया), - सोम - (बृहस्पति की पत्नि - तारा) (चंद्र वंश आरंभ) - बुध (इला) - पुरुरवा (उर्वशी अप्सरा), - विजय , 4 अन्य , आयु ,

आयु - क्षेत्र व्रन्द, 3 अन्य , नहुष ,

नहुष ,- ययाति , 5 अन्य पुत्र ,ययाति (देवयानी - शुक्राचार्य पुत्री) पुत्र - कच (गुरु पुत्र), ययाति (शर्मिष्ठा) - यदु (ज्येष्ठ) , पुरू (कनिष्ठ)

ययाति - यदु , (मथुरा) 3 अन्य , पुरू (हस्तिनापुर)

पुरू, अन्य वंश , दुष्यंत (शकुन्तला), भरत, भरद्वाज (दत्तक पुत्र), - मन्यु ,- नर - संस्कृति , - गुरु , व , रन्तिदेव ,

(कुश - कुशनाभ ,- गाधि , - विश्वामित्र (मेनका) – शकुन्तला (कड्व ऋषि आश्रम)

रन्तिदेव, - अजमठि, - (रक्ष , नित्य , अन्य) नित्य – अन्य वंश - द्रुपद - द्रोपदी , ध्रष्ट धूमन

नित्य, - अन्य वंश , द्रुपद, - द्रोपदी, ध्रष्ट्धुमन, अन्य

रक्ष – कुरु - जाहुन, - अन्य वंश ,

कुरु - शांतनु (गंगा - हिमालय की पुत्री , सुमेरु की कन्या मेनका की पुत्री) - देव व्रत (भीष्म - आठवा वसु) (8 वसु)

शांतनु – (योजन गंधा , रजनी गंधा , मत्स्य कन्या , सत्यवती) - विचित्र वीर्य, व चित्रांगद

विचित्र वीर्य (अम्बा x शिखंडी, अम्बे, अम्बालिका) – पांडु , ध्रतराष्ट्र , विदुर,

पांडु (कुन्ती – वसुदेव की बहन , कृष्ण की बूआ/फूफी) - (कर्ण - सूर्य) , युधिष्ठर (धर्म), भीम (वायु) , अर्जुन (इन्द्र).

पांडु (माद्री - माद्र नरेश शल्य की बहन) - नकुल , सहदेव (अश्विनी कुमार)

ध्रतराष्ट्र (गांधारी , गांधार नरेश सुबल की पुत्री, शकुनि की बहिन) - 100 पुत्र (दुर्योधन, दुशासन आदि) एवं 1 पुत्री (दुशाला)

गांधारी - के साथ 10 बहन – (सत्यव्रता, सत्यसेना, सुदेष्णा, सुसंहिता, तेज-श्र्वा, सुश्रवा, निक्रति, शुभा, शंभूका , दशार्णा) शकुनि के भाई – शोण, कणक,

कर्ण (कुन्ती पुत्र, पालन राधा/राधेय पुत्र)

कर्ण (पत्नि - बृशाली) - सदामन , बृषसेन, बृषकेतु , सुषेण

कर्ण (पत्नि - सुप्रिया) - चित्र सेन , भानुसेन , सुशर्मा , सुषेण

युधिष्ठर (द्रोपदी - सुगन्धा) - प्रति भीति,/प्रतिबिन्ध , (पौरवी - देवक पुत्र) ,

भीम/भीमसेन (द्रोपदी – सुभागे) - सुतसोम , (हिडिंबा) - घटोत्कच - का पुत्र – बब्ररीक

भीम (बलन्धरा - काशीराज पुत्री) - शर्णत्रास, भीम (काली - शिशुपाल की बहन) - सर्वगत

अर्जुन (द्रोपदी – सुरेखा/श्यामा/कृष्णा/सुकेशा) - श्रुतिकर्मा , अर्जुन (सुभद्रा, बलराम व कृष्ण की बहन, वसुदेव - पुत्री) - अभिमन्यु (उत्तरा - विराट पुत्री) - परीक्षत (इरावती/माद्रवती – विराट पुत्र उत्तर की पुत्री) - जन्मेजय, जन्मेजय की 26 वी पीढ़ी के क्षेमक अंतिम राजा

महाभारत युद्ध के बाद बचे पुरुष - कौरव पक्ष - 3 - कृपाचार्य , कृतवर्मा, अश्वत्थामा , पांडव पक्ष - 7 , पांडव - 5 , श्रीकृष्ण , सात्यकि

अर्जुन (चित्रांगदा - मणिपुर चित्र वाहन पुत्री) – ब्रभुबाहन

अर्जुन (उलूपी - नाग कन्या) - इरावन

अर्जुन (उर्वशी – हरिद्वार) - शादी नही की

नकुल (द्रोपदी - याज्ञसेनी - श्रुतानीक, नकुल (करेणुमति - शिशुपाल - पुत्री) - नरमित्र

सहदेव (द्रोपदी - पांचाली) - श्रुतसेन, सहदेव (विजया - मद्र नरेश शल्य की पुत्री) - सुहोत्र (भानुमति - संतान नही)

नहुष - ययाति – यदु - कोष्ट , अन्य वंश - विदर्भ - सात्वत , - (ब्रष्णि , 5 अन्य अंधक)

ब्रष्णि – अन्य वंश ,सूरसेन – वसुदेव , - बलराम व कृष्ण - प्रधूम्न - अनिरुद्र - वज्रनाभ

वसुदेव (देवकी - देवक के पुत्री),

वसुदेव (रोहिणी) - बलराम (बलदेव, बलभद्र, हलधर) पत्नि - रेवती (रेवत राज कूकिधान की पुत्री) - पुत्र – निशठ , उल्मुक , (रोहिणी – गद , सारण)

वसुदेव (देवकी) - कृष्ण - बलराम, कीर्तिमान , सुषेण , भद्रसेन , ऋजु, सम्मर्दन, भद्र

कृष्ण - पत्निया -

1. - रुक्मणी - विदर्भ के राजा भीष्मक (पत्नि - शुद्धमति) की पुत्री , 5 भाई बहन , (रुक्मि, रुक्म मालि, रुक्म केश , रुक्म रथ , रुक्म बाहु)

2. - जामवंती – निषाद राज जामवंत की पुत्री

3. - सत्यभामा - सत्याजित की पुत्री ,

4. - मित्रविन्दा – अवन्ति नरेश जयसेन - राजाधिदेवी की पुत्री

5. - सत्या – (नागजिती) , कौसल पुत्री

6.- लक्ष्मणा - मद्र देश के ब्रहदसेन की पुत्री

7. - भद्रा - केकयाधिपति ध्रष्टकेतू - श्रुति कीर्ति की पुत्री

8. - कालिंदी – जलकन्या ,

कृष्ण भ्राता – बलराम , कीर्तीमान, सुषेण, भद्रसेन , ऋजु, सम्मर्दन, भद्र

यादव वंश – 18 मुख्य – व्रष्णि , अंधक , भोज , सात्वत, यदु , तुवर्सु, चेदि, कुकुर , द्विमिढ़ , कौशिक , शैनेय (शैन्य), महाभोज ,बहुम , मधु ,आभीर ,राष्ट्रिक , दाशार्ह(दशरह), क्रोष्टु,

कंस – पत्नी - अस्ति व प्राप्ति (जरासंध की पुत्री)

कंस – 8 सहोदर भाई – नागोथ , कंक , शंकु, सुहु , राष्ट्रपाल , श्रष्टी, सुनामा , तुष्टिमान ,

कंस – बहिन – कंसवती , कंका , शूरभू , राष्ट्रपालिका , कंसा,

वसुदेव – भ्राता

1. - देवभाग ,पत्नि - कंसा , पुत्र – उद्धव, चित्र केतू , ब्रहदबल

2 . - देव श्रवस , पत्नि – कंस वती , पुत्र - शत्रुघन , सुवीर , ईशुमान ,

3 . - आनक , पत्नि - कंका , पुत्र - पुरूजित, सत्यजित ,

4 . - श्रंजय , पत्नि – राष्ट्रपालिका , पुत्र - धनु , वज्र

5 . - श्यामक ,पत्नि - शूरभू , पुत्र - हिरण्याक्ष , हरिकेश

6 .- शमीक , पत्नि – सौदामिनी , पुत्र - प्रति क्षत्र

7 . - कंक , पत्नि – कणिका ,पुत्र - क्रतधामन, जय

8 . - वत्सक , पत्नि - मित्रकेशी , पुत्र - व्रक

9 . - व्रक ,पत्नि – दुर्वाक्षी, पुत्र - तक्ष , पुष्कर

10 . - अनाध्राशिट , पत्नि - अशमकी , पुत्र – यशस्वी ,

11 . - गण्डष ,पत्नि -नही

वसुदेव की बहिन – (कृष्ण की बुआ) - श्रुत श्रुवा, (पति - दमघोष) पुत्र – शिशुपाल चेदि - नरेश

वसुदेव की बहिन – राजाधि देवी (पति - जय सेन) पुत्र - बिन्दु , अनुबिन्दु (अवन्ति)

ऋतदेवी , (पति - ब्रदशर्मन) पुत्र - दन्तव्रक, (करुष देश)

कुंती देवी (पति – पांडु) पुत्र – कर्ण , युधिष्ठर, भीम , अर्जुन (हस्तिनापुर)

माद्री (पति - पांडु) पुत्र नकुल , सहदेव

देवकी – कंस के पिता उग्रसेन, के भाई देवक की कन्या , वसुदेव की पत्नि ,

देवकी की बहिन - सहदेवा , शान्तिदेवा , श्रीदेवा , देवरक्षिता (पति - वसुदेव) , व्रक देवा , उपदेवा (पति - वसुदेव)

देवकी भ्राता – देवमान , उपदेव , सुदेव , देव रक्षित ,

नन्द बाबा – 8 भ्राता – सुनंद , उपनन्द, महानन्द , नन्दन , कुलनन्द , ध्रुनन्द , केलिनन्द , प्राण नन्द

द्रुपद – (सौत्रामणि - पत्नि) यज्ञ से पुत्र - धृष्ट धूमन, शिखंडी , द्रोपदी

8 पुत्र - सुमित्र, प्रियदर्शन , चित्रकेतु, ध्वज केतू , वीरकेतु , सुकेतु , सुरष, शत्रुंजय

अंगिरा - उतशय - ब्रहस्पति - भारद्वाज - द्रोणाचार्य – अश्वत्थामा

नाग वंश

नाग वंश - प्राचीन काल से ही भारत में नागों की पूजा की परम्परा रही है, माना जाता है कि 3000 ईसा पूर्व आर्य काल में भारत में नाग वंशियों के कबीले रहा करते थे, जो सर्प की पूजा करते थे, उनके देवता सर्प थे, यही कारण था कि प्रमुख नाग वंश के नाम पर ही जमीन पर रेगने वाले नागों के नाम पड़े थे, पुराणों के अनुसार कश्मीर में कश्यप ऋषि की पत्नि कद्रू (दक्ष - कन्या) से उन्हे आठ पुत्र हुए, जिनके नाम क्रमशः इस प्रकार थे – अनंत (शेष नाग), वासुकी, तक्षक, कर्कोटक, पद्म, महापद्म, शंख, कुलिक।

नाग शासकों में सबसे महत्वपूर्ण और संघर्षमय इतिहास तक्षकों का और फिर शेषनागों का है, पंचनद (पंजाब),कश्मीर में कर्कोटक और अनंतनाग, मारवाड़ में वासुकि नाग आदि बहुत प्रभावी रहे है । तक्षशिला, शंकघर, सिंधपुर ,टोंक, मथुरा, कर्कोटनगर, इन्दोरपुरा, नागौर पदमावाती, कान्तिश्री, भोगवती, विदिशा, उज्जैन, नागदा, पूरिका, यौनी, भरहुत, नागपूर, नंदीवर्धन एरण, पैठन, आदि नाग राजाओं के महत्वपूर्ण केंद्र है । महाभारत के विभिन्न पर्वों एवं अध्यायों में नाग राजाओं का वर्णन किया गया है । (1,35 ,1.65 ,2.7 ,5.103 ,14.4) आर्य जातियों का इन नागवंशियों के साथ संघर्ष होता रहा है ।

कश्मीर का अनंतनाग इलाका अनंतनाग समुदायों का गढ़ था, उसी तरह कश्मीर के बहुत से सारे अन्य इलाके भी कद्रू के दूसरों पुत्रों के अधीन थे, कुछ अन्य पुराणों के अनुसार नागों के प्रमुख पाँच कुल थे, अनंत, वासुकी, तक्षक, कर्कोटक और पिंगला, जबकि कुछ और पुराणों ने नागों के अष्ट कुल बताये, वासुकी, तक्षक, कुलक, कर्कोटक, पद्म, शंख, चूड़, महापद्म और धनंजय । अग्नि पुराण में 80 प्रकार के नाग कुलों का वर्णन हैं, जिसमे वासुकी, तक्षक, पद्म महापद्म प्रसिद्ध हैं। नागों का पृथक नागलोक पुराणों में बताया गया हैं , अनादि काल से ही नागों का अस्तित्व देवी - देवताओं के साथ वर्णित हैं, जैन बौद्ध देवताओं के सिर पर भी शेष छत्र होता है , असम, नागालेंड, मणिपुर, केरल और आंध्र - प्रदेश में नागा जातियों का वर्चस्व रहा है , भारत में इन आठ कुलों का ही क्रमशः विस्तार हुआ जिनके नागवंशी रहे थे, नल, कवर्धा फणि - नाग, भोगिन, सदाचन्द, धनधर्मा, भुतनंदि, शिशु नंदिया यश नंदि, तनक तुरा, ऐरावत, धृतराष्ट्र, अहि, मणि भद्र, अलाफ़त्र, कम्बल, अंशतर, धनंजय, कालिया, सौफू, द्धोदिध्या, काली तखतू, धूमल, फाइल, काना, गुलिका, सरकोटा इत्यादि ।

अन्य तथ्य -

कृष्ण काल में नाग जाति ब्रज में आकार बस गई थी, इस जाति की अपनी एक पृथक संस्कृति थी, कालिया - नाग को संघर्ष में पराजित करके श्रीकृष्ण ने उसे ब्रज से निर्वासित कर दिया था, किन्तु नाग जाति यहाँ प्रमुख रूप से बसी रही, मथुरा पर भी उन्होने काफी समय तक शासन भी किया ।

नागसेन आदिनाथ नरेश ब्रज के इतिहास में उल्लेखनीय रहे, जिनहे गुप्त वंश के शासकों ने पराजित किया था, नाग देवताओं के अनेक मंदिर आज भी ब्रज में विध्यमान हैं ।

इतिहास में यह बात प्रसिद्ध हे कि महाप्रतापी गुप्त वंशी राजाओं ने शक या नागवंशियों को परास्त किया था, प्रयाग के किले के भीतर जो स्तम्भ लेख हे उसमे

स्पष्ट लिखा है कि महाराज समुद्रगुप्त ने गणपति नाग को पराजित किया, इस गणपति नाग के सिक्के बहुत मिलते है ।

महाभारत में भी कई स्थानो पर नागों का उल्लेख है, पांडवों ने नागों के हाथ से मगध राज्य छीना था, खांडव वन जलाते समय भय बहुत से नाग नष्ट हुए थे, जनमेजय के सर्प - यज्ञ का भी यही अभिप्राय मालूम होता है कि पुरू वंशी आर्य राजाओं से नागवंशी राजाओं का विरोध था इस वात का समर्थन सिकंदर के समय के प्राप्त वृत से होता है जिस समय सिकंदर भारत में आया था तव उससे सबसे पहले तक्षशिला का नागवंशी राजा ही मिला था, उस राजा ने सिकंदर का कई दिनों तक तक्षशिला में आतिथ्य किया और अपने शत्रु पौरस राजा के विरुद्ध चढ़ाई करने में सहायता पहुचाई, सिकंदर के साथियों ने तक्षशिला में राजा के यहाँ भारी - भारी साँप पले देखे थे, जिनकी नित्य पूजा होती थी यह शक या नाग जाति हिमालय के उस पार की थी, अब तक तिब्बती भी अपनी भाषा को नाग भाषा कहते है ।

अग्नि वंश

अग्नि वंश -अग्नि पुराण के अनुसार यह वंश अग्नि से पैदा हुआ माना गया है । ये माउंट आबू (राजस्थान) क्षेत्र से संबन्धित है । कुछ इंडोसिया चीन से मूल बताते है । जब क्षत्रियों ने बौद्ध धर्म अपनाया तव उन्होने वैदिक धर्म के रीति रिवाज छोड़ दिये थे । अग्नि वंश की चार शाखाए चौमुख (चौहान), सोलंकी, परिहार, और परमार कही गयी है ।

ऋषि वंश

माना जाता है कि मूल पुरुष ब्रह्मा के चार पुत्र, भृगु, अंगिरा, मरीचि और अत्रि, भृगु कुल में जमदग्नि, परशुराम, अंगिरा के गौतम और भारद्वाज, मरीचि के कश्यप, वसिष्ठ एवं अत्रि के विश्वामित्र, इस प्रकार वैदिक साहित्यानुसार –जमदग्नि (भार्गव), गौतम, भारद्वाज (बृहस्पति के पुत्र (वंशज) माँ - ममता), कश्यप (मारीचि), वसिष्ठ, अत्रि (भौम) और विश्वामित्र (गाथिन) ये सात ऋषि कहलाए । अन्य सप्त ऋषि - मरीचि (कश्यप, मनु पुत्र), अंगिरा (अग्नि के पुत्र, पत्नि - दक्ष की पुत्री - स्मृति) (उतश्य - बृहस्पति भारद्वाज - द्रोणाचार्य - अश्वथामा, गौतम - शतानन्द - कृपाचार्य), अत्रि (अनुसईया पत्नि, पुत्र ब्रह्मा से चंद्र, विष्णु से दत्तात्रेय, महेश से दुर्वासा), पुलस्त्य (अगस्त्य, दंतेली, विश्वश्रवा - कुबेर, रावण परिवार), पुलह(गौतम), क्रतु (भृगु के पुत्र च्यवन) और वसिष्ठ (आग्नेय पुत्र, मित्र वरुण के पुत्र, पत्नी अरुंधती) भी कहते है ।

ब्राह्मण - वंश

ब्राह्मण - ब्रह्म जानाति ब्राह्मण अर्थात जो ब्रह्म की जानकारी रखता है, वह ब्राह्मण है । कुछ विद्वान मत है कि भाषा की जानकारी रखने वाला ब्राह्मण कहलाता है , भारतीय भाषा में 52 अक्षर (16 स्वर और 36 ब्यंजन) कहे गयें हैं , अर्थात जो 52 (वामन) अक्षरों की जानकारी रखता है वही ब्राह्मण कहलाता है । जबकि अँग्रेजी में केवल 26 ही अक्षर होते है , वर्तमान में हिन्दी में भी केवल 13 (बारह खड़ी और ऋ) का अध्ययन प्रचलन में है , जबकि मराठी भाषा 16 स्वर ही पढ़ाये जाते है ।

महर्षि कश्यप (कणवय की आर्यवती नाम की देव कन्या - पत्नि) से दस पुत्र और दस कन्याओं का जन्म कहा गया है।

दस पुत्र -1- उपाध्याय , 2- दीक्षित , 3 -शुक्ला , 4 -पाठक , 5- मिश्रा ,6- अग्निहोत्री , 7- दुबे (द्विवेदी), 8- तिवारी , 9-पाण्डेय , 10 -चतुर्वेदी कहलाए ।

दस कन्याओं जिन्होनें अपने - अपने पति से पुत्र किये वे कहलाए –

1. कश्यप , 2- भारद्वाज , 3- विश्वामित्र , 4- गौतम , 5- जमदग्नि , 6- वसिष्ठ , 7- वत्स, 8-गौतम , 9-पारासर, 10-गर्ग , 11- अत्रि , 12-भृगु , 13-अंगिरा , 14- श्रृंगी , 15-कात्यायन , 16-याज्ञवल्क्य ।

इनमें से दस ब्राह्मण , 5 विंद्याचल के दक्षिण में (द्रविण-तैलंग, महाराष्ट्र , गुर्जर , द्रविण , कर्नाटक) गये,तथा 5 , विंध्याचल के उत्तर में (सारस्वत ,कान्यकुब्ज ,गौड़ ,मैथिल ,उत्कल्ये) गये जो पंच गौड़ कहलाये।

सामान्यत – गौड़ , मालवीय , श्री गौड़ , गंगा पुत्र , हरियाणा गौड़ , वशिष्ठ गौड़ , शौरथ गौड़ , दालभ्य गौड़ , सुखसेन गौड़ , भटनागर गौड़ , सुरजध्वज गौड़ , मथुरा के चौबे (चतुर्वेदी) , वाल्मीकि - ब्राह्मण , रायकवाल , गौमित्र, दायमा, सारस्वत , मैथिल , कान्यकुब्ज , उत्कल , सरवरिया , पारासर , सनेडिया - सनाढ्य, मित्र गौड़ , कपिल , तलाजिए, खेटुबे, नारडी , चंद्र सर , बलादरे , गयाबाल ,औड़ये , आभीर , पल्लीबीस , लेटवास , सोमपुरा , काबोदसिदि, नदोर्या, पुष्करणी, भारती , गरुड़-गलिया , भार्गव , नार्मदीय , नंदवाडा , मैत्रयणी, अभिल्ल , मध्यांदिनीय , रौलक , श्रीमाली , पोरवाल , श्रीमाली वैश्य ब्राह्मण , तांगड़ , सिध , त्रिवेदी-म्होड, इग्यर्शन , धनोजा-म्होड , गौभुज , अट्टालजर, मधुकर , मंडलपुरवासी, खंडावते , वाज्जरखेड़ावाल , भीतरखेड़ावाल , लाठननिये, झाटोला , अटारदेवी , गालव, गिरिनारे, कौशिक , टेंगुरिया, पालीवाल , भटेले, पटेरिया , पारिख, पलिया, त्रिपाठी आदि ।

कायस्थ -वंश

चित्रगुप्त - के वंशज कायस्थ कहलाते है, चित्रगुप्त की बहिन चित्रा व पिता मित्त थे।

1 -चित्रगुप्त की पत्नि इरावती (शोभावती-धर्म शर्मा की पुत्री) से -चारु (माथुर), चित्र (भटनागर) हिंबवान (अंबरेष्ठ), चित्रचरण (कर्ण), सुचारु (गौड़) मतिमान (सक्सेना) चित्रचारु (निगम) अतीन्द्रिय (कुलश्रेष्ठ) हुए।

2-चित्रगुप्त की पत्नि नंदनी (सुतक्षिणा - श्राद देव की पुत्री) से भानु (श्रीवास्तव), विभानु (सुरजध्वज), वीर्यभानु (अष्ठाना) विश्वभानु (वाल्मीकि) हुए।

वैश्य-वंश

हिन्दुओं की जाति व्यवस्था के अंतर्गत वैश्य वर्णाश्रम का एक महत्वपूर्ण स्तम्भ है। इस वर्ग में मुख्य रूप से भारतीय समाज का बनिया समुदाय शामिल है। अर्थ की दृष्टि से इस शब्द की उत्पत्ति संस्कृत से हुई है जिसका मूल अर्थ है "बसना" होता है। कुछ कहते है कि "वैश्य" शब्द वैदिक "विश" से आया है जिसका तात्पर्य है - प्रजा। मनुस्मृति के अनुसार इनकी उत्पत्ति ब्रह्मा से, कुछ के अनुसार ब्रह्मा से ब्राह्मण और विष्णु से पैदा होने वाले वैश्य कहलाए, और शंकर जी से जिनकी उत्पत्ति हुई वे क्षत्रिय कहलाए, आज भी ब्राह्मण माँ सरस्वती (विद्या देवी) वैश्य माँ लक्ष्मी (धन की देवी) क्षत्रिय माँ दुर्गे (दुष्टों को विनाश करने वाली) को पूजते है। माहेश्वरी समाज अपने को महेश (शिव) से संबन्धित कहते है। इस प्रकार तीनों से उत्पत्ति का उल्लेख मिलता है।

वैश्य वर्ण में कई जाति या उप-जातियाँ होती है, जिनमें विशेष रूप से अग्रहरि, अग्रवाल, असाती, ऐरन, बार्नवाल, गहौई, कलवार, केसरवानी वैश्य, कसौधन, कंसल, खंडेलवाल, गर्ग, गोयल, गोयन, गुप्त/गुप्ता, चौसेनी वैश्य, जिंदल, जैन, तायल, तिंगल, पोरवाल, बंसल, बिंदल, बनिया, मंगल , मित्तल, महेश्वरी, महाजन, महावार, लोहनास, वार्ष्णेय (बारहसैनी), वैष्णव, बजाज, ओसवाल, रौनियार, रस्तोगी, स्वर्णकार (सुनार), सिंघल (सिंहल), सेठ, हलवाई, श्रीमाल, आर्य वैश्य आदि है।

ये शासक, कृषि, पशुपालन के साथ-साथ मुख्य रूप से व्यवसाय/व्यापार से संबन्धित रहे है।

क्षत्रिय-वंश

"दस रवि से, दस चन्द्र से, बारह ऋषिज प्रमाण, चार हुतासन सो भये कुल छत्तिस वंश प्रमाण,

भौम वंश से धाकरे, टांक, नाग, उनमान, चौहानी चोबीसी बंटि कुल वासठ वंश प्रमाण "।

अर्थ – दस सूर्य वंशीय क्षत्रिय, दस चंद्र वंशीय, बारह ऋषि वंशी एवं चार अग्नि वंशीय, कुल छत्तिस क्षत्रियों को सामने करने के बाद जब चौहान वंश चोबीस अलग-अलग वंशों में जाने लगे तब क्षत्रियों के वासठ अंशों का प्रमाण मिलता हे ।

सूर्य वंश की दस शाखाए –

1-गहलोत/सिसोदिया, 2- राठौड़, 3- बड़गुजर/सिकरवार, 4- कछवाह, 5- सिकरवार, 6- गौर, 7- गहरवार, 8- डोगरा, 9- बल्ला, 10 - वैस

चंद्र वंश की दस शाखाए –

1-जादौन, 2- भाटी, 3- तोमर, 4- चंदेल, 5- छोंकर, 6- झाला, 7- सिलार, 8- वनाफ़र, 9- कटोच, 10 - सोमवंशी ।

अग्नि वंश की चार शाखाए –

1. चौहान, 2- सोलंकी, 3- परिहार, 4- परमार।

ऋषि वंश की बारह शाखाए –

1. सेंगर, 2- कनपुरिया, 3- गर्ग वंशी (हस्तिनापुर के राजा दुष्यंत के वंशज), 4- दायमा, 5- गौतम, 6- अनावर (राजा जनक के वंशज), 7- दोनवार, 8- दहिया (दधीचि ऋषि के वंशज) , 9- चौपट, 10- काकन, 11- शौनक, 12- विसैन ।

चौहानों के 24 –

1. हाड़ा, 2- खीची, 3- सोनीगारा, 4- पाविया, 5- पुरविया, 6- संचौरा, 7- मेलवाल, 8 -भदौरिया, 9- निर्वाण, 10- मलानी, 11- धुरा, 12- मडरेवा, 13- सनी खेची, 14- वोरछा, 15- पसेरिया, 16- वालेछा, 17 - रुसिया, 18- चांदा, 19- निकुम, 20 - भावर, 21- छछोरिया, 22- उजवानिया, 23- देवड़ा, 24- वनकर ।

सम्राट हर्षवर्धन प्राचीन भारत का अंतिम क्षत्रिय सम्राट (605 ईसवी से 648 ईसवी) था । 7 वी सदी में भारत के राजनीति की अधपतन की सदी बन गयी, इस प्रयास में क्षत्रियों ने "सिंह "संगठन के छत्तीस वंशों का ऐतिहासिक महत्व है ।

तोमर (तंवर/तनवर)

1. गहलौत(मेवाड़), 2- टाँक वंशी, यदु (असीर), 3- चौहान, 4- सोलंकी (चालुक्य) राहिरगढ़, 5-जरकेड़ा (यदु) सेतुबंदर, 6- प्रमार/परमार (खैराबी) - मंदसौर, 7- झाला (मकवाना, मगरोल), 8- जोहिया (चंद्र) जैतगढ़, 9- हाड़ा, 10- कछवाह (नरवर), 11- सूर्यवंश (कालूम वंशई) संजोर, 12- यदु वंश (जुनागढ़), 13- जदु(जादौन -गिरिनार), 14- गौर (ऊलवोरा) - अजमेर, 15- चंदाना (चंद्र) (गहलौत), 16- दीड़ (दोनार) डोड, 17- तोमर (तंवर) दिल्ली , 18-देवड़ा (चौहान) सिरोही, 19- खीची (चौहान) गढ़ - गागरोन, खिलचीपुर, 20- झाला (पाटरी), 21- गोड (दुसाना वंशई) जोयनगढ़, 22-मकवाना, 23- राठौर (कन्नौज, बदायूं), 24- सैंगर, 25- मोहिल/गुहिल (पीरगढ़), 26- भाटी (यदु) जैसलमेर, 27- परमार (संकला) मारवाड़, 28- सिलार (सीहड़) खेरालीगढ़, 29 – निकुंभ (मंडलगढ़), 30- बडगुजर (राजौर), 31-चंदेल (कुसैगढ़, बुंदेलखंड), 32-सिकरवार सीकरी, 33- जैनवा (जनेवा) ओमरगढ़, 34- पल्ली/पाल (परगोटा) पल्लव, 35- जरिहा (जादोन), 36- चोल ।

राजपूतों में अन्य भी काफी गौत्र है- राघव, पुण्डीर, कटियार, कटहरिया, कटारिया, करचुल-हैहय, कुमावत, बुन्देला, धाकरे, खीचर, दुर्ग वंशी, तखी, पँवार, पैवया, बघेल, इन्दोरिया, पालीवार आदि ।

वंश - किसी एक ही परिवार से एक के बाद एक शासन करने वाले व्यक्तियों को **वंश** (dynasty) कहते हैं।

जाति (अंग्रेजी: species, स्पीशीज़) जीवों के जीव वैज्ञानिक वर्गीकरण में सबसे बुनियादी और निचली श्रेणी होती है। जीववैज्ञानिक दृष्टिकोण से ऐसे जीवों के समूह को एक जाति बुलाया जाता है जो एक दूसरे के साथ सन्तान उत्पन्न करने की क्षमता रखते हो और जिनकी सन्तान स्वयं आगे सन्तान जनने की क्षमता रखती हो। उदाहरण के लिए एक भेड़िया और शेर आपस में बच्चा पैदा नहीं कर सकते इसलिए वे अलग जातियों के माने जाते हैं। एक घोड़ा और गधा आपस में बच्चा पैदा कर सकते हैं (जिसे खच्चर बोला जाता है), परन्तु क्योंकि खच्चर आगे बच्चा जनने में असमर्थ होते हैं, इसलिए घोड़े और गधे भी अलग जातियों के माने जाते हैं। इसके विपरीत कुत्ते बहुत अलग आकारों में मिलते हैं किन्तु किसी भी नर कुत्ते और मादा कुत्ते के आपस में बच्चे हो सकते हैं जो स्वयं आगे सन्तान पैदा करने में सक्षम हैं। इसलिए सभी कुत्ते, चाहे वे किसी नस्ल के ही क्यों न हों, जीववैज्ञानिक दृष्टि से एक ही जाति के सदस्य समझे जाते हैं।

एक-दूसरे से समानताएँ रखने वाली ऐसी भिन्न जातियाँ को, जिनमें जीववैज्ञानिकों को यह विश्वास हो कि वे अतीत में एक ही पूर्वज से उत्पन्न होकर क्रम-विकास (इवोल्यूशन) द्वारा समय के साथ अलग शाखों में बँट गई हैं, एक ही जीव वैज्ञानिक वंश में डाला जाता है। मसलन घोड़े, गधे और जेब्रा अलग जातियों के हैं किन्तु तीनों एक ही 'एक्वस' (Equus) वंश के सदस्य माने जाते हैं।आधुनिक काल में जातियों की परिभाषा अन्य पहलुओं को जाँचकर भी की जाती हैं। उदाहरण के लिए आनुवंशिकी (जेनेटिक्स) का प्रयोग करके प्रायः जीवों का डी. एन. ए. परखा जाता है और इस आधार पर उन जीवों को एक जाति घोषित किया जाता है जिनकी डी.एन.ए. छाप एक दूसरे से मिलती हो और दूसरे जीवों से अलग हो।

कामचलाऊ / व्यवहार्य / कार्य-प्रणाली

"जाति" शब्द के लिए प्रयोग की जाने वाली परिभाषा और जाति की पहचान करने की विश्वसनीय पद्धतियां जीव-विज्ञान संबंधी परीक्षणों और जैव विविधता को आकलित के लिए आवश्यक है। प्रस्तावित जातियों के कई उदाहरणों का अध्ययन अक्षरों को जोड़ कर किया जाना चाहिए इससे पहले की यह एक जाति मान ली जाए. यह आम तौर पर उन विलुप्त जातियों के लिए संक्षिप्त वर्गीकृत श्रेणी है जिसकी जानकारी केवल जीवाश्म से ही प्राप्त करना मुमकिन है।

कुछ जीव विज्ञानी सांख्यिकीय घटना को प्राणियों में देखी गई जातियों के वर्ग के साथ परंपरागत विचार के विरुद्ध देख सकते हैं। ऐसी स्थिति में किसी जाति को पृथक रूप से शामिल वंश के रूप में परिभाषित किया जाता है जो एकल जीन पूल की संरचना करता है। हालांकि गुणधर्म जैसे डी. एन. ए. (DNA) - क्रम और मॉर्फोलॉजी एक दूसरे से बहुत अधिक संबंधित वंश को पृथक करने में मदद के लिए प्रयोग करने वाले इस परिभाषा में स्पष्ट सीमाएं हैं। हालांकि, "जाति" शब्द की सटीक परिभाषा अभी भी विवादास्पद है, विशेषकर जीवकोष के संबंध में, और यह जाति समस्या कहलाती है। जीव विज्ञानियों ने अधिक विस्तृत परिभाषाएं दी हैं, लेकिन प्रयोग में आए केवल कुछ ही विकल्प हैं जो संबंधित जातियों की विशेषताओं पर निर्भर करती हैं।

सामान्य नाम और जातियाँ

आमतौर पर इस्तेमाल किए जाने वाले पौधे और पशुओं के नाम को टक्सा कभी-कभी इन जातियों के समान होते हैं: जैसे, " शेर ", "वोलरस," और "कपूर का पेड़" - प्रत्येक जातियों को दर्शाते हैं। अन्य मामले जिनमें उन नाम का प्रयोग नहीं होता: "हिरण" 34 जातियों के वर्ग को दर्शाता है, जिसमें एल्ड हिरण, लाल हिरण और बारह सिंघा (वापिती) शामिल हैं। बाद वाली दो जातियों को कभी यह व्याख्या करते हुए एक ही जाति माना जाता था कि वैज्ञानिक ज्ञान बढ़ने के साथ-साथ जातियों की सीमाएं कितनी परिवर्तित हो सकती हैं।

दुनिया में दोनों को परिभाषित करने और उनकी कुल संख्या की गणना करने में कठिनाइयों के कारण, यह अनुमान लगाया जाता है कि कहीं पर भी इस प्रकार की दो एवं 100 मिलियन/2 से 100 मिलियन के बीच भिन्न -भिन्न जातियाँ हो सकती हैं।

जाति का आधार जन्म हैं, अतः उसकी सदस्यता जीवनपर्यंत होती हैं उसे बदला नही जा सकता, जबकि **वर्ग** का आधार शिक्षा, व्यवसाय, सम्पत्ति, आदि होने से इसे बदला जा सकता हैं। एक व्यक्ति धन अर्जित कर श्रमिक वर्ग से मालिक वर्ग में एवं शिक्षा ग्रहण कर शिक्षितों के वर्ग में जा सकता है। इसी कारण कहा जा सकता है कि जाति एक बंद वर्ग हैं, जबकि वर्ग में खुलापन पाया जाता हैं।

जाति का आधार जन्म है वर्ग का नहीं

जाति-व्यवस्था के अन्तर्गत एक व्यक्ति उसी जाति का सदस्य होता हैं जिसमें उसने जन्म लिया हैं। वर्ग का आधार शिक्षा, सम्पत्ति, पेशा तथा धर्म, आदि होने के कारण इनमें से व्यक्ति जिसे भी प्राप्त कर लेता हैं, उसी के आधार पर उसकी वर्ग सदस्यता का निर्धारण होता हैं।

जाति की सदस्यता प्रदत्त है वर्ग की अर्जित

एक व्यक्ति जाति की सदस्यता प्रयत्न करने पर बदल नहीं सकता क्योंकि वह समाज द्वारा जन्म के आधार पर एक ही बार प्रदान की जाती हैं अतः यह स्थिर भी हैं, जबकि एक व्यक्ति जागरूक प्रयत्नों द्वारा किसी भी वर्ग की सदस्यता प्राप्त कर सकता हैं इसलिए वर्ग की सदस्यता अर्जित हैं।

जाति में पेशे निश्चित होते हैं, वर्ग में नहीं

जाति-व्यवस्था में प्रत्येक जाति का व्यवसाय परम्परागत एवं पूर्व-निर्धारित होता हैं उसी को अपनाकर जाति के सदस्य अपना जीवनयापन करते हैं। वर्ग का कोई निश्चित पेशा नहीं होता। एक वर्ग के लोग अपनी क्षमता तथा योग्यता के अनुसार विभिन्न व्यवसायों में लगे होते हैं। सभी श्रमिक एक ही व्यवसाय नहीं करते एवं न सभी पूँजीपति एक ही धन्धे में पूँजी लगाते हैं।

जाति में खान-पान पर प्रतिबंध हैं, वर्ग में नहीं

प्रत्येक जाति के खान-पान संबंधी नियम होते हैं, सदस्य यह जानते हैं कि वे किन-किन जातियों के यहाँ कच्चा व पक्का भोजन, पानी तथा हुक्का-बीड़ी ग्रहण कर सकते हैं एवं किन के यहाँ नहीं, जबकि वर्ग में इस तरह के कठोर प्रतिबंध नहीं होते हैं।

जाति अन्तर्विवाही हैं, वर्ग नहीं

एक जाति के सदस्य सामान्यतः अपनी ही जाति में विवाह कर सकते हैं, जबकि एक वर्ग के लोग अपने से ऊँचे एवं नीचे वर्ग में विवाह कर सकते हैं।

जाति वर्ग की अपेक्षा अधिक स्थिर हैं

चूँकि जाति की सदस्यता जन्म पर आधारित होती हैं, तथा यह बदली नहीं जाती हैं, अतः जाति-व्यवस्था एक स्थिर संगठन हैं। दूसरी तरफ वर्ग-व्यवस्था समाज की सामाजिक एवं राजनीतिक परिस्थितियों के अनुसार बदलती रही हैं। सामन्त, दास, भूस्वामी, जोतदार, पूँजीपति, श्रमिक, आदि के रूप में समय-समय पर अनेक वर्ग अस्तित्व में आते रहे हैं।

वर्ग की अपेक्षा जातियों का संस्तरण अधिक निश्चित तथा स्पष्ट

जाति-व्यवस्था में एक जाति से दूसरी जाति के बीच सामाजिक दूरी निश्चित होती हैं, कौन-सी जाति किससे ऊँची व किससे नीची हैं, यह स्पष्ट है पर वर्ग व्यवस्था में एक संस्तरण होते हुए भी संस्तरण के नियम कठोर नहीं हैं, एक वर्ग के महत्व को दूसरे की अपेक्षा कम नहीं कहा जा सकता।

जाति प्रथा की विशेषताएँ-एन. के. दत्ता ने जाति प्रथा की निम्नलिखित संरचनात्मक एवं सांस्कृतिक विशेषताओं का उल्लेख किया है-

(1) एक जाति के सदस्य अपनी जाति से बाहर विवाह नहीं कर सकते।

(2) विभिन्न जातियों के बीच खानपान सम्बन्धी प्रतिबन्ध पाये जाते हैं।

(3) अधिकतर जातियों के व्यवसाय निश्चित होते हैं।

(4) जातियों में ऊँच-नीच का संस्तरण पाया जाता है।

(5) जन्म ही मनुष्य की जाति को निर्धारित करता है। जाति के नियमों को तोड़ने पर ही जाति से बहिष्कृत किया जाता है। अन्यथा एक जाति से दूसरी जाति में

जाना सम्भव नहीं है।

(6) सम्पूर्ण जाति व्यवस्था ब्राह्मणों की प्रतिष्ठा पर आधारित है।

वंश-वर्ग में स्थापन

आदर्श रूप में, किसी जाति को एक औपचारिक रूप से वैज्ञानिक नाम दिया जाता है, हालांकि व्यवहार में ऐसी बहुत सी जातियाँ हैं (जिनकी केवल व्याख्या ही की गई है, नाम नहीं बताए गए हैं) । किसी जाति का नाम तब रखा जाता है, जब इसे वंश-वर्ग/वंश-क्रम में रखा जाता है। वैज्ञानिक दृष्टिकोण से इसे परिकल्पना माना जा सकता है कि जातियाँ दूसरे वंश (जीनस) की तुलना में दूसरी जातियों के जीनस से बहुत अधिक (यदि कोई हो) संबंधित होती हैं। एक सामान्य जातियों में शामिल है और/इसके रूप में सबसे अच्छा ज्ञात वर्गीकरण श्रेणी हैं: जीवन, क्षेत्र, राज्य, जाति, वर्ग, क्रम, परिवार , वंश और जाति । जीनस को इसका निर्धारण करना अपरिवर्त्य नहीं; कोई वर्गीकरण वैज्ञानिक बाद में में इसे भिन्न (या समान) जीनस दे सकता है जिस कारण उसका नाम भी बदल जाएगा।

हमारे देश में चार वर्ण माने जाते हैं- ब्राहण, क्षत्रिय, वैश्य और शूद्र यानी दलित - इनकी जातियों में गोत्र समान रूप से पाए जाते हैं । ये ऐतिहासिक **वंश**-परपरा का सबसे पुष्ट प्रमाण है, जो बताते **हैं** कि चाहे हम किसी भी जाति या वर्ण में हों लेकिन प्राचीन काल एक पिता के **वंश** से ताल्लुक रखते **हैं** ।

वंश - किसी एक ही परिवार से एक के बाद एक शासन करने वाले व्यक्तियों को **वंश** (dynasty) कहते **हैं**।

वंश वह होता है जिसमें पीढ़ी दर पीढ़ी श्रंखला चलती **जाती** है । जबकि कुल वह होता है जो एक ही परिवार के व्यक्तियों का समूह हैं।

कुल ऐसा समूह जिसके सदस्यों में रक्तसंबंध हो, जो एक परंपरागत वंशानुक्रम (डिसेंट) बंधन को स्वीकार करते हों, भले ही ये मातृरेखीय हों या पितृरेखीय, पर जो वास्तविक पीढ़ियों के संबंधों को बतलाने में हमेशा असमर्थ रहें। रक्तसंबंधी पीढ़ियों के संबंध को स्पष्ट रूप से बतला सकने वाले समूह को वंश कहा जाता है। मर्डाक ने कुल के लिए अंग्रेजी में सिब शब्द का प्रयोग किया है। मर्डाक के पहले अन्य मानवशास्त्रियों ने सिब का अन्य अर्थों में भी प्रयोग किया था। वंश की तुलना में कुल शब्द की अस्पष्टता मर्डाक के सिब शब्द के प्रयोग के अनुरूप ही हैं।

यदि एक कुल के व्यक्ति पिता से अपनी अनुगतता बतलाते हैं तो ऐसे समूह को **पितृकुल** कहा जाता है। यदि वे माता के कुल से अपनी अनुगतता बतलाते हैं

तो ऐसे समूह का **मातृकुल** कहा जाता है। पितृकुलों में संपति के उत्तराधिकारी के नियम के अनुसार पिता से पुत्र को संपति का उत्तराधिकार मिलता है। इसलिए ये दोनों समूह क्रमश: पितृरेखीय और मातृरेखीय कहलाते हैं। जब इनके नाम क्रमश: पितृनामी कुल कहते हैं।

अन्य रक्तसंबंधी एकरेखीय समूहों की भाँति कुल में भी बहिर्विवाह के नियम का पालन होता हैं। सामान्य रूप से एक कुल में भी अनेक वंश होते हैं, इसीलिये कुल के बाहर विवाह करने का तात्पर्य वंश के बाहर भी विवाह करना है। कुछ समाजों में वंश होते हैं पर कुल नहीं होते और कुछ समाजों में वंश और कुल के बीच में उपकुल भी होते हैं।

3

तोमर शब्द

तोमर शब्द

महाभारत में तोमर शब्द का प्रयोग –

पयसा सुविपुलास तीक्ष्णा नयपतंत सहस्त्रशः । तोमराश च सुतीक्ष्णाग्राः शस्त्रनि विविधानि च ।। (I-17-11)

तामरा हंसमार्गाश च तदेव कर भञ्जकाः । उध्धेश मात्रेण मया देशा संकीर्तिताः परमो ।। (IV-10-68)

गदा भुशुंडि हस्ताश च तदा तोमरपाणय । असि मद्ररहस्ताश च दण्डहस्ताश च भारतः ।। (IX-44-105)

शक्तीनाम विमलाग्राणाम तोमराणाम तदायताम । निस्तरिशानाम च पीतानां नीलोल्पलनिभा परभा ।। (VI -68-17)

मेकलाः कौशला मथ्रा धशार्णा निशधास तदा । गजयुध्धेषु कुशला कलिङ्गे सह भारत ।। (VIII-17-3)

शरतोमर नाराचैर वृष्टियंत इवाम्वुधा । सिषीचूस ते ततः सर्वे पांचालाचलय आहवे ।। (VIII -17-4)

धिवाकरकर प्रख्यान अंगश चिक्षेप तोमरान । नकुलाय शतान्य अश्टौ तरिथेकेकन्तुसोहच्छिनत ।। (VIII -17-16)

मेकलोत्कल कालिङ्गा निष्पथास ताम्रलिप्तकाः । शरतोमर वर्षानि विमुनचंत्तों जिंघासवः ।। (VIII -17-20)

ततस तथ अभवथ यूध्ध रदिनाम हस्तिभिः सह । सृजताम शखर्षानि तोमराशच सहस्त्राशः ।। (VIII -17-22)

अपरे तरासिता नागा नाराच शत तोमरे । तम एवाभि मुखा यान्ति शलभा इव पावकमा ।। (VIII -17-104)

महाभारत भीष्म पर्व – (6.14.5) मे तोमर शब्द का प्रयोग मिलता है ।

तोमरप्रासनाराचगस्जाश्वर्योधिनाम । बलेन मंहंता भीष्मः समसज्जात किरीटना ।।

अर्थ – (उधर भीष्म भी तोमर, नाराच, और प्रास आदि धारण करने वाले हाथी सवार, घुड़सवार, तथा रथारोही योद्धाऔं की विशाल सेना के साथ किरीट धारी अर्जुन से भिड़ गए ।)

इससे स्पष्ट होता है कि तोमर एक प्रकार का अस्त्र है ।

तुलसीदास रचित राम चरित मानस के लंका कांड में –

चले निसाचर आयसु मागी । गहि कर भिंडिपाल बर साँगी ॥,

तोमर मुद्गर परसू प्रचंडा । सूल कृपान परिध गिरिखंडा ।। (6/39/7-8)

सक्ति सूल तरवारि कृपाना । अस्त्र - सस्त्र कुलिसायुध नाना ।।

डारइ परसु परिध पाषाना । लागेऊ बृष्टि करै बहू बाना ॥ (6/72/1-2)

तलवार - तोमर

तलवार सबसे प्रसिद्ध शस्त्र है, तलवार का हत्था छोटा, लेकिन ऊपरी भाग धारदार और लंबा होता है, इसके लगते ही शत्रु का अंत हो सकता है । चंद्रहास - चंद्रहास रावण का प्रिय शस्त्र था, रावण की तपस्या से प्रसन्न होकर शिवजी ने उसे दिया, चंद्रहास टेढ़ी तलवार की तरह दिखाई देता था, इसका आकार आधे चंद्रमा के जैसा होता है ।

प्राचीन आर्यावर्त के आर्य पुरुष अस्त्र - शस्त्र विद्या में निपुण थे । उन्होने अध्यात्म - ज्ञान के साथ - साथ आताताइयों और दुष्टों के दमन के लिए सभी अस्त्र - शस्त्रों की भी सृष्टि की थी । आर्यों की यह शक्ति धर्म स्थापना में सहायक होती थी । प्राचीन काल में जिन अस्त्र - शस्त्रों का उपयोग होता था उनका वर्णन इस प्रकार है: -

अस्त्र – उसे कहते हैं जिसे मंत्रों के द्वारा दूरी से फेकते हैं, वे, अग्नि, गैस और विद्युत तथा यांत्रिक उपायों से चलते हैं ।

शस्त्र – खतरनाक हथियार है । जिनके प्रहार से चोट पहुँचती हैं, और मृत्यु होती है । वे हथियार अधिक उपयोग किए जाते हैं ।

वैदिक काल से अस्त्र - शस्त्रों का वर्गीकरण इस प्रकार था: –

1. अमुकता - वे शस्त्र जो फेके नही जाते थे ।

2. मुक्ता - वे शस्त्र जो फेके जाते थे । इन के भी दो प्रकार थे, पाणि - मुक्ता - अर्थात हाथ से फेके जाने वाले और यंत्र मुक्ता - अर्थात यंत्र द्वारा फेके जाने वाले ।

3. मुक्तामुक्त – वह शस्त्र जो फेंक कर या बिना फेंके दोनों प्रकार से प्रयोग किए जाते हैं ।

4. मुक्त संनिव्रत्ती - वे शस्त्र जो फेंक कर लौटाए जा सकते थे ।

तोमर - यह लोहे का बना होता है । यह बाण की शकल में होता है, और इसमें लोहे का मुंह बना होता है । सांप की तरह इसका रूप होता है । इसका धड़ लकड़ी का होता है । नीचे की तरफ पंख लगाए जाते । जिससे वह आसानी शक्ति, तोमर, पाश, ऋष्टि, गदा, मुगदर, चक्र, वज्र, त्रिशूल, शूल, अस्ति (तलवार), खड़ग, चंद्रहास, फरसा, मूशल, धनुष, बाण, परिध, भिंदिपाल, नाराच, परशु, वर्छी, पतिश से उड़ सकें, यह प्राय डेढ़ गज लंबा होता है । इसका रंग लाल होता है ।

तोमर - बीज तोमर सदाबहार वृक्ष का बीज जड़ी बूटी है, जो समशीतोष्ण और उपोष्ण कटिवंधीय क्षेत्र में पाया जाता है । इसे जांथांक्साइलम, प्रिकलली, तेजल, सिचू आन, कालीमिर्च और तिमुर के रूप में भी जाना जाता है । भारतीय और चीनी व्यंजनों में बीज मसालों और मसालों के रूप में उपयोग किया जाता है । बीज तोमर के औषधिय गुण निम्नानुसार हैं: - यह दाँत दर्द औ मुंह की गंध जैसी मौखिक समस्याओं का इलाज करने में मदद करता है। (डाबर कंपनी के टूथपेस्ट में तोमर बीज प्रयोग होता है) बीज से बने काढ़े, अपच, बुखार और हैजा का इलाज करने में सहायक होता है। खांसी आम सर्दी और पेट की समस्याओं के इलाज में मदद करता है ।

तोमर इतिहास -

दलीप सिंह अहलावत (जाट वीरों का इतिहास – पृष्ठ - 180) लिखते है कि इस सुप्रसिद्ध तोमर वंश के आदि पुरुष महाराजा ययाति के पुत्र यदु के भाई तुर्वसु थे । इनको अपने पिता की ओर से भारत के उत्तर - पश्चिमी प्रदेशों का शासन मिला था । इन्होने हिन्दू कुश से लेकर कैस्पियन सागर और जगजार्टिस एवं तरिम नदी तक के प्रदेश पर राज्य स्थापित किया । इनके नाम पर ही इनके शासित प्रांत का नाम तुर्वसस्वान,- तुर्क स्थान, तुर्किस्तान तथा तुर्की पड़ा । महाराजा तुर्वसु के साथ गई विशाल सेना (जो शुद्ध आर्य चंद्र-वंशियों का दल था) वहा बस गई । इन लोगों के आर्यन रूप, रंग के सौन्दर्य के कारण तुर्वस शब्द का अपभ्रंश तुर्क वहाँ की भाषा मे सुंदर के लिए प्रयुक्त हुआ, देश के नाम पर भी टर्की निवासी तुर्क प्रसिद्ध हुए, तुर्वस, - तर्वस, - तंवर शब्द ही भाषा के सरलता की ओर बढ़ने के नियमानुसार ही

प्रचलित हुआ । यह तंवर शब्द तुर्वस की उस संतति के लिए प्रयुक्त हुआ जो भारत मे निवास करती रही, अथवा तुर्कस्थान से लोटकर यहा बसी, यह तंवर वश जाट वश है, और जो तंवर राजपूतों या किसी अन्य जातियों (गुर्जर) मे है तो वे तंवर जाट वंश से ही निकले है । इस वंश की महत्ता का प्रत्येक ऐतिहासिक ने आदर करते हुए मनोयोग पूर्वक वर्णन किया है । ये लोग प्राय: गौर वर्ण के सुंदर गठन वाले होते है । इतिहास इनकी वीरता की साक्षियों से भरे पड़े है । रघुवंशी, प्रतिहार जब कन्नोज पर शासन करते थे, उस समय दिल्ली से कुरुक्षेत्र तक के प्रदेश पर तंवर वंशियों का एकाधिकार था, टाड साहब ने तत्कालीन तंवरों को कन्नोजिए, प्रतिहारों का सामंत लिखा है, शेखावटी के हर्षनाथ मंदिर के शिलालेख पर लिखा है कि संवत 1030 (ईसवी-973) में एक रघुवंशी नरेश चंदनराज ने विद्धमान राजा रुद्रेन तंवर का वध किया " । उक्त शिलालेख का वर्णन एपिग्राफिका इंडिया पुस्तक के पृष्ठ 121 पर किया है । नंबर 2 - शिलालेख इस बात का सूचक है कि उपरोक्त चंदनराज के पुत्र सिंहराज ने तंवर नरेश सलवण का वध किया । इंद्रप्रस्थ से अलग वर्तमान महरोली नामक स्थान पर संवत 808 में दिल्ली नगरी की स्थापना का इनके गौरव में वृद्धि करने वाला एक शिलालेख दिल्ली म्यूजियम (इंडियन एंटीक्वेटी पृष्ठ - 218) में है ।

देशोस्ति हरयाणाख्य प्रथिव्या स्वर्ग सन्निमः । ढिल्लिकाख्या पूरी तत्र तोमरेरस्ति निर्मिता,।।

जिसमे तंवरों द्वारा दिल्ली बसाने का स्पष्ट उल्लेख है । दिल्ली संस्थापक महाराजा अनगपाल तंवर वंशी ही थे, जिन्होने कुतुब मीनार के पास लोहे की कीली को विष्णुपद पहाड़ी से उठवाकर गड़वाया था । (क्षत्रियों जातियों का उत्थान पतन एवं जाटों का उत्कर्ष – 297 - 298, लेखक योगेन्द्रपाल शास्त्री)

दिल्ली की स्थापना के विषय मे दूसरा लेख है कि – राजा भृतहरि का भाई विक्रमादित्य (विक्रम) मल्ल गौत्र का जाट दिल्ली का गवर्नर एक ढिल्लू नाम का जाट था, जो इंद्रप्रस्थ पर शासन करता था, वह ढिल्लों गौत्र का जाट था । उसी के नाम पर दिल्ली कहने लगे (चौ. कबूल सिंह मंत्री सर्व खाप पंचायत गाव व पोस्ट - शोरम जिला मुजफ्फरनगर (उत्तर - प्रदेश) के घर सुरक्षित (पुराने लेख प्रमाण से) । सम्राट विक्रमादित्य जाट (मल्ल या मालव गौत्र) था ।

आज भी मध्य प्रदेश और राजस्थान में माली गोत्र के जाट रहते हैं । श्री हरनारायण जाट माली (9926352094) भोपाल में निवास करते हैं । जो एक समाज के प्रतिष्ठित व्यक्ति है । मध्य प्रदेश जाट सभा भोपाल के अध्यक्ष भी रह चुके हैं । डाक्टर हरलाल सिंह माली (9549654561) प्रोफ़ेसर एमएनआईटी

जयपुर कार्यरत हैं । जिनका ईमेल (harlal.singh@gmail.com and harlal.singh@mnit.ac.in) है । श्री प्रकाश माली (छापर चुरू राजस्थान) एक्सिक्युटिव इंजीनियर (9001780042) हैं । श्री राजवीर सिंह चौधरी (माली) मृदा वैज्ञानिक कृषि विज्ञान केंद्र चन्द्गोठी चुरू राजस्थान कृषि विश्वविद्यालय बीकानेर हैं ।

4

तोमर शासन प्रतीक चिह्न

तोमर शासन प्रतीक चिह्न

जनमेजय द्वारा विश्व विख्यात सर्प यज्ञ कर सर्प प्रजाति को ही वंश नाश कर समाप्त करने हेतु आयोजित यज्ञ और उसमे भगवान श्री हरि विष्णु द्वारा स्वयं आकर सर्प जाति की रक्षा तथा तोमर वंश के लोगों को सर्प द्वारा न डसने तथा डसने पर असर न होने के कारण के वरदान की त्रिवाचा की कथा जगत प्रसिद्ध है ।

दिल्लीं – इसी राजवंश के आगे बढ़ते इंद्रप्रस्थ दिल्ली के राज सिंहासन पर राजा अनंगपाल सिंह तोमर सिंहासनारूढ़ हुए (736 ए.डी)

तोमर राज चिह्न एवं वंश चिह्न (तोमर राज वंश)

गौत्र - वैया

इष्ट देव - श्री कृष्ण, भगवान शिवजी

कुल देवता - श्री कृष्ण, भगवान शिवजी

शाखा - माखधनी

वंश - चन्द्र वंश

कुलदेवी - योगेश्वरी

देवी - चिलरासन (वर्तमान में कालका देवी के नाम से प्रसिद्ध) इनकी चील पक्षी की सवारी है, इनका मंदिर अनंगपुरी, दिल्ली में है, यह मंदिर राजा अनंगपाल सिंह तोमर ने बनवाया था ।

राज चिन्ह - गो - बच्चा रक्षा, (गाय – बछड़ा की रक्षा) यह राज चिन्ह प्रयागराज में स्थापित है ।

वंश वृक्ष चिन्ह - अक्षय वट - यह राज चिन्ह प्रयागराज में स्थापित है ।

माला - रुद्राक्ष की माला

पक्षी – गरुड़, राजनगायज - रंजीत (रणजीत)

तोमर वंश की पहचान का नाम - इंद्रप्रस्थ के तोमर

राजवंश एवं वंश कुल पूजा - लक्ष्मी - नारायण

आदि खेड़ा – (मूलखेड़ा) - हस्तिनापुर

आदि गद्दी - (आदि सिंहासन) - कर्नाटक (तुंगभद्रा नदी के किनारे तुंगभद्र नामक स्थान पर महाराजा तुंगपाल)

वंश एवं राज शंख - दक्षिणावर्ती शंख

तिलक - रामानंदी

राज निशान - चोकोर हरे झंडे पर चंद्रमा का निशान

पर्वत - द्रोणाचल

गुरु - व्यास

राजध्वज - पचरंगी

नदी - गोमती

मंत्र - गोपाल मंत्र

हीरा - मदनायक (इसे बाद में मुस्लिमों द्वारा कोहेनूर कहा गया, यह हीरा अब जा चुका है)

मणि - पारस मणि

राजवंश का गुप्त चक्र - भूपत चक्र

यंत्र – श्री यंत्र

महाविद्या - षोडशी महाविद्या

ययाति के पुत्र – यदु, तुर्वसु, द्रुयु, अनु, पुरू (स्कन्द पुराण IX - अध्याय - 20)

नहुष से - ययाति - (ययाति - देवयानी - शुक्राचार्य की पुत्री) यदु, तुर्वसु तथा (ययाति - शर्मिष्ठा -राजकन्या – वृषवर्णा की पुत्री) - द्रुयु, अनु, पुरू (महाभारत)

यदु – मथुरा, पुरू - हस्तिनापुर तथा तुर्वसु ही तोमर कहलाए, इसी प्रकार तनवर (तंवर) श्रेष्ठ - तन के कारण उपाधि (तनवर), तंवर फिर तुंवर और वर्तमान में तोमर के रूप स्थाई विस्तार, तोमर जाट, राजपूत और गुर्जर तीनों में पाये जाते हैं । अब तो कुछ अन्य भी इस शब्द का प्रयोग करते हैं जबकि वे न जाट, न राजपूत और न गुर्जर हैं ।

वर्तमान में तंवर गौत्र जाट और राजपूत तथा गुर्जरों मे भी मिलता है, तंवर जाटों को ही तोमर बोला जाता है, जाट तंवर दिल्ली के चारों ओर मेरठ, मुरादाबाद, बिजनौर, अलीगढ़, मथुरा, पलवल में बसे हुए हैं।

5

तोमर जाट गाँव

तोमर जाट गाँव

वर्तमान में तंवर गौत्र जाट और राजपूत तथा गुर्जरों मे भी मिलता है, तंवर जाटों को ही तोमर बोला जाता है, जाट तंवर दिल्ली के चारों ओर मेरठ, मुरादाबाद, बिजनौर, अलीगढ़ मथुरा पलवल में बसे हुए है।

तोमर देश खाप के 84 गाव बड़ौत - 14, बाबली - 14, किशनपुर - 14, बिजरोल - 14, बामसोली - 14 तथा हिलवारी - 14 के होते है।

इस तंवर वंश की बड़ी - बड़ी शाखाएँ है, जैसे – 1- कुंतल (खूंटेला) 2- चाबुक, (चोपोत्कट) - चावडा, 3 - मोटा, 4- सहराव, 5- राव या सराव, रावत, राघव, सहरावत, 6- सलकलान, 7- जंघारा, 8- भिंड तंवर, 9- आंतल, 10- जैसवाल, 11- गढ़वाल, 12- पांडु, 13- पार्थ, 14- तंवर, तूर, 15- जखोदिया, जंघारा, खरवाल, खटवार, जटसरा, जाटू, खैरवाल, खर्व, लांबा, मालान, मालु, मूँद, नैन, न्याल, नारु नरोद, नांदल, रापोर, पिलानिया, रोहिल, रूहल, सकन, सोखिरा, सूखेरा, अंतिल, ठेनुआ, ददिया, कोठारी, बधोला, वीरवाल, बिज्रानिया, बदलो, खंगल, गरेहा, धोंध, कालू।

तंवर शाखा (भीम सिंह दाहिया) - बाँची, बांचिरी, बेरवाल, भादों, ढाका, धाँधा, खरवाल, खटगार, जट्सरा, खैरवाल, खर्ब, लांबा, मालान, मालु, नैन, नारु, पिलानिया, रोहिल, सकन, सोखिरा।

तंवर - शाखा (दलीप सिंह अहलावत) - अंतिल, भिंड - तोमर, चाबुक, गढ़वाल, जैसवाल, जंघारा, राव, रावत, सहरावत, सलकलान, ठेनुआ।

तंवर - शाखा (ठाकुर - देसराज) - नैन, न्याल, ददिया, कोठारी, बधोला।

तंवर - शाखा (पंडित अमीचन्द शर्मा) – बरचरी भाटू, बिचोछी, ढाका, धोंधा, घंघास, गुरेन, जतसरा, खैरवाल, खर्व, खट्गार, लांबा, महलान, मालु, मूँद, नैन, नरोद, पिलानिया, रापोर, रूहल, सकन, सूखेरा, तूर, वीरवाल।

तंवर (एच. ए. रोज़) - बाँची, बांचिरी, नैन, माल्लान, लांबा, खट्गार, खर्व, जटरसा, धोंद, भादा, खरवाल, ढाका, सोखिरा, मालू, सकन, बीरवाल, नारु।

तंवर (भाट) - सहरावत, बिज्रानिया, बदलो, खंगाल, गडवाल, कुंतल, अंतल, गरेहा, ठेनुआ, नांदल, कालू, जाटू, राघव, जैसवाल।

तोमर (जाट) गाव -

दिल्ली – डाबरी, मोहम्मदपुर, तोमरपुर तथा क्षेत्र – द्वारका, महीपालपुर, आदर्श नगर, करवल नगर, तिमरपुर, भजनपुरा, यमुनापुर, गंगा विहार, गोकलपुरी, इंदरपुर, जनकपुरी, शालीमार पार्क, भोलानाथ नगर, शालीमार बाग, न्यू दिल्ली (भूमिया चौक, महरोली)।

उत्तर - प्रदेश

अलीगढ़ – पिसावा, जलालपुर (पिसावा), सुजाबलगढ़, शेरपुर, पोस्तीका (नगला फरीदपुर), नगला भूपसिंह, भरियाका (मढ़ा - हबीबपुर), चीती, डेटा - खुर्द, डेटा - कलाँ, डेटा - मजुपुर, बलरामपुर, डेटा - सैदपुर, शादीपुर, इतवारपुर, कुराना, अहरोला, थानपुर – खानपुर, बिचपुरी (खैर), बालमपुर, छज्जुपुर, जलालपुर (जट्टारी खैर), खेरिया बुज़ुर्ग, लंगोटगढ़ी, रंजीतगढ़ी, प्रेमपुर, जहांगीरपुर, सिमरोठी, सिद्धपुर, बाजौंता।

हाथरस (महामाया नगर) - घड़ सोली, करसोंडा, खुरीपुरी।

आगरा - सिकरोदा, खंडोली।

मथुरा – अऐच्य, अवेमी, भवनपुरा, वीरवल, गडसोली, हसोल, जुगासाना, जादोनपुर, कोनफेरा, फरेन उर्फ फलेन, गढ़ी शीशा, लालगढ़ी, लोहरामहराना, मोहनपुर, नगला फूलपुर, नगला जामुनी, नगला उदय सिंह, नगला पातीराम, नगला बुर्ज, राम नगरिया, राधाकुण्ड ग्रामीण, सलेमवाद, सुपना।

गौतम बुद्ध नगर – इब्राहिमपुर, कानगढ़ी/कनागढ़ी/कानीगढ़ी, गोविंदगढ़।

बुलंद शहर – मुस्तफाबाद, ददुआ, खुशहालपुर, मामऊ, मुकीमपुर, सालाबाद, धमरिया, वीरमपुरा, बराल, हवेली दरवेशपुर।

गाजियाबाद/हापुड़ - असरा, गढ़मुक्तेश्वर, भड्स्याना, गलन्द, हसनपुर गाव, भदौला, जटवारा, काजीपुर, नसीरपुर।

मेरठ - आटा, चिनदोदी, भराला, चिरोला, जंगेठी, तिगरी, अहमहनगर (अलीपुर), झिझरपुर, जिठोली, रामराज।

बागपत – बावली, हिलवाड़ी, सूप, आमवली, आदमपुर, अमलापुर, आंदड़, अलावलपुर, असरफाबाद, औरंगाबाद, जटोली, वडका, बड़ौत, वसोली, विजवाड़, वजीतपुर, विहारी, विजवाड़ा, विराल, वामन खेड़ी, वमना, बिजरोल, वोहला, छत्तरपुर, चराज खेड़ा, छोभाली, फतेहपुर चक, गढ़ी आंछड़, गूंगा खेड़ी, गोपालपुर, खदाना, हैदरनगर, हिलवाड़ी, गौरीपुर, इबराहमपुर माजरा, जोहरी, कासिमपुर खेड़ी, खिवई, लाधवड़ी, लोयन, नुवादा, नसोली (बसोली), रंछार, मवी कला मुकन्दपुर, मुकरवपुरकंडेरा, निनाना, हिलवारी, ओहदपुररेहसा, शिकोहपुर, सिक्का, सिरसाली, सिरसाल गढ़, तोहड़ी, झझरपुर - बड़ौत, वाजीदपुर, लढवड़ी, धिकना, शाहपुर वरोली, घाटोली, मवी खुर्द, सुनहेरा, हरचंदपुर, सोठी, बुद्धपुर, हसनपुर, जिवानी, कन्हार, तालिबपुर, कोटना, महावतपुर, महवार, सदकपुर, जोनमौंग, अलामपुर, अंगतपुर, बडौली, छतरपुर, गुराना, हर्रा, ईद्रासपुर, जलालपुर, जिमना, जिमनी, जिमानी, जोहड़ी, कंबला, कंडेरा, कंगरु की घान्धी, करीमपुर, खरखरी, खेडकी, खेड़ी, लोहड्डा, लोन, मखर, मंगडोल्ली, माजरा, पूसर, पूठर, सिसना, सूप, ठकसा, रुस्तमपुर, फजलपुर, गडीकन (कांगरण) सिकोहपुर, त्योंदी, तिगरी - बागपत ।

मुज्जफर नगर/शामली – बहादुरपुर, बमनोली, बालेरा, भुम्मा, बीबीपुर - जलालाबाद, झझरपुर, फहिमपुर, गंग धारी, गढ़ी, आजरू, घटयाना, हैदमगढ़, जैत पुरागढ़ी, ज़ोहरा - जनसाथ, जोनमना, कच्ची गढ़ी, कादीपुर, जनसाथ, करहेरा, कासमपुर खेड़ी, खुड्डा, किशनपुर, मदीनपुर, माखियाली, मंडी, मोलाहेरी, मोरना, मुड़ेतकलाँ, मुज्जफरनगर, निठारी, पक्की गढ़ी, पुठरी इबराहमपुर, राजपुर, छाजपुर, साह बली, शाहपुर, सिकंदपुर, ताजेल हेरा उर्फ तेज हेड़ा, ताल हेरी, वीनपुर ।

बिजनौर – आविदपुर, अमंगढ़, व्वगरपुर, चांदपुर, वकैना, शलापुर, वमनपुर, भवानीपुर, भिंडी खेड़ा, भरेरा, बुदपुर, डाकी, ढकोली, ढोरापुर, फत्तनपुर, इमलिया, इस्माइलपुर, चांदपुर, कदरा बाद, कान्हा नगला, खलील पुर, घांसुर पुर, गुनियापुर, गुरुदासपुर, जगत, जटपुरा - नजीवावाद, जाट - नांगला, जगननाथपुर, हाजीपुर, हलदौर, हमा नागली, हिसमपुर, हिमा खेड़ी, हुसैनपुर, कलनपुर, ललितपुर उर्फ चुखेरी, मिठारी, मिठ्ठेपुर, मुवरपुर सत्ती, मुस्तफाबाद, पहरपुर कला उर्फ मलेशिया, पिपली जाट, पिपलसाना रावटी, रुकन पुर, समसपुर, सराया, शेखपुरी मीना, सलेमबाद, स्योहारा, सिकंदरपुर, तिसोतरा, ऊधमपुर, तंगरोल, रतनगढ़ ।

मुरादाबाद - ग्वारौ, कांठ, सदरपुर, कुंचवाली ।

रामपुर - दुहाहपुर, पट्टी जट्टान, फूलपुर, फरीद नगर, ककरपुर, दयानतपुर, रोंथा ।

संभल - कासमपुर, भवानीपुर, अंजेरा, राजपुरा, जनक पुर, हजरतनगर गढ़ी, कमालपुर, खानुपुरा ।

फिरोजाबाद - छिछमई ।

बदायूं – सेमरी ।

रामपुर - दनकारी ।

बरेली – बरेली, बिहारीपुर, फरदिया - मंकरा, मानपुर बहेरी, रामपुर, रोहनिया, रूप पुर ।

ज्योतिवाफूले नगर – चंदोई, भदेङ्ग कंज्जा ।

लखीमपुर खेरी - गोला ।

बहराइच – नानपरा, देहती

उत्तरा खंड –

हरिद्वार – बहादुरपुर जाट, झबीरन जाट, दहियाकी, ठिठिकी, कुंदपुर, रुड़की, हरजौली ।

देहरादून – चंद्रोती, खोई ।

नैनीताल - किछा ।

उधम सिंह नगर - काशीपुर, संधारा फार्म ।

हिमाचल प्रदेश -

चाम्बा - तुर ।

कांगड़ा - जाट लहर ।

मध्य प्रदेश –

ग्वालियर – ग्वालियर, रतवाई (जखोदिया – तोमर) ।

मुरैना – अमरपुरा (जोरा खुर्द), कैलारस ।

भिंड – नीरपुरा (हेरुक – तोमर)

श्योपुर – राडेप (मोटा तोमर)।

गुना – गुना

मंदसौर – मंदसौर, थोरी, फारपुर, समनपुर, मानपुर, कुतुबपुर ।

नीमच – नीमच, खोर – विक्रम ।

रतलाम - रघुनाथगढ़ आदि 17 गाव ।

हरदा – हरदा, सोनखेड़ी ।

देवास - टोंक खुर्द, हरनावदा ।

हौशंगाबाद – चोकड़ी, खिरकिया।

हरियाणा –

रोहतक - अनवाल, बड़ी, बाह, बखेता, गाढन, किश्रंती, किशनपुर, मेहम, मोरखेड़ी।

सोनीपत – गोरद, गोरर आदि 12 गाव।

भिवानी – बरदु चैना, द्वारकापुरी, छोटी गूढ़न।

रेवाड़ी – नयागाव, घुड्कवास, सलखा।

गुरु ग्राम – भुलवाना, सिलानी, लोकरी, माऊ जटोला, खंडेवाला, खूंटपुरी, खेरली लाला।

फरीदाबाद – मोहना।

पलवल – अघवानपुर, भेंडोली, भिडुकी, गुरवारी, दरण दीघोट, दुदला, गदपुरी, हरफाली, जटौला, जेंदापुर, लिखी, पृथला, रातीपुर, सिकंदरपुर, धतीर, करारा, भुलमाना, शाहपुर।

झज्जर – धराना, बेरी, जेतपुर, मतनहेल।

कुरुक्षेत्र – डाकला, झांसा।

जींद – अमरगढ़, जजवान, हथवाला।

फतेहाबाद - अखनवाली।

करनाल - कलहेड़ी, भेंडोली, रंगराती खेड़ा, रनवार।

मेवात – अट्टा मेवात, छछेरा, छपेरा, किरा।

कैथल – बदसुई, भागल, भुनस्तान, चिका, हरिगढ़, कल्लर माजरा, खुश हाल - माजरा, मंगरान, नंदगढ़, नेवल, रवाहर, जागीर, सदरहेरी।

अंबाला - धनोरा, मिरजापुर।

पानीपत – दिवाना, निंब्री।

राजस्थान -

जयपुर – शहरी क्षेत्र - जवाहर नगर, खातीपुरा, महापुरा (सांगनेर), मालवीय नगर, मान सरोवर कालोनी, शांती नगर, सांगनेर।

जयपुर - जिला – तोमरों की धानी - जोबनेर, जोतारवाला।

चुरू – खयाली।

दोसा - पंडितपुरा - जागीर, जोधपुरा का बास।

चित्तौड़ गढ़ - दगला का खेड़ा।

अलवर - निठारी।

सवाई माधोपुर – खेरिया, कुनसाय, पीपलेट, खिदरपुर, जाट्टन, सीगोर कलाँ।

हनुमान गढ़ – कसमपुर - खेड़ी, ढोलनगर।

करोली - पीपल हेड़ा, लहचोरा, चक - सिकंदरपुर, दहमोली, सैपुर, कुरगून, दफ़ल पुर।

टोंक – डूसरी।

भरतपुर – वारा खुर्द, वारा खुर, विरूआ, वांसीरूपवास, छोंकर वारा कलाँ, छोंकर वाला खुर्द, धनआ, गठोली, जाटमासी, जोटरोली, कन्धोली, कंजोली, खान सुरजपुरा, नगला वरतई, नगला - जाटमासी, नगला कोठारी, नारोलीकोर, पहारपुर रूपवास, सज्जनवास, सलीमपुर, सिकरोदा - रूपवास, वीनूआ - अमोर्रा, भरतपुर, वुरावई, गुनसारा, जाटोली रथमान, झारकई, नगला - चौधरी, रूपवास, अजान, तखा, नगला -खुंटेला।

पंजाब –

गुरदासपुर – कहनुवान, वीला वजजु - तलवंडी, लोंगियानवाली, गुनियानतूर, मोंगा - भिंडर कला, भिंडर खुर्द, फतेह गढ़ पंज तूर, रूपनगर, हिम्मतपुर, कैनौर, भद्दल, मनासा - बीरोका कला, तरण तारण - खेल्ला, तुर - खदूर साहिब, ज़िरा।

नवा शहर - नौवा, बोहरा, राहन, फिल्लर, बिजोन, भवानीगढ़, तुर, मलकपुर, मल्ला - बेदियान, गरचा तूर, तोरोवाल।

फतेहगढ़ साहिब – (शिरा - तोमर 25 गाव) बधोछी कलाँ, बधोछी - खुर्द, सरहिंद, धोतौंदा, भुंगारनी, सेवारा, पोसिनदिया - सरहिंद, मंडी, खरौरी।

लुधियाना – मुल्लनपुर - ढाका, सीरहा, सवड्डीकलाँ, सवड्डी खुर्द, कोहरा, धनदरीकलाँ, धनदरी खुर्द, बरमालीपुर, तलवंडी कलाँ, तलवंडी खुर्द, तलवंडी - नौयाबाद, मज़रा, जवद्दी - सिदवान, बेट, माधोपुर, शेरपुर कलाँ, शेरपुर - खुर्द, दूगरी, चकन, दाद, थ्रीके, रौल, मेहवान, मज़री, बिलगा, कोठाय, जीवा, शंकर - उदियाना।

पटियाला – आरना, नौहेड़ा, बेहर साहिब, अट्टालन, चिचेरवाल, बौरा, तूर - पट्टी, बाबरपुर, शूटरना।

फिरोजपुर – तूर जाट्टन, खोसी दल सिंह।

अमृतसर - तुर, भिंडर गाँव, तरसिकका, भिंडरन, भिंडर कलाँ, जब्बावल, अट्टारी, तुर – अजनाला।

भटिंडा – जांगीराना, तुंगवाली, फरीद कोट, सीरा, सादिक़।

संगरूर – मूनक, बदरुखान, तूर - बनजारा।

होशियारपुर - गोराया, थापल, तूर - मुकेरइन, हेरियन नीला नलाया, मंद होशियारपुर।

कपूरथला – विर्क, फगवारा, दोना, धालीवाल।

जालंधर - नौगजा, दखोरा, रेरहवान लोगर, मल्लीनगर।

6

तोमर शासन

तोमर शासन

जाट शासन - दिल्ली – (16 पीढ़ी - 445 वर्ष, 5 माह, 3 दिन - स्वामी दयानंद सरस्वती - सत्यार्थ – प्रकाश एवं ठाकुर - देशराज - पांडव वंशी तोमर)

राजा वीर महा (817-800 बीसी), महाबाला (स्वरूपवाल) (800 -744 बीसी), सर्व दत्त (स्वरूप दत्त) (744 -708 बीसी), वीरसेन (708-668 बीसी), सिंगलमन (महीपाल) (668-624 बीसी), कलिंक/संघराज (624 - 595 बीसी), जितमल/ तेजमल (595-515 बीसी), कलदाहन/कांम सेन (515-506), शत्रुमर्धन (506-481 बीसी), राजा - जीवन (481-455 बीसी) वीरभुजंग/हौराव (445-424 बीसी), वीर सेन - दिवतीय (424-389 बीसी) उदय भट/आदित्य केतू (389-372 बीसी)

इंद्रप्रस्थ के तोमर (कुंतल) राजवंश परिवार का उल्लेख (महाभारत के पहले)

भरत - हस्ती - शांतनु - विचित्रवीर्य - पांडु - पांडव (युधिष्ठिर, भीम, अर्जुन, सहदेव, नकुल)

युधिष्ठिर से केशमक तक तोमर राजा –

युधिष्ठिर - अभिमन्यु - परीक्षित - जनमेजय - शतानक - यज्ञदत्त - निशस्तचक - उस्त्ररपाल - चित्ररथ - धृतिमान (उग्रसेन) - सुसेन - सुनित - मखपाल - चाकशु – सुखवन्त - परील्लव - सुनाया – मैदावि - नरीपांजाया - मादु (मदु) – तीमजोति - बृहदत्त – वासुदान - शाष्टनक द्विवतीय (शातनक) - उदायन -अहिनर - निरामित्र (भीमपाल) - केशमक

केशमक से कांलिंग तोमर -

केशमक - प्ररोदयोत – सुनड्क (केशमक का मंत्री) - तुनंगा – अभगा (नंदा) - जावलपाल (विजयपाल) -सोमदेव (गावल - ग्वालियर की स्थापना) – लोरीपीण्ड – अदनगल - गनमल - नाभनग - चूककर तोमर - परोलराजा काकाति – धरावन्दन (धराविदन) - दुर्गपाल तोमर - मनभा तोमर - करवाल तोमर - कालिंग तोमर - केशमक द्वितीय (इंद्रप्रस्थ के अंतिम तोमर)

दिल्ली के तोमर राजवंश का उल्लेख -

अनंग पाल - वंश शासक (दिल्ली) – 458 वर्ष

अनंगपाल (734 - 754), वासदेव (754 - 773), गंगदेव/गांगेय (773 - 794), पृथ्वीपाल (794 - 814), जयदेव (814 - 834), नरपाल/वीरपाल (834 - 849), उदय सिंह (849 - 875), विजयपाल (875 - 876), जय दास (876 - 897), वाछल देव (897 - 919), पावक/रिक्शपाल (919 - 940), विहंग पाल (940 - 961), गोपाल (961 - 976), सकपाल/सलकशपाल (976 – 1005), जयपाल देव (1005 - 1021), कुमारपाल देव (1021 - 1051), अनंगपाल द्वितीय (1051 - 1081), (लौह स्तम्भ - 1052 और लालकोट दिल्ली का पुराना किला बनाया था), तेजपाल (1081 – 1105), महीपाल (1105 - 1130) (महीपालपुर - दिल्ली, बसाया), विजयपाल देव, (1130 - 1151), मदनपाल देव (1151 -1167) पृथ्वीराज तोमर (1167 - 1189), चाहडपाल तोमर (1189 - 1192)

तोमर (जाट) – चाबुक

तोमर जाट गांव पृथला जिला पलवल (पूर्व जिला फरीदाबाद एवं गुड़गांव) हरियाणा से कुछ पूर्वज आकर गांव पिसावा (अब नगर पंचायत) जिला अलीगढ उत्तर प्रदेश में आकर 12 गांव (पिसावा, जलालपुर, शेरपुर, पोस्तीका उर्फ़ फरीदपुर, नगलाभूपसिंह, सुजाबलगढ़, डेटाकलां, डेटा खुर्द, डेटा सैदपुर, डेटा मजूपुर-बलरामपुर भरियाका (मढा-हबीवपुर) और इब्राहिमपुर बसाए थे । बाद में कुछ परिवार चीती, शादीपुर तथा कुराना आदि गांवों में भी बस गए थे । स्थानीय स्तर पर ये चाबुक कहलाते हैं, लेकिन लिखते सभी तंवर/तनवर/तोमर हैं । यह पिसावा, डेटा-पिसावा कहलाता है क्योंकि पिसावा नाम के और भी गाँव है – पिसावा गांव, गोंडा विकास खंड, तहसील इगलास जिला अलीगढ़ तथा पिसावा गांव, तहसील छाता जिला मथुरा में भी हैं ।

पिसावा अलीगढ़ के तोमर जाटों की रियासत रही है। यहां तोमरों के 40 गांव है, इनमें मुख्य गांव डेटा खुर्द है । पिसावा का पुराना नाम पेशावर था क्योंकि यहां पठानों का राज था जो बाद में तोमर जाटों ने यहां पठानों को हरा कर अपना

अधिकार कर लिया था। डेटा खुर्द गांव से ही पिसावा रियासत की नींव रखी गई थी।इस गांव में एक अमर सिंह तोमर नाम के योद्धा भी था जिसने खैर पर कब्जा किया था। डेटा खुर्द गांव मुख्य रूप से इसलिए जाना जाता है क्योंकि यह गांव सेना रखता था और हर युद्ध में अपनी सेनाएं भेजता था । यह गांव शेरशाह सूरी के समय में बसा था । गांव पृथला (पलवल हरियाणा) से आए अजयपाल और विजयपाल ने इन गांव को बसाया था। पिसावा के प्राचीन किले को खैर और राठ की गढ़ियों के नाम से भी जाना जाता है। राजपरिवार के अनुसार लोधी काल मे यह लोग 5000 घुडसवारों की सेना रखते थे।

पृथला – गाँव पृथला या प्रिथला आज वर्तमान जिला पलवल में है उससे पहले जिला फरीदाबाद और उससे पहले जिला गुडगाँव हरियाणा में आता था । इसी नाम का एक गाँव पृथला और है जो तोहाना तहसील, फतेहाबाद जिला हरियाणा अन्तर्गत आता है । ऐसी मान्यता है कि इस गाँव का नाम महाभारत की कुन्ती के नाम पृथा पर उनकी यादगार स्वरूप रखा गया है । शूरसेन कुंती के वास्तविक पिता थे, कुंती के बचपन का नाम पृथा था इसलिए अर्जुन को पार्थ (पृथा पुत्र) भी कहा जाता है, पृथा को बचपन में राजा कुंतीभोज ने गोद ले लिया था इसलिए पृथा का नाम कुंती रख दिया था, कुंती के नाम पर पांडवों को कौंतेय भी कहा जाता है, तोमर जाटों को कौंतेय से ही कुंतल कहा जाने लगा ।

पौराणिक कथाओं के अनुसार महाराजा अनंगपाल तोमर जाट थे । मथुरा गजट के पेज नंबर 336 पर लिखा हुआ है कि अनंगपाल तोमर जाट थे सत्यार्थ प्रकाश में रचित है जो कि राजा परीक्षित से ले कर अनंगपाल तोमर तक की वंशावली लिखी हुई है। आज भी तोमरों की 6 जाट रियासत 3000 गांव जिनमें बहुत ही प्राचीनतम मंदिर मूर्तियां अनंगपाल तोमर जाट सम्राट की लगी हुई है । जिनमें से पिसावा तोमर जाट रियासत विरासत के रूप में आज भी विराजमान है। बागपत में उनके वंशज महाराजा अनंगपाल तोमर के दादा का सलक्षपाल तोमर जिन्होंने चौधरी खाप प्रणाली की शुरुआत की, उनकी जयंती सालों से मनाते हुए आ रहे हैं । मथुरा सौख में 500 गांव कुंतल जाटों के वंशज है, तोमरो के हैं। जिन्होंने 1000 वर्ष पूर्व महाराजा अनंगपाल तोमर की मूर्ति एवं मनसा माता मंदिर की स्थापना की । पलवल गांव पृथला में 45 साल से महाराजा अनंगपाल तोमर की मूर्ति स्थापित है। यह तो इतिहास की झलक भर है ।

इसी प्रकार नादर/नादल गोत्र के जाटों ने 12 गांव (जलोखरी, अहरोली, शाहपुर-रकराना जिला अलीगढ़, तथा गोठनी, धरमपुर, रामगढ़ी, भुन्नाजाटान, भूतगढ़ी, फिरोजुर, शाहपुर कलां, जाहिदपुर कलां, ओरंगा (नौरंगा) जिला

बुलंदशहर) बसाए थे । ये स्थानीय स्तर पर बोहरे कहलाते हैं । ये हरियाणा के रोहतक जिले के गाँव बोहर से आने के कारण बोहरे (वोहरा) कहलाते हैं, कुछ कहते हैं कि नाग वंश के तक्षकों में विहोरणा नामक तक्षक थे, उनके नाम पर वोहरा अथवा बोहरे लिखते हैं । कुछ का कहना है कि नन्द वंश के कारण नांदल और नादर लिखते है, भाषा में ल और र को जैसे तलवार और तरवार बोलते हैं वैसे ही नांदल और नादर बोलते हैं । स्थानीय भाषा की चर्चा में सब बोहरे बोलते है लेकिन लिखते सभी नादर (नांदल) हैं ।

इस प्रकार यह क्षेत्र चौबीसी चाबुक और बोहरों की कहलाती है । चाबुक और बोहरे एक दूसरे को भाई मानते हैं और इसी वजह से ये आपस में कोई सगाई सम्बन्ध नहीं करते ।

चाबुक – मध्यकालीन राजवंशों मे चापोत्कट वंश का नाम आता है । संभव है कि चाबुक गौत्र के चापोत्कट ही हों । चापोत्कट जाट, राजपूत और गुर्जर तीनों मे ही पाये जाते हैं किन्तु वहाँ वे चावड़ा कहलाते हैं ।

एक किवदंती अनुसार किसी व्यक्ति से पानी मांगने पर उसके मना करने पर चाबुक से पीटा, इस कारण चाबुक कहलाए । चाबुक (यह चमड़े अथवा रस्सी आदि को बाँट कर बनाया जाता है), जिसका प्रयोग जानवर आदि को उत्तेजित एवं जोश दिलाने के लिए किया जाता है, इसी को कुछ कोड़ा, हंटर, साँटा, सोंटा आदि भी कहते है ।

इस गौत्र के जाटों का जहाँ तक प्रश्न है, ये –

चाबुक लोग एक समय पिसावा (जिला - अलीगढ़, उत्तर - प्रदेश) के मालिक थे । ये मूलतः गाव - पृथला (वर्तमान जिला - पलवल, पुराना जिला – फरीदाबाद और उससे पहले गुड़गांव हरियाणा) से आए थे । अलीगढ़ में मराठों की ओर से जिस समय जनरल पीरन हाकिम था, इस गोत्र के सरदार मुखराम जी ने पिसावा और दूसरे कई गांव परगना चंडौस में पट्टे पर लिए थे । सन 1809 ई. में मि. इलियट ने पिसावा के ताल्लुके को छोड़ कर सारे गाव इनसे वापस ले लिए । किन्तु सन 1835 ई. में अलीगढ़ जिले के कलेक्टर साहब स्टारलिंग ने मुखराम जी के सुपुत्र भरत सिंह जी को इस ताल्लुके का 20 साल के लिए बंदोबस्त कर लिया । सन 1857 ई. में विद्रोहियों से भयभीत हुए अंग्रेजों की भरत सिंह जी के वंशजों ने पूरी सहायता की थी । तब से पिसावा उन्ही के वंशजों के हाथ में है । भरत सिंह के पुत्र शिव सिंह, तेज सिंह व गोविंद सिंह पुत्र थे । शिव सिंह के पुत्र सुमेर सिंह पुत्र हुए । तेज सिंह के पुत्र बलवन्तसिंह और नारायण सिंह हुए । गोविन्द सिंह के पुत्र कमल सिंह, लक्ष्मण सिंह और गिरिराज सिंह हुए । सुमेर सिंह के पुत्र शिवध्यान सिंह हुए

। बलवन्त सिंह के पुत्र विक्रम सिंह हुए । नारायण सिंह के पुत्र गुलजार सिंह व गुलवीर सिंह हुए और गिरिराज सिंह के पुत्र रामकुमार सिंह और कृष्ण कुमार (के के) सिंह हुए थे । विक्रम सिंह के पुत्र सुरेन्द्र पाल सिंह, देवेन्द्र पाल सिंह और भूपेंद्र सिंह (अल्प आयु में मृत्यु) हुए । इनके किले भी वर्तमान में है । खेती के अतिरिक्त बागवानी और घोड़ों का व्यवसाय भी था । शिवध्यान सिंह, गिरिराज सिंह, विक्रम सिंह, गुलजार सिंह और गुलवीर सिंह सभी भाई - भाई थे । शिवध्यान सिंह - राव साहब, तथा विक्रम सिंह - रॉय बहादुर पदवी से अंग्रेजों द्वारा सम्मानित थे । पिसावा में विक्रम सेवा सदन इंटर कालिज भी इन्ही की देन है । राधा स्वामी सत्संग व्यास के द्वितीय गुरु बाबा - सावन सिंह (ग्रेवाल) जी के पौत्र श्री गुरु चरण सिंह की शादी इसी परिवार से हुई थी । बाबा सावन सिंह अपने समय के तत्कालीन थामसन कालिज रूड़की (वर्तमान आईआईटी) से इंजीनियरिंग पास करने के बाद एमईएस में सर्विस करने के बाद गुरु बने थे । और यही कारण है कि पिसावा में भी राधा स्वामी सत्संग भवन है । जहाँ सत्संग होता है । शिवध्यानसिंह के पुत्र रामकिशन सिंह व राजेन्द्र सिंह, गुलजार सिंह के पुत्र महेंद्र सिंह, गुलबीर सिंह के पुत्र ब्रजराज सिंह (एमबीबीएस) हुए थे । के. के. सिंह तत्कालीन प्रशासनिक अधिकारी रहे थे । देवेन्द्रपाल सिंह राजनीतिक क्षेत्र से थे और उत्तर - प्रदेश विधान परिषद सदस्य के साथ जिले के कोओपरेटिव बैंक के अध्यक्ष भी रहे । आपकी पत्नी ऊषा रानी तोमर अलीगढ़ संसदीय क्षेत्र (1984-1989) से लोकसभा सांसद रहीं । कुंवर महेंद्र सिंह की शादी रेणुका कौर भरतपुर से 11 दिसम्बर 1969 को हुई थी ।

पिसावा रियासत जिला अलीगढ़ की वंशावली

सरदार मुखराम के पुत्र भरत सिंह के तीन पुत्र (शिव सिंह, तेज सिंह, गोविन्द सिंह) हुए ।

शिव सिंह की शादी हाथरस रियासत से हुई थी । शिव सिंह के एक पुत्र सुमेर सिंह एवं एक पुत्री जिसकी शादी मोलाहेड़ी रियासत जिला मुज़फ्फरनगर में हुई थी । सुमेर सिंह के एक पुत्र शिवध्यान सिंह हुए, जिन्हें राव बहादुर उपाधि के राव साहब बोला जाता था। शिवध्यान सिंह जी की शादी श्रीमती आफताब कौर पुत्री राय प्रताप सिंह साहनपुर से हुई ।

शिवध्यान सिंह के तीन पुत्र (राजेंद्र सिंह, रामकिशन सिंह, और महेन्द्र प्रताप सिंह (मृत्यु अल्प आयु) तथा तीन पुत्री (राजकुमारी शिवकुमारी, कृष्णा कौर, रामकुमारी (मृत्यु –अल्प आयु)) हुईं । राजकुमारी शिव कुमारी जिनकी शादी संत महाराज चरण सिंह पौत्र बाबा सावन सिंह – राधा स्वामी सत्संग ब्यास, के साथ

हुई थी,तथा राजकुमारी कृष्णा कौर की शादी रईस करन सिंह (उस्तरा) से हुई , लेकिन राजकुमारी कृष्णा कौर का निःसंतान देहांत हो गया ।

कुंवर रामकिशन सिंह के पुत्र शिवेंद्र और राघवेन्द्र तथा एक पुत्री राजकुमारी मंजू कुमारी हुईं । शिवेंद्र सिंह के कबीर हुए । राघवेन्द्र के पुत्री श्रेया सिंह और पुत्र सिद्धराज सिंह हुए ।

कुंवर रामकिशन सिंह का जन्म 27 दिसम्बर1926 का है । इनकी शादी सन 1951 में रानी विजय कुमारी पुत्री ठाकुर रघुराज सिंह (चीफ सेक्रेटरी एंड चेयरमैन रेवेनु बोर्ड मध्य प्रदेश) से हुई थी । कुंवर शिवेंद्र सिंह का जन्म 3 सितम्बर 1952 को हुआ और इनकी शादी रानी रीति सिंह पुत्री सरदार शमिन्दर सिंह चहल से हुई ।

पुत्री मंजू सिंह की शादी बाबा विक्रम सिंह से हुई जो बाबा दिन्गा सिंह लाहौर के पौत्र थे । उनसे तीन संतान (पुत्र बाबा उदय सिंह, बाबा जय सिंह और पुत्री सिया सिंह) हुईं । सिया सिंह जी की शादी फ़तेह सिंह अकोई पुत्र सरदार हरदेव सिंह अकोई पौत्र सरदार राजदेव सिंह अकोई खंगुरा राजवंश से हुई थी ।

कुंवर राघवेन्द्र सिंह का जन्म 1963 में हुआ है । इनकी शादी कुंवर रानी पूनम सिंह पुत्री कुंवर नरेन्द्र सिंह सल्कान (पुत्र ब्रिगेडियर एस. रामेश्वर सिंह पुत्र चौधरी गिरवर सिंह बामनौली बड़ौत से हुई । इनसे 2 संतान (कुमारी श्रिया सिंह, कुंवर सिद्धराज सिंह) हुई।

कुंवर राजेन्द्र सिंह जी की शादी रानी वीरेन्द्र कौर पुत्री रानी आभा सिंह व राजा ब्रिजेन्द्र सिंह मुरादाबाद से हुई । रानी आभा सिंह महारानी बृषभान कौर भरतपुर राजपरिवार (पुत्री महाराजा किशन सिंह एवं बहन महाराजा ब्रिजेन्द्र सिंह) की पुत्री थीं । जिनसे एक पुत्र यादवेन्द्र सिंह और तीन पुत्री राजकुमारी प्रवीण कौर, राजकुमारी रजनी (टीना), तथा राजकुमारी देविका कुमारी हुईं ।

कुंवर यादवेन्द्र सिंह की शादी चंद्रिका सिंह पुत्री सरदार उदय सिंह माधव राव घाटगे से हुई । कुंवर यादवेन्द्र सिंह की संतान (पुत्र- अविंदर और पुत्री - अवंतिका) हुई । राजकुमारी प्रवीण कौर की शादी राजवीर सिंह हुलिया से हुई , जिनसे एक पुत्र व एक पुत्री हुईं । राजकुमारी रजनी (टीना) की संदीप गर्ग से हुई जो निःसंतान हैं ।

तेज सिंह के पुत्र बलवन्त सिंह और नारायण सिंह हुए । बलवन्तसिंह के पुत्र विक्रम सिंह हुए, इन्हीं के नाम पर विक्रम सेवा सदन इंटर कॉलेज है । इन्हें राय बहादुर उपाधि मिली हुई थी इसलिए इन्हें राय साहब कहते थे । विक्रम सिंह के सुरेन्द्र सिंह, देवेन्द्र पाल सिंह और भूपेंद्र सिंह (अल्प आयु) हुए । देवेन्द्र पाल सिंह उ.प्र. विधान परिषद् के सदस्य, कॉपरेटिव बैंक के जिला अध्यक्ष भी रहे । देवेन्द्र

पाल सिंह की पत्नि ऊषा रानी तोमर अलीगढ़ लोकसभा सांसद (1984 - 1989) रहीं। सुरेन्द्र सिंह के पुत्र त्रिभुवन सिंह और स्नेहलता हुईं। देवेन्द्र पाल सिंह के तीन पुत्रियां मीरा, मीना, और गीता हुईं।

नारायण सिंह के पुत्र गुलजार सिंह और गुलबीर सिंह थे। गुलजार सिंह 27 वर्षों तक एजुकेशन कमेटी के चेयरमेन तथा जिला पंचायत के निर्विरोध सदस्य रहे। गुलजार सिंह अपने समय के बड़े समाज सेवी व्यक्ति थे, उस समय उन्होनें कई स्थानों पर स्कूल खुलवाये थे। उन्हीं के प्रयास से पिसावा से द्यौरऊ मोड़ तक कंकड़ की सड़क बनवाई गयी थी तथा पिसावा से अलीगढ़ रोडवेज बस सेवा शुरू कराई गयी थी। उस समय उनकी निजी बसें भी चलती थीं। गुलजार सिंह के एक पुत्र महेंद्र सिंह और चार पुत्री मिथिलेश कुमारी, ब्रजरानी, ममता और पुष्पा हुईं। महेंद्र सिंह की शादी महाराज कुमारी रेणुका कौर भरतपुर (महाराजा विश्वेन्द्र सिंह जी की बहन और महाराजा ब्रिजेन्द्र सिंह की पुत्री) से हुई थी। श्रीमती मिथिलेश कुमारी और श्रीमती पुष्पा कुमारी जी की शादी मगरौरा (पिछोर) डबरा जिला ग्वालियर नरेश श्री मीरेंद्र सिंह जूदेव जी के पुत्र श्री सुरेन्द्र सिंह जी एवं श्री नरेन्द्र सिंह जी से हुई थी। श्री नरेन्द्र सिंह जी वर्तमान में अमेरिका निवासरत हैं। श्रीमती मिथलेश कुमारी जी से दो पुत्री हैं जिनमें से एक श्री प्रदीप कुमार (पूर्व विधायक और पौते सेठ छाजूराम) से विवाहित तथा दूसरी सरदार आंग्रे ग्वालियर के पुत्र से विवाहित हैं। श्रीमती ब्रजरानी कुमारी जी की शादी कुंवर नटवर सिंह जी भाई श्री सुमेर सिंह जी से तथा श्रीमती ममता कुमारी जी शादी मेरठ में हुई थी। श्रीमती ममता कुमारी जी की बेटी श्री इन्दर वर्मा जी (शामली) के पुत्र से विवाहित हैं।

गुलबीर सिंह के पुत्र बृजराज सिंह (एमबीबीएस) हुए, बृजराज सिंह जी की शादी श्रीमती रनदीप कौर कुचेसर रियासत से हुई। उनसे पुत्र देवराज सिंह (एमबीबीएस – वर्तमान – विदेश) और चन्द्रराज सिंह हुए हैं। देवराज सिंह की शादी श्रीमती ममता सिंह पुत्री कुंवर ओउम प्रकाश पहाड़ी धीरज दिल्ली से हुई जिनसे पुत्र कृष्ण कुमार हुए। चन्द्रराज सिंह की शादी श्रीमती उमेश्वरी कौर पुत्री राजा देवेन्द्र सिंह साहनपुर से हुई , जिनसे पुत्र यदुराज हुए।

गोविन्द सिंह के पुत्र कमल सिंह, लक्ष्मण सिंह और गिरिराज सिंह हुए।

गिरिराज सिंह के रामकुमार सिंह और कृष्ण कुमार (के. के.) सिंह (प्रशासनिक अधिकारी उ.प्र.) हुए। रामकुमार सिंह के पुत्र श्याम सिंह, ललित कुमार और कुशल कुमार हुए। के. के. सिंह के पुत्र शील कुमार हुए।

राजा गुलजार सिंह पिसावा किला -

संतान - एक पुत्र राजा महेन्द्र सिंह, चार पुत्रियां श्रीमती मिथिलेश, ब्रज रानी, पुष्पा, और ममता । राजा महेन्द्र सिंह जी की शादी (11 दिसम्बर 1969) श्रीमती रेणुका कौर पुत्री महाराजा बृजेन्द्र सिंह भरतपुर से हुई । श्रीमती रेणुका कौर जी का देहान्त 28 अक्टूबर 2018 को हो गया । आपके 2 पुत्र यशवंतराव और उदयवीर हुए ।

श्रीमती मिथिलेश कुमारी जी की शादी श्री सुरेन्द्र सिंह पुत्र राजा मीरेंद्र सिंह जूदेव मगरौरा (डबरा) जिला ग्वालियर से हुई थी ।

श्रीमती ब्रज रानी जी की शादी कुंवर नटवर सिंह के भाई कुंवर सुमेर सिंह जी से हुई थी ।

श्रीमती पुष्पा जी की शादी श्री नरेन्द्र सिंह पुत्र राजा मीरेंद्र सिंह जूदेव मगरौरा (डबरा) जिला ग्वालियर से हुई थी ।

श्रीमती ममता शादी मेरठ में हुई थी ।

पूर्वज - कुंवर गुलजार सिंह और कुंवर गुलबीर सिंह 2 भाई थे । पिताजी ठाकुर नारायण सिंह जी थे । ठाकुर बलवंत सिंह और ठाकुर नारायण सिंह 2 भाई थे, तथा दोनों के पिता श्री राजा तेजसिंह थे । राजा शिव सिंह, राजा तेज सिंह और राजा गोविन्द सिंह तीन भाई थे और पिताजी भरत सिंह थे तथा भरत सिंह के पिताजी सरदार मुखराम थे ।

कुंवर गुलजार सिंह 28 वर्ष डिस्ट्रिक बोर्ड के चेयरमैन रहे । विनोबा भावे के अनुरोध पर भूदान यज्ञ में जमीन दान दी । अन्य क्षेत्रीय कार्य रोडवेज बस सर्विस शुरू कराई, प्राथमिक स्वास्थ्य केन्द्र, बीजगोदाम, आदि बनवाए ।

रॉय बहादुर विक्रम सिंह ने अलीगढ़ पिसावा मार्ग बनवाया, विक्रम सेवा सदन हायर सेकेण्डरी स्कूल की स्थापना कराई तथा अन्य क्षेत्रीय कार्य रोडवेज बस सर्विस शुरू कराई, प्राथमिक स्वास्थ्य केन्द्र, बीजगोदाम, आदि बनवाए ।

चाबुक गाव मुख्यतः पिसावा, जलालपुर, शेरपुर, पोस्तिका उर्फ फरीदपुर, नगला भूपसिंह, सुजाबलगढ़, भरियाका (मढा - हवीवपुर), चीती, डेटा - खुर्द, डेटा - कलाँ, डेटा - सैदपुर, डेटा – मजुपुर, बलरामपुर, इब्राहिमपुर, शादीपुर, कुराना आदि । लिखित में सभी तोमर/तंवर/तनवर ही लिखते है ।

कुंतल (खूटेला) - तोमर जाट -

अमर उजाला

निजी क्षेत्र दूसरी छमाही से करेगा ज्यादा निवेश : सीईए

आगरा | बुधवार, 13 अप्रैल 2022 5

खुटैल पट्टी की आराध्य कुलदेवी हैं मां मंशादेवी

राजा अनंगपाल ने कराया था निर्माण, देश-विदेश से मुंडन कराने आते हैं खुटैल वंश के लोग, तीन दिवसीय मेला कल से शुरु

तीन दिवसीय मेला होगा ऐतिहासिक

मंशा देवी मंदिर

महाभारत में कुन्ती - भोज और कौंतेय लोगों का वर्णन आता है । कुन्ती - भोज तो वे लोग थे जिनके कुन्ती गोद गई थी । कौंतेय वे लोग थे, जो पांडु के यहाँ महारानी कुन्ती से पैदा हुए थे । महाराज पांडु के दो रानी थीं – कुन्ती और माद्री । कुन्ती के पुत्र कौंतेय और माद्री के माद्रेय नाम से कभी - कभी पुकारे जाते थे । ये कौंतेय ही कुंतल और आगे चलकर खूंटेल कहलाने लग गए ।

" मथुरा मेमायर्स पढ़ने से पता चलता हे कि हाथी सिंह नामक जाट (खूंटेल) ने सोंख पर अपना आधिपत्य जमाया था और फिर से सोंख के दुर्ग का निर्माण कराया था । हाथी सिंह महाराजा सूरजमल जी का समकालीन था । सोंख का किला बहुत पुराना है । राजा अनंगपाल के समय में इसे बसाया गया था । गुसाई लोग शंखासुर का बसाया हुआ मानते हैं । मि. ग्राउस लिखते हैं कि –

"जाट शासन - काल में (सोंख) स्थानीय विभाग का सर्वप्रधान नगर था । राजा हाथी सिंह के वंश में कई पीढ़ी पीछे प्रह्लाद नाम का व्यक्ति हुआ । उसके समय तक इन लोगों के हाथ से बहुत - सा प्रांत निकल गया था । उसके पाँच पुत्र थे – (1) आसा, (2) आजल, (3) पूरन, (4) तसिया, (5) सहजना । इन्होने अपनी भूमि को जो दस - बारह मील के क्षेत्रफल से अधिक न रह गई थी आपस में बाँट लिया और अपने - अपने नाम से अलग - अलग गाव बसाये । सहजना गाव में कई

छतरियाँ बनी हुई हैं । तीन दीवाले अब तक खड़ी हैं । "मि. ग्राउस आगे लिखते हैं – " इससे सिद्ध होता है कि जाट पूर्ण वैभवशाली और धन सम्पन्न थे । जाट-शासन - काल मे मथुरा पाँच भागों में बटा हुआ था – अडींग, सोंसा, सोंख, फरह और गोवर्धन । "

" मथुरा मेमायर्स के पढ़ने से यह पता चलता हे कि मथुरा जिले के अनेक स्थानों पर किरारों का अधिकार था । उनसे जाटों ने युद्ध द्वारा उन स्थानों को अधिकार में किया । खुन्टेला जाटों में पुष्कर सिंह अथवा पखारिया नाम का एक बड़ा प्रसिद्ध शहीद हुआ है । कहते हैं, जिस समय महाराज जवाहर सिंह देहली पर चढ़कर गए थे अष्टधाती दरवाजे की पैनी सलाखों से वह इसलिए चिपट गया था हाथी धक्का देने से काँपते थे । पाखरिया का बलिदान और महाराज जवाहर सिंह की विजय का घनिष्ट संबंध है ।

अडींग के किले पर महाराज सूरजमल से कुछ ही पहले फोदासिंह नाम का कुंतल सरदार राज करता था । उसने सिनसिनवारों की अधीनता स्वीकार कर ली थी । कहा जाता है कि खेमकरण सोगर नरेश को फोदासिंह ने ही जहर दिया था ।

पैंठा नामक स्थान में जो कि गोवर्धन के पास है, सीताराम (कुंतल) ने गढ़ निर्माण कराया था । कुंतलों का एक किला सोनोट में भी था ।

कुंतल (खूंटेल) सिनसिनवारों व सोगरवारों की भांति डूंग कहलाते है । लोग डूंग शब्द से बड़े भ्रम में पड़ते हैं । स्वयं डूंग कहलाने वाले भी नहीं बता सकते कि हम डूंग क्यों कहलाते हैं ? वास्तव में बात यह है कि डूंग का अर्थ पहाड़ होता है । पंजाब में जदू का डूंग है । यह वही पहाड़ है जिसमे यादव लोग, कुछ पांडव लोगों के साथ, यादव - विध्वंश के बाद जाकर बसे थे । बादशाहों की ओर से खूंटेल सरदारों को भी फौजदार (हाकिम - परगना) का खिताब मिला था ।

पार्थ – अर्जुन का दूसरा नाम है, भगवान श्री कृष्ण ने अर्जुन को ही पार्थ संबोधित किया था, महाभारत के युद्ध में श्रीमदभागवत गीता का ज्ञान देते समय इसलिए कुछ तोमर पार्थ को उपनाम के रूप में काम लेते हैं, क्योंकि तोमर जाट पांडु वंशी अर्जुन के ही वंशज हैं, शूरसेन कुंती के वास्तविक पिता थे, कुंती के बचपन का नाम पृथा था इसलिए अर्जुन को पार्थ (पृथा पुत्र) भी कहा जाता है, पृथा को बचपन में राजा कुंतीभोज ने गोद ले लिया था इसलिए पृथा का नाम कुंती रख दिया था, कुंती के नाम पर पांडवों को कोंतेय भी कहा जाता है, तोमर जाटों को कोंतेय से ही कुंतल कहा जाने लगा ।

सलकरान - शाखा सल - अक्स पाल सलकपाल तोमर द्वारा उत्पन्न किया गया था जब दिल्ली के अंतिम तोमर राजा अनंगपाल ने अपने राज्यों को खो दिया

था तो सल - अक्स पाल तोमर फिर से अपने परिवार के 84 गावों के 84 तोमर देश खाप की स्थापना की, राजा सल - अक्स - पाल तोमर की समाधि स्थल बड़ोत नई व्लाक कृषि प्रसार विभाग से सटे दिल्ली सहारनपुर रोड पर है ।

सुलख - सुलख तोमरों को रोहतक, भिवानी जिले में कहते है, इनको वहाँ पर सुलखलान भी कहते है ।

देशवाले – तोमर लोग एक समय देश क्षेत्र के मालिक (राजा) थे, इस कारण तोमर जाटों को देशवाले के रूप में जाना जाता है ।

कपड़े - कपड़े या कपेड़ा गौत्र नहीं है, इनको एक मोहल्ले के नाम पर मिला है, कुछ इनको कल्याण सिंह तोमर के नाम पर कपडे नाम पड़ना बताते है, यह बागपत के वावली गांव से आकार बसे तोमर जाट है, जो सबसे पहले बिजनौर जिले में आकर बसे थे । बिजनौर में यह सिर्फ तोमर ही लिखते है । जबकि 4 परिवार जो मुरादाबाद जिले के रामनगर उर्फ रामपुरा गाव में रहते है वे ही कपड़े या कपेड़ा लिखते हैं ।

पांडु – तोमर जाट पांडु पुत्र अर्जुन के वंशज होने के कारण पांडु या पांडव भी कहते है । तोमर जाटों के पांडव वंशी होने के कारण पांडव जाट टाइटल कुछ तोमर - आगरा और जयपुर में पांडु और पांडव उपनाम के रूप में लिखते हैं ।

भिंडा - तोमर जाट जो भिंड शहर से फैले उन्हे भिंड तोमर बोला गया । तोमर जाट मित्र की उप गौत्र भिंडा (भिंड तोमर) है । भिंड मध्य प्रदेश का एक जिला है ।

तूर - (तुअर) - जाट गौत्र हिन्दी में तोमर और पंजाबी और गेशी बोली में Taur (तुअर जाट) कहा जाता हैं ।

गरचा – जट तोमर जाटों की एक उप गौत्र शाखा है, जोकि कोहरा गाव जिला लुधियाना पंजाब से निकली है । यह तोमर जाटों के निकट संबंधी हैं ।

नैन – गौत्र की उत्पत्ति - नैन गौत्र वंशावली - राजा आनन्दपाल के 2 लड़के थे । बड़े का नाम अनंगपाल, छोटे का नैनपाल था । बड़ा बेटा होने के कारण अनंगपाल को दिल्ली की गद्दी मिली थी । छोटा बेटा नैनपाल राजकाज के अन्य काम देखता था । वह बड़ा सीधा साधा तथा शील स्वभाव का था । कुछ लोगों का मानना है कि नैनपाल से ही नैन गौत्र शुरू हुआ । लेकिन - आज यह गौत्र पूर्ण रूप से अलग है । तोमर (तंवर) वंश गौत्र से उनकी शादी होती है ।

आंतल - गौत्र की उत्पत्ति - जाट इतिहास किताब के अनुसार एक तोमर जाटों ने तुर्क मुसलमानों की युद्ध में आंत निकाल ली थी, इसलिए तोमर जाटों को सोनीपत में आंतल कहा जाता है । यह गौत्र तोमर (तंवर) से बना है । लेकिन आज यह गौत्र पूर्ण रूप से अलग है । इनकी शादियाँ तोमर (तंवर) गौत्र से होती है ।

सहरावत - गौत्र की उत्पत्ति - इन्ही तंवर मे से एक सहरा तंवर नाम का प्रसिद्ध व्यक्ति हुआ था। जिससे जाटों का सहरावत गौत्र प्रचलित हुआ। जिनके दिल्ली में आज 12 गाव है। याद रहे इतिहास से प्रमाणित है कि कुंतल, तंवर आदि जाट तोमर (पांडवों) के वंशज है। (पुस्तक - रावतों का इतिहास) कुछ जगह सहरावत को तोमरों के मित्र गौत्र के रूप में भी बताया गया है। लेकिन तोमर नहीं बताया गया, यह गौत्र तोमर (तंवर) से बना है। लेकिन आज यह गौत्र पूर्ण रूप से अलग है। इनकी शादी तोमर गौत्र से होती है।

मोटा - मोटा गौत्र नहीं है, सिर्फ एक नाम है, इनका गौत्र तोमर (तंवर) है। यह लोग राजस्थान में हरियाणा के जाटोली गांव से सवाई माधोपुर जिले के वजीरपुर के पास आकर बसे। वहाँ से खंडार तहसील में गए। सवाई माधोपुर जिले के वजीरपुर के पास के कुन्साय और खेड़ला गावों में वो अपना गौत्र तोमर (तंवर) ही लिखते है।

ठेनुआ - गौत्र की उत्पत्ति - यह गौत्र तंवर (तोमर) जाटों से ही उत्पन्न हुआ है। तोमर जाटों ने मुगल बादशाह से युद्ध कर - आने की ठानी थी। इसलिए इनको ठेनुआ कहते है। यह गौत्र तंवर (तोमर) से बना है। लेकिन आज यह गौत्र पूर्ण रूप से अलग है। इनकी शादी तोमर (तंवर) गौत्र से होती है।

ठाकुर माखन सिंह ने खोंखर गौत्र की लड़की से शादी की थी। जिनसे नन्दराम हुए, जिन्होने 40 वर्ष तक राज किया। नंदराम के बारह/चौदह पुत्र थे, जिनमे जलकरन सिंह सबसे बढ़े थे। दूसरे जयसिंह, सातवे - भोज सिंह, आठवे चूरामन, नवे - जसवंत सिंह, दसवे - अधिकरण, ग्यारहवे - विजयसिंह थे। जसवंत सिंह बहराम गढ़ी के अधिपति बने। जलकरन सिंह अपने पिता के आगे ही स्वर्गवास हो चुके थे। उनके योग्य पुत्र खुशाल सिंह राज्य के मालिक हुए।

ठाकुर खुशाल सिंह ने 1716 ईसवी में मुरसान किले की नीव रखी और किला बनवाया था। इनके पुत्र - पहुप सिंह ने सासनी किला बनवाया था। पहुप सिंह का देहांत 1789 में हुआ उनके बाद पुत्र भगवंत सिंह ने राज्य किया। भगवंत सिंह, जलकरन सिंह के प्रपौत्र थे, और सासनी और मुरसान के शासक रहे। जलकरण सिंह के भाई जयसिंह के प्रपौत्र दयाराम हाथरस के शासक रहे थे। दयाराम के बाद गोविंद सिंह गद्दी पर रहे, और टीकम सिंह पुत्र भगवंत सिंह मुरसान के शासक रहे। टीकम सिंह के बाद किशन सिंह के बाद घनश्याम सिंह आए। घनश्याम सिंह के दत्त प्रसाद सिंह मुरसान के, बलदेव सिंह बलदेवगढ़ तथा प्रताप सिंह को हाथरस रियासत के हरनारायन सिंह ने गोद लिया। हरनारायन सिंह भी जटोई के ठाकुर रूप सिंह जी के पुत्र थे और हाथरस के राजा थे। राजा महेंद्र प्रताप ने देश

की आजादी के लिए देश - विदेश भ्रमण किया, शिक्षा क्षेत्र में पोलीटेक्निक, प्रेम महाविध्यालय मथुरा बनवाया तथा प्रेम धर्म के अनुयायी थे। प्रेम महाविद्यालय के अलावा जटवारी, मझोई, उझियानी, हुसेनी मथुरा जिले के गाव तथा बराला और धमेड़ा बुलंदशहर जिले के गाव में प्रेम प्रताप व प्रेम - पाठशालाए खुलवाई । राजा महेंद्र प्रताप सन 1957 में निर्दलीय प्रत्याशी के रूप में मथुरा (उ. प्र.) से स्वर्गीय अटल बिहारी वाजपेयी, भारतीय जनसंघ को हराकर लोकसभा सांसद बने थे । राजा महेंद्र प्रताप की शादी संवत 1958 में 16 वर्ष की उम्र में जींद रियासत के महाराजा रणवीर सिंह की बहन राजकुमारी बलवीर कौर के साथ हुई थी । जिनसे संवत 1970 में एक पुत्र रत्न जिसका नाम प्रेम - प्रताप और बेटी भक्ति रखा हुए थे । दत्त प्रसाद सिंह के पुत्र किशोरी रमन सिंह मुरसान के राजा हुए ।

राजा महेन्द्र प्रताप का जन्म 1 दिसम्बर 1886 को एक जाट परिवार में हुआ था जो मुरसान रियासत के शासक थे । यह रियासत वर्तमान उत्तर प्रदेश के वर्तमान हाथरस (पुराना अलीगढ़) जिले में थी । वे राजा घनश्याम सिंह के तृतीय पुत्र थे । जब वे 3 वर्ष के थे तब हाथरस के राजा हरनारायण सिंह ने उन्हें पुत्र के रूप में गोद ले लिया। 1902 में उनका विवाह बलवीर कौर से हुआ था जो जींद रियासत के सिद्धू जाट परिवार की थीं । विवाह के समय वे कॉलेज की शिक्षा ले रहे थे ।

28 वर्ष की उम्र में विदेश भ्रमण देश की आजादी के लिए गए और 32 वर्षों तक भ्रमण पर रहे । विदेश भ्रमण के समय अफगान के बादशाह से मुलाकात की और वहीं से 1 दिसम्बर 1915 में काबुल से **भारत के लिए अस्थाई सरकार** की घोषणा की जिसके राष्ट्रपति स्वयं तथा प्रधानमंत्री मौलाना बरकतुल्ला खां बने । उन्होंने भारत से बाहर देश की **पहली निर्वासित सरकार** का गठन किया, बाद में सुभाष चंद्र बोस ने 28 साल बाद उन्हीं की तरह **आजाद हिंद सरकार** का गठन सिंगापुर में किया था ।

26 अप्रैल 1979 में उनका देहान्त हो गया । भारत सरकार ने सन 1979 में एक भारतीय डाकटिकट राजा महेन्द्र प्रताप सिंह पर जारी किया ।

14 सितम्बर 2021 में उत्तर प्रदेश सरकार ने उनके नाम पर अलीगढ़ में एक विश्वविद्यालय स्थापित करने की आधार शिला रखी है ।

ठेनुआ गौत्र के 30 गढ़ी/ठिकाने थे – हरबाला की गढ़ी, केसर गढ़ी, बहराम गढ़ी, बेरम गढ़ी, गंगा गढ़ी, जावरा गढ़ी, गोरई गढ़ी, तोछीगढ़ गढ़ी, छोटुआ गढ़ी, बेसवां गढ़ी, करील गढ़ी, जटोई गढ़ी, कारस गढ़ी, पडिल गढ़ी, रहना गढ़ी, कजरौठगढ़ी, मऊ गढ़ी, टुक्सन गढ़ी, कचौरी गढ़ी, विजई गढ़ी, ब्योरईगढ़ी, ब्योहरा गढ़ी, मोरनी गढ़ी, नया गढ़ी, बिसौली गढ़ी, निहोरा गढ़ी, सहारा गढ़ी, जावल गढ़ी,

पिल्ख्युनिया गढ़ी, ग्वालरा गढ़ी ।

जिनके मुख्य ठिकानेदार थे – बहराम गढ़ी के - ठाकुर जसवंत सिंह (नंदराम के पुत्र), तोछीगढ़ के ठाकुर चूड़ामणि (नंदराम पुत्र), शेर सिंह, ब्योहई के ठाकुर माधो सिंह, कारस के ठाकुर धीरी सिंह, रहना के जसवंत सिंह, कजरौठी के ठाकुर ध्यान सिंह, जटोई गढ़ी के हरनारायण सिंह, बेसवां के ठाकुर भूरे सिंह आदि ।

जाखोदिया तंवर - जाखोदिया गौत्र नहीं होता है, इनका गौत्र तोमर (तंवर) है । तोमर जाट 1857 के आसपास जब दिल्ली के जाखोद गाव से आकर भरतपुर के छोकरवाड़ा गाव में बसे तो यहाँ के स्थाननीय निवासियों ने इनको इनके पैतृक गाव जाखोद के नाम पर जाखोदिया कहना शुरू कर दिया । पूरे भारत वर्ष में यह एक मात्र गाव है जाखोदिया तंवर जाटों का, और किस जगह पर यदि कोई जाखोदिया तोमर निवास करते है तो वे मूल रूप से छोंकरवाड़ा से गए हुए है । दिल्ली पर तोमर जाटों का राज्य रहा है । उनको ही तंवर बोला जाता है । दोनों एक ही गौत्र है । जाखोद गाव को महाराजा अनंगपाल तोमर के सात बेटों के द्वारा स्थापित किया गया था । दिल्ली में तोमर जाटों के बहुत से गाव थे जो दिल्ली से कुछ मुज्जफ़रनगर जिले के वलेड़ा, बहादरपुर, जैसे गावों में जा बसे । 1857 की क्रान्ति में जाटों ने अंग्रेजों का विरोध किया था । 1857 की क्रान्ति के असफल हो जाने के बाद अंग्रेजों ने दिल्ली के बहुत से जाटों के गावों को उजाड़ दिया उनमे से जाखोद भी एक था । जिला ग्वालियर के गांव रतवई में जखोदिया तोमर आज निवासरत हैं ।

शीरा (शिरा - शिरे) - तंवर – यह तंवर जाटों की ही एक शाखा है । पेहोबा के इतिहास के अनुसार यहाँ पर जाटों का शासन रहा है । पेहोबा शिलालेख में एक तोमर राजा जौला और उसके बाद के परिवार का उल्लेख है । महिपाल तोमर का भी पेहोबा पर शासन रहा है । थानेसर जो कि हिन्दू के लिए उतना ही पवित्र था जितना मुस्लिमों के लिए मक्का, थानेसर अपनी दौलत के लिए और मंदिरों के लिए प्रसिद्ध था । दिल्ली के राजा अनंगपाल और गजनी के राजा महमूद के बीच यह संधि थी की दोनों ही एक दूसरे के क्षेत्र में हमला नहीं करेगे । लेकिन जैसा कि गजनवी धोखेवाज़ था । उसने धन के लालच में हमले की योजना बनाई और पंजाब तक आ गया । दिल्ली के तोमर (तंवर) राजा अनंगपाल तोमर तक उसके नापाक योजना की सूचना पहुँच गयी थी । अनंगपाल तोमर ने अपने भाई को 2000 घोड़े सवारों के साथ महमूद से बात करने पंजाब भेजा । दोनों के बीच बातचीत हुई, और वो वापस दिल्ली अपने भाई के पास चल दिया । उसको रास्ते में सूचना मिली कि महमूद हमला करने वाला है तो इस बात की सूचना उसने अपने

बड़े भाई अनंगपाल तोमर को दे दी, जो उस समय दिल्ली में थे । उन्होने कई हिन्दू राजाओं को साथ लिया और थानेसर की तरफ चल दिए । उनके पहुचने से पहले ही महमूद ने थानेसर के मंदिरों को लूटा । थानेसर से उसको बहुत धन - दौलत प्राप्त हुई । फिर उसने दिल्ली पर हमले की सोची पर उसके सेनापति ने महमूद गनजवी से कहा कि दिल्ली के तोमरों को जीतना असंभव है । क्योंकि तोमर इस समय बहुत शक्तिशाली है । ध्यान देने वाली बात है । गजनवी ने भारत पर 17 बार हमले किए पर दिल्ली पर कभी हमला करने की उसकी हिम्मत नहीं हुई । 1025 में सोमनाथ के हमले के बाद उस को खोंखर जाटों ने ही रास्ते में लूट लिया । उसको सबक सिखा दिया और वह वापस मूलतान लौट गया । अनंगपाल तोमर इस क्षेत्र में पहुचे और बहुत दुखी हुए और पालकी की जगह सीढ़ी पर बैठ गए । इस कारण से ही तोमरों को इस क्षेत्र में सिरा तोमर या शिरा तोमर (तंवर) कहते है । (शिरा - शिरे = सीढ़ी वाले) कहा जाता है, शिरा तनवर अनंगपाल तोमर के ही वंशज है । जिनके आज 12 से ज्यादा गाव गुहला और पेहोबा के पास है कुछ गाव पंजाब में है ।

सांसद कुंवर सुरेंद्र पाल सिंह ऊंचागांव जिला बुलंदशहर उत्तर प्रदेश - इनका गोत्र पिलानिया है जो तोमर गोत्र से सम्बन्धित गोत्र है -

सुरेंद्र पाल सिंह ने जनपद को दिलाई थी 'अनूठी' पहचान

बुलंदशहर : राजशाही और सामंतवादी व्यवस्था के बाद जब देश ने लोकतंत्र को अंगीकार किया तो कानूनन 'राजा' और 'रंक' में भेद मिट गया । इस संक्रमणकाल में कई रियासतदारों ने शाही ठाठबाठ जीवन शैली को पूर्ववत बनाए रखा। तो कई ऐसे भी हुए जो नये - वेलेन जातंत्र कोप्र 'आत्मा' से स्वीकार कर 'लोकसेवा' में जीवन होम कर दिया । ऊंचागांव रियासत के राजा और सांसद कुंवर सुरेंद्र पाल सिंह उन्हीं में से एक थे । उनके योगदान को देश और जनपद कभी भूल नहीं सकता है ।

लोकतंत्र के सबसे बड़े मंदिर संसद के साठ साल पूरे होने पर जश्न मनाया जा रहा है । जनपद से नजरिए से संसदीय इतिहास के पन्ने उलटें तो एक विराट व्यक्तितत्व कुंवर सुरेंद्र पाल सिंह पर नजर ठहर-सी जाती है। वह इंदिरा गांधी के कार्यकाल में करीब साढ़े आठ वर्षो तक केंद्रीय विदेश राज्यमंत्री रहे। नेहरू युग की 'गुटनिरपेक्ष ' और 'तटस्थ' नीति का 'हासिल' जो भी रहा हो लेकिन 1962 में 'भारत-चीन' युद्ध की पीड़ा से तड़प रहे देश को जब प्रधानमंत्री इंदिरा गांधी 'तेवरदार' विदेश नीति के सांचे में ढ़ाल रहीं थीं तो उन्होंने बुलंदशहर के कुंवर सुरेंद्र पर भरोसा जताया था । वह ऊंचागांव रियासत के राजा थे, राजसी डिप्लोमैसी की समझ थी उन्हें । इससे बढ़कर, जब इंदिरा गांधी तीस के दशक में आक्सफोर्ड में पढ़ रही थीं तो करीब-करीब उन्हीं के हमउम्र कुंवर साहब इंग्लैंड के ही कैंब्रिज विश्वविद्यालय के छात्र थे। उसी समय से दोनों एक -दूसरे को जानते थे। इंदिरा गांधी को कुंवर साहब के प्रतिभा पर भ रोसा था। उन्हें केंद्रीय विदेश राज्यमंत्री बनाया था।

वयोवृद्ध कांग्रेस नेता व पूर्व मंत्री सैयदुल हसन कहते हैं कि कुंवर साहब अंग्रेजी बोलने में काफी दक्ष थे । विदेश नीति और कूटनीति की बारीक समझ थी । उनकी संप्रेषण कौशल इतनी लाजवाब थी कि सामने वाला प्रभावित हुए बिना नहीं रह पाता था ।

जनपद में पहली बार नेहरूजी कुंवर सुरेंद्र के ही न्यौते पर 18 जून 1956 में आए थे । कुंवर साहब ने उन्हें ऊंचागांव को ब्लाक बनाने का आग्रह किया । इसके निर्माण के लिए अपनी 18 बीघे जमीन और एक लाख रुपये का चेक दिया था । नेहरूजी ने बकायदा भूमि पूजन कर ऊंचागांव विकास खंड की नींव रखी थी।

दिल्ली की सियासत में उनकी दखल का अंदाजा इस बात से लगाया जा सकता है कि देश की अत्याधुनिक परमाणु बिजली केंद्र को नरौरा में स्थापित कराने में सफल रहे। नरौरा परमाणु केंद्र के अलावा उन्होंने अनूपशहर में कोऑपरेटिव चीनी मिल का निर्माण कराया । जब रेल राज्य मंत्री बने तो इलाहाबाद के लिए संगम एक्सप्रेस चलवाई । अपना पुश्तैनी बहादुरपुर किला महिला अस्पताल के लिए दान में दे दिया । कई स्कूल कॉलेज खुलवाए ऐसी नजीर है ।

कुँवर सुरेन्द्र पाल सिंह का जन्म 17 मई 1917 का है । आपका गोत्र पिलानिया है । आप भारतीय राष्ट्रीय कांग्रेस से बुलंदशहर (उत्तर प्रदेश) से तीसरी, चौथी, पांचवी और आठवी लोकसभा के लिए चुने गए । तथा केंद्र में विदेश राज्य मंन्त्री व रेल राज्य मंत्री भी रहे थे ।

शादी – भरतपुर नरेश किसन सिंह की पुत्री और बृजेन्द्र सिंह, गिरेन्द्र राज सिंह, और मान सिंह की बहिन कुसुम कौर की शादी कुँवर सुरेन्द्र पाल सिंह से दिनाक 26 फरवरी 1933 ईसवी में हुई थी। कुसुम कौर जी का जन्म 10 सितम्बर 1916 का है। आपके पुत्र का नाम जगत सिंह है।

जबकि अन्य शासनकाल अन्य वंश के –

गुलाम वंश (1193 ईसवी से 1290 ईसवी) – 97 वर्ष, खिलजी वंश (1290 ईसवी से 1320 ईसवी) – 30 वर्ष, तुगलक वंश (1320 ईसवी से 1414 ईसवी) – 94 वर्ष, सैय्यद वंश (1414 ईसवी से 1451 ईसवी – 37 वर्ष, लोधी वंश (1451 ईसवी से 1526 ईसवी) – 75 वर्ष, - मुग़ल वंश (1526 ईसवी से 1539 ईसवी) – 13 वर्ष, मध्यान्तर सूरी वंश (1539 ईसवी से 1555 ईसवी) – 16 वर्ष, पुनः मुग़ल वंश (1555 ईसवी – हुमायूं से 1857 ईसवी) – 315 वर्ष, ब्रिटिश (अंग्रेज) राज्य (1858 ईसवी से 1947 ईसवी) – 90 वर्ष, वर्ष 1947 ईसवी (15 अगस्त) से भारतीय लोकतंत्र।

7

तोमर शासक - 1857 क्रांति - बाबा शाहमल तोमर जाट

तोमर शासक - 1857 क्रांति - बाबा शाहमल तोमर जाट

1857 की क्रान्ति में तोमरो का योगदान - एवं सैनिक 1857 विद्रोह में रमाला गाव –

बाबा शाहमल जाट तोमर बागपत जिले के बिजरौल गाव के एक साधारण परन्तु आजादी के दीवाने क्रांतिकारी किसान थे। 27 अप्रैल 1857 को मेरठ छावनी में सैनिक विद्रोह हुआ, और 10 मई 1857 को सर्वखाप पंचायत के वीरों ने अंग्रेजों को गोली से उड़ा दिया। 11 मई 1857 को चौरासी खाप तोमर के चौधरी शाहमल गाव बिजरौल जिला बागपत के नेतृत्व में पंचायती सेना 5000 के मल्ल योद्धाओं ने दिल्ली पर आक्रमण किया। शामली के मोहर सिंह ने आस - पास के क्षेत्रों पर काबिज अंग्रेजों को खत्म कर दिया। सर्व खाप पंचायत ने चौधरी शाहमल और मोहर सिंह की सहायता के लिए जनता से अपील की, इस जन समर्थन से मोहर सिंह ने शामली, थाना भवन, पडासौली को अंग्रेजों से मुक्त करा लिया गया। बनत के जंगलों में पंचायती सेना और हथियार बन्द अंग्रेजी सेना के बीच भयंकर युद्ध हुआ जिसमें मोहर सिंह वीर गति को प्राप्त हुए। परन्तु अंग्रेज़ एक भी नहीं बचा, चौहान, पंवार, और तोमरों ने रमाला छावनी का नामो निशान मिटा दिया। सर्व खाप पंचायत के योद्धाओं ने अंततः दिल्ली से अंग्रेज़ राज खत्म कर बहादुर शाह

को दिल्ली की गद्दी पर बैठा दिया। 30 और 31 मई 1857 को मारे गये कुछ अंग्रेज़ सिपाहियों और अधिकारियों की कब्र गाजियाबाद जिले में मेरठ मार्ग पर हिंडोन नदी के तट पर देखी जा सकती हे।

वीर योद्धा पाखरिया कुंतल, जिसने लाल किले के किवाड़ उतरवा कर भरतपुर पहुंचा दिए थे।

हाथी सिंह (खूंटेल) ने सांख पर अपना आधिपत्य जमाया और सांख दुर्ग बनवाया।

सीताराम कुंतल – पैंठा नामक स्थान जो कि गोवर्धन के पास है, सीताराम ने गढ़ बनवाया।

फौदा सिंह - अडीग के किले पर महाराज सूरजमल से कुछ ही समय पहले फौदा सिंह कुंतल सरदार राज करता था। -

शहीद अमानी सिंह का जन्म गहलऊ गाँव में हुआ था। आपने 1857 की आजादी की लड़ाई में भाग लिया था। आपके बारे में प्रसिद्ध था - 'अमानी तो अमानी, बाकी घोड़ी हूँ न मानी'. इगलास के आसपास का क्षेत्र ठकुरेले जाटों का है। इसे लगसमा भी कहते हैं। ठकुरेलों की बाईसी और अठाईसी की पंचायत ने पाई नगला में सर्वसम्मति से अमानी सिंह को नेता मान लिया था। लगसमा का यह वीर अंग्रेजों पर 1857 की क्रांति में बहुत भारी पड़ा था। जनश्रुति है कि बलिष्ठ शरीर वाले अमानी सिंह घोड़ी की लगाम नहीं थामते थे और दोनों हाथों से तलवार चलते थे।

राजा आमानी सिंह ठकुरेला

अमानी तो अमानी बाकी घोड़ी हूँ न मानी" । इगलास के आसपास का क्षेत्र ठकुरेले जाटों का ह। इसे लगसमा भी कहते हैं। राजा अमानी सिंह ठकुरेला जाट लगसमा का यह वीर अंग्रेजों पर 1857 ई. की क्रांति में बहुत भारी पड़ा था। जनश्रुति है कि बलिष्ठ शरीर वाले अमानी सिंह घोड़ी की लगाम नहीं थामते थे और दोनों हाथों से तलवार चलते थे।

अलीगढ़ जिले के विशाल क्षेत्र पर नियंत्रण होने और समानांतर चलने के कारण उन्हें राजा अमानी सिंह के रूप में भी जाना जाता है। ब्रिटिशर्स के कटु विरोध वाले क्षेत्र में सरकार। वह एक दसाहसी योद्धा थे और कुश्ती, घुड़सवारी, तलवार चलाने और भाला चलाने में कुशल थे।

स्थानीय इतिहासकारों द्वारा कहा जाता है कि वह इतने बहादुर था कि वह दोनों हाथों में तलवार लेकर लड़ते थे। लगाम पकड़े बिना घोड़े की सवारी करते थे उनके पास एक घोड़ा था जिसकी कहानियाँ अलीगढ़ और आस-पास के जिलों

के लोगों द्वारा पोषित की जाती हैं, वह घोड़ा इतना भयंकर था कि अमानी जब उसकी पीठ पर बैठकर लड़ाई में लड़ते थे, तो वह घोड़ा भी खुद अंग्रेजों को टक्कर देने लगता।

राजा अमानी सिंह ने ठकुरेला जाटों के दोनों गुटों को एकजुट किया, जो अठठायसी और बायसी थे और उन्हें अंग्रेजों के खिलाफ लड़ाई में शामिल किया। यह 1857 की घटना है, जब पूरा देश ब्रिटिश औपनिवेशिक साम्राज्य के खिलाफ विद्रोह के पक्ष में था। जब अलीगढ़ जिले की खैर तहसील में छोटी संपत्ति शिवाला के चौहान राजपूतों ने अंग्रेजों के खिलाफ अपने नेता राव भोपाल सिंह के अधीन विद्रोह कर दिया। तब अंग्रेजों ने राव भूपाल सिंह पर विश्वासघात किया और उन्हें तब तक फांसी पर लटका दिया और चौहान राजपूतों को नेताहीन कर दिया् मदद के लिए उनके न राजा अमानी सिंह आगे आए यह एक प्रसिद्ध ऐतिहासिक तथ्य है कि लैगसामा के ठकुरेला जाट हमेशा शिवाला के चौहानों की संपदा को लेकर आपसी बैर थे, उन्हें उनके निहित शत्रु माना जाता था, लेकिन यह राजा अमानी सिंह थे जिन्होंने पारंपरिक लड़ाई के खिलाफ लड़ाई लड़ी थी और अंग्रेजों के खिलाफ चौहानों की मदद करने के लिए गए और कोइल (अलीगढ़) के इलाकों में तोड़फोड़ की और चौहान शासकों को ब्रिटिश आक्रमण के प्रकोप से बचाया। ब्रिटिश कलेक्टर और तहसीलदार राजा अमानी सिंह के हमले से बच गए और अलीगढ़ से भाग गए।

राजा अमानी सिंह ने अलीगढ़ और आस-पास के क्षेत्र को अपने नियंत्रण में ले लिया और अलीगढ़ जिले में समानांतर सरकार चलाने के लिए नियम बनाया।

1857 के स्वतंत्रता आंदोलन में ग्वालियर के प्रतियोगियों और सोवरस के साथ अंग्रेजों ने राजा अमानी सिंह को वश में करने के लिए मेजर बर्टलॉन के तहत अलीगढ़ पर हमला किया, लेकिन ठाकुर अमानी सिंह द्वारा उनके हमलों को कुछ महीनों के लिए रद्द कर दिया गया। ठाकुर अमानी सिंह ने अपनी सेना को ब्रिटिश और संबद्ध सेना के हथियार छीनने की आज्ञा दी। उन्होंने इगलास, खैर और कोइल की तहसीलों पर हमला किया और कब्जा कर लिया। अंग्रेजों ने कई बार असफल होने के बाद भारी संख्या में बारिश के मौसम में जवाबी कार्रवाई की जिससे ठाकुर अमानी सिंह के नेतृत्व में जाट सेना के हथियारों को नष्ट कर दिया। उन्हें अंग्रेजों ने पकड़ लिया और कोइल मजिस्ट्रेट कार्यालय में फांसी पर लटका दिया।

अमानी सिंह ने फुला दी थीं सांसें

1857 में जब चारों ओर क्रांति की भावना फैल हुई थी, तब इगलास क्षेत्र भी अछूता नहीं रहा। यहां के क्रांतिकारियों ने गांव गहलऊ के जाट अमानी सिंह के नेतृत्व में स्वतंत्रता का बिगुल फूंका था। इतिहास के जानकार पूर्व प्रधानाचार्य डॉ. सियाराम वर्मा बताते हैं कि अमानी सिंह ने किले पर चढ़ाई कर दी। घेराबंदी ऐसी थी कि अंग्रेज किले से भाग गए। अंग्रेज तहसीलदार ने जान बचाकर मुरसान में शरण ली। अमानी सिंह ने इगलास क्षेत्र को स्वतंत्र घोषित कर दिया। बाद में मेजर बर्लटन ने बड़ी सेना के साथ किले पर हमला बोला, जिसमें उसकी जीत हुई और अमानी सिंह को बंधक बना लिया। बाद में अमानी सिंह को फांसी दे दी गई। वीर अमानी सिंह पर लोकगीत भी लिखे गए। लोग आज भी गा उठते हैं 'अमानी मानै तो मानै अमानी की घोड़ी न मानै' और 'महुऔ मारि बीठना मारयौ, कोल के लग गये तारे, शाबास गहलऊ वारे'।

ग्वालियर के संस्थापक महादाजी सिंधिया ने इगलास क्षेत्र के आस-पास नजर रखने के लिए गांव गंगापुर व गांव असाबर में मध्य टीले पर किले का निर्माण कराया था। फारसी भाषा का प्रचलन होने के कारण दरबार को इजलास कहा जाता था। 1802 में अलीगढ़ क्षेत्र पर अंग्रेज सेनापति लार्ड लेक का अधिकार हो गया। यह क्षेत्र भी अंग्रेजों के अधिकार में चला गया। अंग्रेजों ने इजलास शब्द को अंग्रेजी में आइजीएलएएस लिखना शुरू कर दिया। जो हिंदी में इगलास लिखा जाने लगा। असाबर व गंगापुर दोनों गांवों को मिलाकर एक नगर बन गया। जिसका नाम इजलास के नाम पर इगलास रखा गया।

अमर बलिदानी राजा देबी सिंह जी

राजा देबी सिंह जी का जन्म राया परगना जिला मथुरा के अचरु ग्राम के एक जाट परिवार में हुआ था। राया की स्थापना उनके पूर्वज राजा रायसेन गोदर जी ने करवाई थी। उनके पूर्वजों का इस क्षेत्र पर राज रहा। लेकिन मुगलों के समय उनका राज छीन लिया गया था जिसे पाने की कोशिश गोदर लंबे समय से कर रहे थे। देवी सिंह जी के पास 14 गांवों की जागीर भी थी जिससे प्राप्त आमदनी को वह जरूरतमंदों के लिए लगाते थे। राजा देवी सिंह एक बड़े तगड़े कुश्ती के पहलवान थे। वह गठीले शरीर और सुंदर रूप के धनी व श्रेष्ठ यौद्धा थे।

एक बार अखाड़े में वह व्यायाम व कुश्ती खेल रहे थे, तब गांव के किसी व्यक्ति ने उन पर ताना कसा कि इस गठीले व ताकतवर शरीर का क्या फायदा तुम्हारी भूमि पर तो ग़ौरों का राज है और यहां अखाड़े में ताकत दिखाने से कोई मतलब नहीं जब तक भारत भूमि विदेशी अंग्रेजों की गुलाम है। यह सब सुनकर देवी सिंह जी सन्न रह गए। उन्हें रात भर नींद न आई और वे सोचते रहे। इसके बाद सुबह

उन्होंने गांव व आस-पास के जाटों को एकत्रित करके कहा कि अब फिर से पूर्वजों की भूमि को आजाद करवाना है और भारत को अंग्रेजों के चंगुल से छुटाना है वरना हमारा जीवन व्यर्थ है जो भी इस पवित्र कार्य में मेरी मदद करना चाहे वह मेरे साथ आये, सब युवा एक स्वर में बोले कि हम आखिरी सांस तक तन-मन-धन से आपके साथ हैं, फिर देवी सिंह जी ने हथियार इकट्ठा करके एक सेना तैयार की और 10-मई-1857 को शुरू हुई क्रांति के दिन ही राया में विद्रोह कर दिया।

गोदर खाप का सम्मेलन किया गया वो जटवाड़ा रीति-रिवाज से उनका राजतिलक किया गया।

राजा साहब ने आस-पास के सब अंग्रेजो कि नींद उड़ा ली उनका खजाना कचहरी सब लूट लिया व क्रांतिकारियों और गरीबो में बांट दिया। उन्होंने अनेकों अंग्रेजों को मौत के घाट उतार दिया। मथुरा के अंग्रेज मजिस्ट्रेट मार्क थोर्नबिल यह सब देखकर राया छोड़कर जैसे-तैसे करके भाग निकला। राया के सब अंग्रेज अधिकारी भाग गए या मारे गए। राया के किले पर राजा देवी सिंह जी का कब्जा हो गया।

बल्लभगढ़ हरियाण के क्रांतिवीर राजा नाहर सिंह जी के कहने पर दिल्ली के बादशाह बहादुर शाह जफर ने उन्हें राजा की पदवी आधिकारिक रूप से प्रदान कर दी थी, उन्होंने राया शहर में कचहरी लगानी शुरू कर दी और वहां सबकी समस्या सुनते व उनका निदान करते। उन्होंने अपनी सेना में युवकों को भर्ती करना शुरू कर दिया।

उनके राज में मजदूर से लेकर किसान तक, व्यापारी से लेकर जवान तक सब खुशहाल थे। उनका राजा लगभग एक साल तक खुलेआम चला। उनके राज्य में किसी अंग्रेज को घुसने नहीं दिया जाता था। अगर घुसता तो उसे काट दिया जाता था, धीरे-धीरे उन्होंने राया क्षेत्र के 80 गांवों पर अपना राज कायम कर लिया था।

उनकी ताकत बढ़ती देखकर अंग्रेजी सरकार परेशान हो गयी। इसलिये उन्होंने एक बड़ी सेना भेजने का फैसला क़िया। थोर्नबिल के नेतृत्व में आधुनिक हथियारों से लैस बड़ी सेना भेजी गई। राया राज्य के सब सैनिकों समेत राजा देवी सिंह जी ने उनका वीरता से सामना किया, भयंकर युद्ध चलता रहा, बहुत से अंग्रेज मारे गए एवं क्रांतिकारी शहीद हो गए।

इसी बीच राजा देवी सिंह जी के पास गोला बारूद खत्म हो गया। अंग्रेजों ने राजा को आत्मसमर्पण करने को कहा और जागीर का लालच दिया। मगर राजा ने साफ़ मना कर दिया और कहा कि ये क्रांति तो भारत की आजादी के साथ ही रुक सकती है वर्ना ऐसे ही अंत समय तक युद्ध जारी हुआ।

राजा व उनकी सेना ने बिना गोली बारूद तलवारों एवं लाठी पत्थर आदि देशी हथियारों से मुकाबला शुरू कर दिया, बहुत से वीर शहीद हो गए राजा साहब को बन्दी बना लिया गया और 15 जून 1858 को उन्हें सबके सामने खुलेआम फांसी पर लटका दिया गया। उन्होंने फांसी का फंदा चूमते हुए कहा कि जब तक भारतभूमि गुलामी की जंजीरों में जकड़ी हुई है तब तक हथियार उठाये रखना भले ही कितने ही देवी सिंहों के रक्त की आहुति देनी देनी पड़े हमें यह स्वतंन्त्रता का कर्म सफल बनाना है।

इस तरह 15 जून 1858 को भारत माता के एक महान सपूत राजा देवी सिंह जी ने स्वतंन्त्रता कि बलिवेदी में अपने प्राणों की आहुति दे दी।

हमें लाख कोशिश करके भी अपने देश की इस स्वतंत्रता को सुरक्षित रखना है। हमारे पूर्वजों ने कितने ही बलिदान मात्र इसलिए दिए हैं कि हम सब खुली स्वतंत्र हवा में सांस ले सकें।

भारत के अमर वीर पुत्र राजा देवी सिंह जी के चरणों में कोटि-कोटि प्रणाम

8

तोमर जाट, राजपूत, गुर्जर व्यक्ति

तोमर जाट, राजपूत, गुर्जर व्यक्ति

तोमर जाट व्यक्ति

वीर योद्धा पाखरिया कुंतल, जिसने लाल किले के किवाड़ उतरवा कर भरतपुर पहुंचा दिए थे।

हाथी सिंह (खूंटेल) ने सांख पर अपना आधिपत्य जमाया और सांख दुर्ग बनवाया।

सीताराम कुंतल – पेंठा नामक स्थान जो कि गोवर्धन के पास है, सीताराम ने गढ़ बनवाया।

फौदा सिंह - अडीग के किले पर महाराज सूरजमल से कुछ ही समय पहले फौदा सिंह कुंतल सरदार राज करता था।

शिवध्यान सिंह, विक्रम सिंह, गिरिराज सिंह, गुलजार सिंह और गुलवीर सिंह, देवेन्द्र पाल सिंह, उषा रानी तोमर लोकसभा सांसद (1984-1989) अलीगढ़ – पिसावा - जिला अलीगढ़ उत्तर - प्रदेश रियासत के मालिक।

नर सिंह जाट - सिवाना के राजा।

चौधरी पृथ्वी सिंह वेधड़क - राष्ट्र कवि, स्वतन्त्रता सेनानी।

अमर सिंह - नौगजा के राजा

राजनैतिक –

सत्यपाल सिंह (तोमर) वर्तमान भारतीय केंद्र सरकार में मंत्री, उससे पूर्व डीजीपी महाराष्ट्र (प्रथम गैर मराठी डीजीपी)

चौधरी कंवरपाल सिंह तोमर - अध्यक्ष जाट महासभा दौसा और जयपुर ग्रामीण बस्ती, पूर्व उपाध्यक्ष राजस्थान कृषि यूनियन।

ड़ा- फूलचंद भिंडा - कांग्रेस विधायक विराट नगर जयपुर राजस्थान से 2009 में निर्वाचित।

सत्यवीर चौधरी (तोमर) - 2000 में अमेरिकी इतिहास में पहिले एशियाई भारतीय सीनेटर बने, आपके माता - पिता 1966 में बसे जो एक डाक्टर है। आपका जन्म 1969 में हुआ, और आप ने अमेरिका में एक वरिष्ठ पशु चिकित्सक के रूप में काम किया है।

किशन पाल तोमर - आप अध्यक्ष ए जे ए के रहें।

ऊषा रानी तोमर (पिसावा) – भारतीय राष्ट्रीय कांग्रेस 8 वी लोकसभा सांसद (1984-1989) अलीगढ़ - उत्तर प्रदेश एवं आपके पति देवेन्द्र पाल सिंह (तोमर) - पिसावा - उत्तर - प्रदेश विधान परिषद के सदस्य रहे।

स्वामी ओमवेश तोमर विधायक (2022) चांदपुर जिला बिजनौर उत्तर प्रदेश।

खिलाड़ी –

राजीव तोमर (पहलवान) - अर्जुन अवार्ड, हिन्द केशरी

शोकिन्द्र तोमर – (पहलवान) - अर्जुन अवार्ड

सुभाष तोमर – (पहलवान – बीएसएफ में एसपी) - अर्जुन अवार्ड

चन्दा तोमर – बुज़ुर्ग निशानेवाज़

सीमा तोमर – (निशानेवाज़)

एस. के. तोमर - राष्ट्रीय एकता पुरस्कार 2007

अभिनेता/अभिनेत्री – यूविका चौधरी

सेवा –

सत्यपाल सिंह (तोमर) (आईपीएस) डीजीपी महाराष्ट्र (प्रथम गैर मराठी डीजीपी), लोकसभा सांसद

अरविंदम तोमर - आईएफएस राजस्थान 1989

आकाश तोमर जिला अलीगढ़ आईपीएस यूपी कैडर (2013)

उमेश चंद तोमर – आरएएस राजस्थान

श्रीमती - सुनेना तोमर - आईएएस हरियाणा (गुजरात कैडर 1989)

बी. पी. तोमर – आरएएस राजस्थान

फूलसिंह तोमर - आरजेएस राजस्थान

आकाश तोमर - आरएएस राजस्थान

राजवीर सिंह तोमर - उत्तर - प्रदेश सहकारी चीनी उद्योग में महाप्रबंधक

रिछपाल सिंह (आर पी एस) तोमर सेवा निवृत्त मुख्य अभियंता यूपीपीसीएल उत्तर प्रदेश

रामवीर सिंह तोमर – सेवा निवृत्त अधीक्षण अभियंता उ. प्र. पावर कारपोरेशन लिमिटेड, गृह जिला – अलीगढ़

रनवीर सिंह (तोमर) – सेवा निवृत्त अतिरिक्त मुख्य अभियंता मध्य - प्रदेश विद्‌युत मण्डल, गृह जिला - अलीगढ़

रघुराज सिंह (तोमर) - सेवा निवृत्त अधीक्षण अभियंता मध्य - प्रदेश विद्‌युत मण्डल, गृह जिला - अलीगढ़

विजेंद्र पाल तोमर – आरएएस (1996) राजस्थान - गृह जिला बागपत

स्व - महावीर सिंह (तोमर) (1932 - 1979) तोमर मध्य प्रदेश कैडर में भारतीय वन सेवा

शेर सिंह तंवर - सरकार सर्विस इंजीनियरिंग डीडीए शहरी विकास ए - 568 सरिता विहार नई दिल्ली

ड़ा - आर एस तंवर - तकनीकी अधिकारी (कृषि) केमिस्ट्री आई ए आर आई कृषि डी -3 आई ए आर आई कैम्पस नई दिल्ली ।

योगेश - तंवर - अर्थशास्त्री एन सी ई ए आर, एस -164, 1 तल, ग्रैटर कैलाश प - दिल्ली ।

योगेन्द्र सिंह तोमर सेवा निवृत्त द्‌वारका नई दिल्ली

रवीन्द्र तोमर - आर ए एफ दिल्ली ।

तोमर राजपूत व्यक्ति -

राजपूत तोमर – राजपूत तोमर भी अपने को राजा अनंगपाल दिल्ली के वंशज कहते है तोमर राजपूत मुख्यतः इंद्रप्रस्थ - दिल्ली, हरियाणा, उत्तर - प्रदेश, राजस्थान एवं मध्य प्रदेश में है । तोमर गौत्र की शाखाएँ - पठानिया, जंघारिया, जांजुआ, जर्रे आदि है ।

एक शाखा ने उत्तरी राजस्थान के पाटन में जाकर अपना राज्य स्थापित किया जो कि जयपुर राज्य का एक भाग था । ये अब तंवरवाटी (तोरावाटी) कहलाता है, पोखरण में भी तंवर राजपूतों के ठिकाने है । बाबा रामदेव तंवर वंश से ही थे जो बहुत बड़े संत थे जो आज भी पीर के रूप में पूजे जाते है ।

तोमरों का ऐसाह जिला मुरैना आगमन –

सन 1192 में तराइन के निर्णायक युद्‌ध में चाहड़ पाल देव तोमर की मृत्यु के पश्चात तोमरों के दिल्ली साम्राज्य का पतन हो गया । दिल्ली तथा उसके आस - पास के हिन्दू राजाओं पर विदेशी आक्रांताओं का दबाब बढ़ने लगा तब ये लोग

मैदानी क्षेत्र को छोड़कर मध्य भारत के बीहड़ों तथा दुर्गम क्षेत्रों की ओर नई सत्ता की स्थापना के लिए बढ़ने लगे । तोमर शासक चम्बल के बीहड़ों में स्थित अपने प्राचीन स्थान ऐसाह आ गए ।

ऐसाह मुरैना जिला का तोमर वंश का पुराना दुर्ग, महल एवं भगेसुरी युक्त स्थान है, जो कि ऐसाह की गढ़ी के नाम से विख्यात है । चम्बल क्षेत्र में तोमरों के 140 - 150 गाव है, यह मुख्यतः मुरैना जिले की सम्पूर्ण अम्बाह व पोरसा तहसील के गाव, गोहद तहसील (भिंड - जिला) के कुछ गाव का सम्पूर्ण क्षेत्र ही तंवरघार कहलाता है ।

बाद में इस वंश ने ग्वालियर पर भी अधिकार कर मध्य भारत में एक बड़े राज्य की स्थापना की । ग्वालियर नरेश राजा राम शाह तोमर के तीनों पुत्र (कुँवर - शालीवाहन, भवानी सिंह, प्रताप सिंह) एवं पौत्र बलभद्र सिंह सहित सैकड़ों तोमर वीर हल्दी घाटी युद्ध में वीर गति को प्राप्त हुए थे। ग्वालियर दुर्ग इन्हीं के समय का बना हुआ है । राजा मानसिंह ने मान मंदिर, विक्रमजीत महल तथा मृगनयनी (निन्नी - गुर्जर समाज की बहादुर - सुन्दर लड़की) से शादी (1492) करने पर किले की तलहटी में गुजरी महल अलग से बनवाया था । सन 1922 में पुरातत्व विभाग द्वारा गुजरी महल को संग्राहालय में बदल दिया गया जिसमे 28 गैलरियाँ 9000 कलाकृतियाँ है । राजा मान सिंह ग्वालियर के एक प्रतापी शासक (1486 - 1516), संगीत एवं कला प्रेमी रहे थे । ग्वालियर में राजा मानसिंह चौराहा भी बना है, जहाँ वर्तमान में उनकी मूर्ति भी स्थापित है। यह स्थान रेलवे स्टेशन से गांधी मार्ग पर स्थित है । उनकी स्मृति में ही राजा मानसिंह संगीत एवं कला विश्व विद्यालय ग्वालियर, मानसिंह महाविद्यालय चार शहर का नाका ग्वालियर, उनके नाम पर है ।

चम्बल क्षेत्र में ही तोमर राजपूतों के 140 - 150 गाव है । इसके अलावा पश्चिमी उत्तर - प्रदेश के पिलखुआ के पास कुछ गाव, भिवानी में कुछ गाव, मेरठ में गढ़ रोड पर 12 गाव, कुरुक्षेत्र में 12 गाव, बुलन्दशहर में कुछ गाव, खुर्जा के पास 5 गाव, हरियाणा में मेवात के नूह के पास 24 गाव, मुख्य हैं ।

पूर्व थल सेना अध्यक्ष जनरल वी. के. सिंह भिवानी हरियाणा के तंवर राजपूत है । नरेन्द्र सिंह तोमर ग्वालियर लोकसभा सांसद वर्तमान भारत सरकार कैबीनेट केंद्रीय मंत्री है । प्रसिद्ध एथलीट और बाद में मशहूर बागी पान सिंह तोमर, स्वतंत्रता सेनानी राम प्रसाद बिस्मिल (तोमर) के बारे में कोन नहीं जानता । श्री प्रद्युम्नसिंह तोमर ग्वालियर से विधायक और मध्य प्रदेश सरकार में मंत्री है । श्री रवीन्द्रसिंह तोमर भिड़ोसा जिला मुरैना, श्री शिव मंगल सिंह तोमर, दिमनी

क्षेत्र से विद्यायक रहे हैं । इनके अलावा भी काफी अधिक संख्या में सभी क्षेत्रों में गणमान्य तोमरों का विशेष योगदान रहा है ।

तोमर – गुर्जर -

तोमर या तंवर उत्तर पश्चिम भारत के एक गुर्जर वंश था । तोमरों का मानना है कि वे चंद्रवंशी थे । थानेश्वर में भी इनका राज्य था । उस समय उत्तर भारत में कान्यकुब्ज के गुर्जर - प्रतिहार राजवंश का साम्राज्य था । उन्ही के सामंत के रूप में दक्षिण की ओर अग्रसर होना आरम्भ किया । तंवर गुर्जरों के 12 गाव दिल्ली फतेहपुर के आस - पास है ।

9

तोमर जाट दिल्ली

तोमर जाट दिल्ली

विभिन स्रोतों से तोमर वंशावली और काल – निर्धारण

क्रमांक (1).- अबुल फजल, सैयद अहमद, बीकानेर – पोथी (2). – विक्रम संवत 1685 की वंशावली (3). – खड़गराय की वंशावली (4). – विक्रम संवत 1845 की वंशावली(5). – राज्यकाल अबुल फजल तथा बीकानेर प्रति के आधार पर (6). – इतिहास में स्वीकृत नाम और समय (7).

1. – अनंगपाल . – आदि राजा जाजू. – बीलनदे. – बीसलदे. – (18 वर्ष) – अनंगपाल प्रथम (736 – 754).
2. – वासुदेव. – वाजु. - - - - - . गंगदेव. – (19 वर्ष 1 मास 18 दिन) . – वासुदेव (754 – 773).
3. – गंग्य. राजु. – गंगेय. – पृथ्वीराज . – (21 वर्ष 3 मास 28 दिन) . – गंगदेव (773 - 794).
4. – पृथ्वीमल्ल. – सीहा. – प्रथम. – सहदेव. – (19 वर्ष 6 मास 19 दिन) . – पृथ्वीमल्ल (794 – 814).
5. – जयदेव. – जवालु. – सहदेव. – नरपाल. (20 वर्ष 7 मास 28 दिन). जयदेव (814 – 834).
6. – निरपाल . – ओढरू. – इन्द्रजीत.- उदैरवि. – (14 वर्ष 4 मास 9 दिन) . नरपाल (834. – 849).
7. – उदयराज या अदह. – जहेरू. – नरपाल. – जैदेव. – (26 वर्ष 7 मास 11 दिन) . – उदयराज (849 – 875).

8. – विजय या बछ. – वच्छहर. – इन्द्रजीत. – वच्छराज. - (21 वर्ष 2 मास 13 दिन). – आपृच्छदेव (875 – 897).
9. – विच्छराज. – पीपलु. – वच्छराज. – पीचक. – (22 वर्ष 3 मास 16 दिन). – पीपलराजदेव (897- 919).
10. – रघुपाल . - रावलु विहणपालु. वीरपाल. – विजैपाल. – (21 वर्ष 6 मास 5 दिन). – रघुपाल (919 – 940).
11. सुखपाल या केशपाल . – रावलु तोल्हणपालु. – गोपाल, - तेजपाल. – (20 वर्ष 4 मास 4 दिन). – तिल्हणपाल (.940 – 961).
12. – गोपाल. – रावलु गोपालु. – तिल्लनदे. – गोपाल. – (18 वर्ष 3 मास 15 दिन). - गोपाल (961 – 979).
13. – सल्लखनपाल. – रावलु सलक्षणु. – सुवरि. – सुलक्षण . – (25 वर्ष 10 मास 10 दिन). - सुलक्षणपाल (979 – 1005).
14. – जैपाल . – रावलु जयपालु. – ओसपाल. – जसपाल (16 वर्ष 4 माह 3 दिन). जयपाल (1005 – 1021).
15. - कुंवरपाल . – रावलु कवरु. – कुमारपाल . – किरपाल. – (29 वर्ष 6 मास 18 दिन). – कुमारपाल (1021 – 1051).
16. – अनंग या अनेकपाल . – रावलु अनंगपालु. – अनंगपाल. – अनंगपाल. अनंगपाल द्वितीय (1051 – 1081).
17. - विजैपाल या विजयशाह. – रावलु तेजपालु. – तेजपाल . – तेजपाल (24 वर्ष 1 माह 6 दिन). तेजपाल प्रथम (1081 – 1105). महीपाल (1105 – 1130).
18. - महतसाल या महीपाल. – रावलु मदनपालु. – महीपाल. – गोहणपाल (25 वर्ष 2 मास 23 दिन). विजयपाल (1130 – 1151).
19. – अक्रपाल या अक्षसाल. - रावलु कृतपाल. – मुकुंदपाल. – उकसपाल (21 वर्ष 2 मास 15 दिन). – मदनपाल (1151- 1167).
20. – पृथ्वीराज . – राणा पृथ्वीपालु. – पृथ्वीपाल . – पृथ्वीराज (22 वर्ष 2 मास 16 दिन). पृथ्वीराज (1167- 1189).
21. - - - - . - - - . - - - . - - - - . चाहड़पाल (1189 – 1192)
22. - - - - . - - - . - - - . - - - . तेजपाल द्वितीय (3 मार्च 1192 से 17 मार्च 1192 स्वतन्त्र राजा . फिर एक वर्ष पराधीन)

10

अनंगपाल तोमर प्रथम, अनंग प्रदेश का आदि तोमर राजा

अनंगपाल तोमर प्रथम, अनंग प्रदेश का आदि तोमर राजा

अनुश्रुतियों के अनुसार भारतवर्ष की राजधानी इन्द्रप्रस्थ पर पांडव परीक्षित से राजपाल तक 66 राजा हुए थे। राजपाल को कुमायूं के राजा शुक्रवंत ने मार डाला और उसका राज्य छीन लिया। शुक्रवंत को उज्जयिनी के सम्राट विक्रमादित्य ने पराजित कर उससे इन्द्रप्रस्थ का राज्य छीन लिया परन्तु विक्रमादित्य ने अपनी राजधानी उज्जयिनी में ही रखी और इन्द्रप्रस्थ वीरान हो गयी।

राजपाल के वंशजों ने चम्बल – क्षेत्र वर्तमान तंवरघार में अपना राज्य स्थापित कर लिया। यह राज्य लगभग सात शताब्दी चला। इसी प्रदेश में इस राजवंश को तोमर नाम प्राप्त हुआ। तोमरों का इस युग का इतिहास अज्ञात है। आईने – अकबरी से यह ज्ञात होता है कि सन 593 में इनका जितपाल नामक राजा था। जितपाल का वंशज विल्हणदेव था। विल्हण देव तोमर ने प्रतिहार नाग भट्ट प्रथम की सेवा अंगीकार की और अरबों तथा काश्मीर के ललितादित्य के आक्रमणों से प्रतिहार साम्राज्य की रक्षा करने का कार्य उसे दिया गया। विल्हण देव ने अपने अधीन तोमरों और गुर्जरों – गुजरों की सुदृढ़ सेना संगठित की और अपने कार्य की पूर्ति हेतु कुरुक्षेत्र अनंग – प्रदेश पर जा जमा। विल्हण देव ने कुछ समय पश्चात ही अपने आप को स्वतन्त्र राजा घोषित कर दिया और प्राचीन इन्द्रप्रस्थ के पास

अपनी नवीन राजधानी अनंगपुर बसायी। इस प्रकार दिल्ली के तोमरों का राज्य प्रारम्भ हुआ।

विल्हण देव जाजू या अनंगपाल प्रथम –

दिल्ली के तोमरों – राज्य के संस्थापक राजा के नाम अनेक रूप में मिलते हैं। अधिकाँश अनुश्रुतियाँ उसका नाम विल्हण देव (बीलनदेव) बतलाती हैं। इन अनुश्रुतियों के अनुसार विल्हण देव ने अनंग प्रदेश में अपना राज्य स्थापित करने के पश्चात अनंग – पाल विरुद धारण किया।

विक्रम संवत 1685 की ' राजाबलि ' में इस राजा का नाम " आदि राजा जाजू " दिया गया है। पेहवा के शिलालेख में यह नाम " जाउल " प्राप्त होता है। यह 'जाउल' दिल्ली के तोमर राज्य का संस्थापक है, इसका समर्थन विक्रम संवत 1685 की राजाबलि का नाम - साम्य ही है। इसका कुछ समर्थन इस बात से भी होता है कि दिल्ली - राज्य - संस्थापक तोमर भी चम्बल क्षेत्र से आया था और जाउल के वंशज की एक शाखा के वज्रट आदि भी उसी क्षेत्र के सामान थे।

विल्हण देव और जाजू या जाउल में कोई ध्वनि - साम्य नहीं है, तथापि मध्ययुग के इतिहास में एक राजा के एकाधिक नाम प्राप्त होते हैं।

आदि राजा जाजू की कुछ मुद्राएं भी प्राप्त हुईं हैं। इसमें एक और अश्वारोही के साथ " श्री ज++ " पढ़ा गया है और दूसरी और बैठे हुए नंदी पर " श्रीसमन्तदेव " पढ़ा गया है। " श्रीसमन्तदेव " श्रुतिवाक्य और नन्दी का लांछन यह प्रकट करते हैं किये मुद्राएं दिल्ली के तोमर राजाओं की हैं परन्तु नाम में केवल एक अक्षर 'ज' प्राप्त होने से इस संदेह के लिए स्थान बना रहता है किवे किस तोमर राजा की हैं।

परन्तु एक बात में कोई संदेह नहीं है कि दिल्ली के प्रथम तोमर राजा का विरुद " अनंगपाल " था। इतिहास के प्रयोजन के लिए दिल्ली के तोमर राज्य के संस्थापक का नाम 'अनंगपाल प्रथम' मानकर चलना सुविधाजनक होगा।

अनंग प्रदेश –

अनंगपाल प्रथम की अनंग – प्रदेश का पालक या राजा क्यों कहा गया है, इसका कारण भी ऐतिहासिक परम्परा में प्राप्त होता है। दिल्ली के तोमरों के सिक्कों पर प्राप्त " समन्त " कुरुक्षेत्र का पर्यायवाची है। उस प्रदेश को कभी अनंग - प्रदेश भी कहा जाता था। काश्मीर के कर्कोट वंश के राजा जयापीड विनयादित्य (सन 779 – 813) के प्रधान मंत्री दामोदर गुप्त ने 'कुद्रुनीमत' नामक ग्रन्थ की रचना की थी। उसकी 800 वीं आर्या में दामोदर गुप्त ने हर्षवर्धन का नाम " अनंगहर्ष " दिया है। -

पयमपि देवनिकेतनमनंगहर्षे गते त्रिदिवलोकम । आश्रितवंतो गत्वा तीर्थ स्थानानुरोचेन ।।

हर्ष की राजधानी थानेश्वर थी । ज्ञात यह होता है उस प्रदेश को कभी अनंग - प्रदेश कहा जाता था, इसी कारण हर्षवर्धन को ' अनंग - हर्ष ' कहा गया है । इस अनंग प्रदेश का राज्य प्राप्त करने के कारण ही प्रथम तोमर राजा का विरुद 'अनंगपाल' हुआ ।

अनंगपाल प्रथम के राज्यक्षेत्र की स्थिति इस प्रकार की थी कि वह किसी राज्य या साम्राज्य का अंग नहीं था । यद्यपि वह उत्तर - पश्चिमी भारत के केंद्र में था, तथापि वह उस समय के शक्ति - केन्द्रों की सीमा पर स्थित था । नाग भट्ट प्रथम, यशोवर्मन और ललितादित्य तीनों के साम्राज्यों की सीमा पर कुरुक्षेत्र स्थित था, उनके साम्राज्यों का वह अंग नहीं था । संभव है इस कारण भी अनंगपाल ने उसे 'अनंग' कहा हो । परन्तु प्रदेश या राज्य के नाम के उदगम का यह स्वरूप कुछ अधिक युक्तिसंगत ज्ञात नहीं होता, अतएव संभावना यही है कि हर्षवर्धन के समय में कुरुक्षेत्र का एक नाम ही अनंगप्रदेश हो ।

राज्य स्थापना का वर्ष –

उत्तरी भारत पर हुए अरबों के आक्रमणों ने प्रत्यक्षतः भारत की राजनीतिक स्थिति पर अधिक प्रभाव नहीं डाला था, तथापि उनका एक दूरगामी प्रभाव अवश्य हुआ । इन आक्रमणों के परिणाम स्वरूप उत्तर - पश्चिमी भारत में अनेक छोटे - छोटे प्राचीन राज्य समाप्त हो गये और अनेक क्षत्रिय राज्यों का उदय हुआ । क्षत्रिय राजवंशों के राज्यों की स्थापना का मूल इन अरब - आक्रमणों में प्राप्त होता है । यद्यपि इन राजवंशों के पूर्वज विभिन्न क्षेत्रों पर सामन्त या छोटे - बड़े राजाओं के रूप में पहले से राजशक्ति धारण किये हुए थे, परन्तु नवीन 'राजपूत' अभिधान से सुविख्यात होने वाले प्रायः सभी राजवंशों का उदगम ईसवी आठवीं शताब्दी के प्रारम्भिक भाग में ही हुआ था ।

जुनैद के आक्रमण सन 724 ईसवी के आसपास ही प्रारम्भ हुए थे और उसके पश्चात ही ललितादित्य, यशोवर्मन और नाग भट्ट के बीच भीषण संघर्ष प्रारम्भ हुआ था । नवीन राज्यों की स्थापना के लिए यही सर्वाधिक उपयुक्त समय था । विक्रम संवत 1685 की राजावलि के अनुसार प्रथम तोमर राजा, 'आदि राणा जाजू' का राज्यकाल विक्रम संवत 839 (सन 782 ईसवी) में प्रारम्भ हुआ था । मुहंता नेणसी की ख्यात के अनुसार दिल्ली के तोमर राज्य की स्थापना विक्रम संवत 809 वैसाख सुदी 13 (सन 752 ईसवी) में हुई थी । उसके एक अन्य पाठ के अनुसार यह संवत 829 (सन 772 ईसवी) है ।

खड़गराय के गोपाचल – आख्यान के अनुसार विल्हण देव ने नवीन राजधानी की स्थापना विक्रम संवत 792 (सन 736 ईसवी) में की थी । कुछ अन्य अनुश्रुतियों से भी इस संवत की पुष्टि होती है ।

अबुलफ़ज़ल ने दिल्ली के तोमर - राज्य की स्थापना का समय सन 734 ईसवी तथा सन 772 ईसवी के बीच प्राप्त होता है ।

परन्तु खड़गराय द्वारा दिये हुए समय सन 736 ईसवी की पुष्टि एक अन्य स्रोत से भी होती है । दिल्ली के लौहस्तंभ पर श्री कनिंघम ने एक लेख पढ़ा था " संवत 418 राज तुंवर आदि अनंग " । इसे गुप्त या वल्लभी संवत मानकर श्री कनिंघम ने सन 736 ईसवी प्राप्त किया था । यह लेख अब लौहस्तंभ पर प्राप्त नहीं हो रहा है अतएव कुछ विद्वानों ने उसका कभी अस्तित्व होने पर संदेह प्रकट किया है । परन्तु यह संदेह अनुचित ज्ञात होता है । तथ्यों के विवरण में भी श्री कनिंघम ने भूलें कम की हैं । इस लेख के अब प्राप्त न होने के अनेक कारण हो सकते हैं ।

परन्तु यह लेख परवर्ती हैं, इसमें कोई संदेह नहीं है । इसे सन 1052 ईसवी में अनंगपाल द्वितीय के समय में उत्कीर्ण किया गया था, वह उसके स्थान और विषयवस्तु से ही प्रकट है । लौहस्तंभ को अनंगपाल द्वितीय ने दिल्ली में स्थापित किया था, अतएव उसके पूर्व का यह लेख नहीं हो सकता । अनंगपाल प्रथम के समय में उसे " आदि अनंग " लिखा भी नहीं जा सकता था । उसके वंशज अनंगपाल द्वितीय के समय में ही अनंगवंश के आदि राजा के रूप में उसका स्मरण किया जा सकता था । जब अनंगपाल द्वितीय ने लौहस्तंभ की स्थापना की उसी समय उस वंश के राज्य की स्थापना का यह वर्ष अंकित कर दिया गया । परन्तु इस परिणाम पर पंहुचने में एक बाधा है । लौहस्तंभ की स्थापना के विषय में जो लेख है उसमें विक्रम या दिहालि संवत का प्रयोग किया गया है । - 'संवत दिहालि 1109 अनंगपाल वहि' जबकि इस लेख में गुप्त संवत का प्रयोग किया गया है । इसका सामाधान कुछ इस प्रकार किया जा सकता है कि अनंगपाल द्वितीय के संदर्भ में 'दिहालि' अर्थात उस समय दिल्ली में प्रचलित संवत अर्थात विक्रमी संवत का प्रयोग किया गया और ' आदि अनंग ' के सन्दर्भ में तत्समय प्रचलित संवत अर्थात वलभी या गुप्त संवत का प्रयोग किया गया ।

परन्तु समकालीन राजनीतिक परिस्थितियों को दृष्टि में रखकर सन 736 ईसवी को अनंगपाल प्रथम द्वारा दिल्ली के तोमर राज्य की स्थापना का वर्ष मानना ही उचित होगा, खडगराय के इस कथन का समर्थन उन परिस्थितियों से भी होता है और लौहस्तम्भ के उक्त लेख से भी ।

किल्ली और दिल्ली –

कुछ अनुश्रुतियों में अनंगपाल प्रथम के विषय में दो तथ्य प्राप्त होते हैं । पहला यह है कि अनंगपाल प्रथम ने ढिल्ली, ढिल्लिका या दिल्ली बसायी और दूसरी यह कि किल्ली (लौहस्तम्भ) की स्थापना भी अनंगपाल प्रथम ने ही की । वास्तव में पहले प्रवाद के मूल में दूसरा 'किल्ली' विषयक प्रवाद ही है । परन्तु इन दोनों तथ्यों में ही कोई वास्तविकता नहीं है । लौहस्तम्भ की स्थापना अनंगपाल द्वितीय ने सन 1052 ईसवी में की थी, इसके पर्याप्त पुष्ट प्रमाण उपलब्ध हैं । ' दिल्ली - किल्ली' को अनंगपाल प्रथम के साथ जोड़ने का आधार प्रथ्वीराज रासो का एक आख्यान है । इस आख्यान को बाद में इन्द्रप्रस्थ – प्रबंध में भी दुहराया गया है ।

यह आख्यान बहुत मनोरंजक अवश्य है तथापि ऐतिहासिक दृष्टि से उसके सभी अंग ढीले हैं । जैसा उस आख्यान में कहा गया है , न यह किल्ली केवल 19 अंगुल गढ़ी है और न दिल्ली के तोमर वंश में केवल 19 राजा हुए । दिल्ली के सिंहासन पर तोमरों के पश्चात चौहान राज्य करेंगे यह भविष्यवाणी भी असत्य ही सिद्ध हुई । 'मेवाड़पति' के दिल्ली पर एक छत्र राज्य करने की भविश्याकांक्षा भी फलीभूत न हो सकी । सत्य केवल यह भविष्य कथन हो सका है कि दिल्ली के सिंहासन पर पहले तुर्क बैठेंगे और फिर मुग़ल । इस भविष्यवाणी से यह अवश्य सिद्ध होता है कि इस आख्यान का जन्म कब हुआ था । तुर्कों द्वारा दिल्ली हस्तगत कर लेने के पश्चात ही कभी यह " भविष्यपुराण " गढ़ा गया है ।

नगरों के नाम बहुधा उसके संस्थापक के नाम पर रखे जाते हैं । कभी-कभी अन्य कारण भी प्राप्त होते हैं । अनुश्रुति यह भी है कि किसी दिलु या दिलीप नामक राजा ने जो नगर बसाया उसका नाम दिल्ली रखा गया था, तथापि उसका सम्बन्ध किल्ली से जोड़ना उचित ज्ञात नहीं होता । यह स्मरणीय है कि दिल्ली अनेक प्राचीन नगरियों का समूह मानी जाती थी । इन्द्रप्रस्थ - प्रबन्ध में उसके ग्यारह नाम दिये गये हैं । वे सभी नाम एक ही भू-भाग के नहीं हैं, वरन समय – समय पर बसाई गयी बस्तियों के हैं । यह पूर्व ही ढिल्लिका रहा हो और कीली-ढीली की तुक मिलाने वाली आख्यानाकार ने उसे 'ढीली' लिखा हो, जिसे कालान्तर में दिल्ली लिखा जाने लगा हो । यह सुनिश्चित रूप से कहा जा सकता है कि अनंगपाल प्रथम की राजधानी महरौली में न होकर 'अनंगपुर' में थी ।

अनंगपाल प्रथम के निर्माण –

अनंगपाल प्रथम ने अनेक निर्माण किये थे । पेहवा के शिलालेख में उसके विषय में उल्लेख मिलते हैं । जाउल या अनंगपाल प्रथम ने कहाँ-कहाँ विशाल मंदिर बनवाये थे, इसकी खोज अब असम्भव है । उसने अपनी राजधानी अनंगपुर

में अवश्य ही अनेक निर्माण किये होंगे । उनमें से कुछ के अवशेष रह गये हैं । तुगलकाबाद के तीन-चार मील दक्षिण में अनंगपुर तटबन्ध आज भी अवशिष्ट है, इसका निर्माण अनंगपाल प्रथम ने किया था । मूलतः यह अत्यन्त विशाल तालाब होना चाहिए, जिससे सिंचाई भी की जाती थी । मध्य युग की विशिष्ट-निर्माण शैली में यह तालाब बनवाया गया था । दो पहाड़ों के बीच पड़ने वाली घाटी को बाँध का यह तालाब बनवाया गया है । तल पर इसकी चौड़ाई 150 फुट तथा ऊँचाई 120 फुट है ।इस तालाब में सिंचाई के लिए बनवाई गयी नहरें आज भी देखी जा सकती हैं ।

इसी स्थल पर पहाडी पर किले के भी अवशेष प्राप्त होते हैं, परन्तु वे इतनी ध्वस्त दशा में हैं कि उनके आकार-प्रकार का अनुमान लगाना कठिन है ।

कालिका देवी का मन्दिर

अमीर खुसरो के नुहसिपेहर में अनंगपाल प्रथम के प्रासाद विषय में एक अनुश्रुति को अंकित किया है । अमीर खुसरो के वर्णन से यह ज्ञात होता है कि जिसे उसने राज-प्रासाद लिखा है वह देवी का मन्दिर था । वह मन्दिर योगमाया का न होकर कालिका-देवी का मंदिर था ।

अमीर खुसरो के अनुसार अनंगपाल के प्रासाद के द्वार पर सिंहों की दो मूर्तियाँ बनी हुई थी और उसने प्रत्येक सिंह के पास दो घंटियाँ भी लगवा दी थीं । जिसे राजा से न्याय की याचना करना होती थी वह इन घंटियों को बजाने लगता था, और राजा उसका न्याय करने के लिए उपस्थित हो जाता था । एक बार कौओं ने इन घंटियों को बजाया और फ़रियाद यह थी कि पत्थर के सिंहों के दांतों में उन्हें मांस नहीं मिलता है और इस कारण वे भूखे रहते हैं । राजा ने सिंहों के पास कुछ भेड़-बकरियों मारकर डाल देने की व्यवस्था कर दी जिससे कौए भी अपना पेट भर सकें ।

अमीर खुसरों ने कौओं के साथ न्याय करने का जो व्यंग अपने आख्यान में जोड़ा है उससे यह प्रकट होता है कि ये सिंह-मूर्तियाँ कालिकादेवी के मन्दिर के द्वार पर थीं और भेड़-बकरियां बलिदान के लिए काटी जातीं थीं ।

आज भी दिल्ली के कालिकादेवी के मन्दिर के सामने दक्षिण की और पत्थर के दो सिंह बने हुए हैं जिनके सिर पर भारी घंटे लटकते रहते हैं । आज भी देवी के दर्शनार्थी उन घंटों को बजाते हैं, परन्तु उनकी पुकार उनकी श्रद्धा-भाजन देवी भले ही सुनती हो, अन्य कोई पार्थिव व्यक्ति उसे सुनाने के लिए नहीं आता ।

कालिकादेवी का वर्तमान मन्दिर सन 1768 ईसवी में पुनः बनवाया गया था । यह तो नहीं कहा जा सकता कि वर्तमान प्रस्तर-सिंह अनंगपाल के समय के हैं,

परन्तु वे उस परम्परा के अवश्य हैं। अब इन सिंहों के पास कालिकादेवी पर बकरों की बलि भी नहीं दी जाती। आज दिल्ली दिल्ली की कालिकादेवी और योगमाया पूर्ण अहिंसक हैं। सन 1166 ईसवी में जैन मुनि जिनचंद्र सूरि ने इन मंदिरों में पशुबलि बंद कराई थी। वह परम्परा आज भी यथावत पालन की जाती है।

अमीर खुसरो द्वारा नुहसिपेहर में अंकित अनुश्रुति से यह माना जा सकता है कि अनंगपाल प्रथम ने ही कालिकादेवी के मन्दिर की सर्वप्रथम स्थापना की थी।

अनंग राज्य की सीमा –

मध्ययुग के किसी भी राजवंश की राज्य-सीमा निर्धारित करना असंभव है। जिन्हें चक्रवर्ती कहा जाता है उनमें भी अपने अधीन समस्त भू-भाग पर कभी अपना राज्यतंत्र स्थापित किया हो, ऐसे उदाहरण कम प्राप्त होते हैं। किसी भू-भाग के राजा या सामन्त को पराजित कर उसके राज्य को अपने राज्य में मिला लेने की प्रथा उस युग में कम ही थी। यदि किसी राजा को पराजित कर युद्ध में मार भी डाला जाता था तब उसी के वंशज को अपने सामन्त के रूप में स्थापित कर दिया जाता था, और जैसे ही विजेता की शक्ति क्षीण हो जाती थी, सामन्त पुनः स्वतन्त्र हो जाता था। अनेक उदाहरण ऐसे भी प्राप्त होते हैं जहां एक ही राजा की अनेक सतानों ने विभिन्न भू-भागों में राज्य स्थापित कर लिए और वे अपनी मूल शाखा को अपना सार्वभौम मानते रहे, और कुछ पीढ़ियों के पश्चात उनका यह सम्बन्ध भी क्षीण होता गया।

अनंगपाल प्रथम के समय में चम्बल-क्षेत्र के उसके सम्बन्धी अवश्य ही उसके अधीन रहे होंगे। चम्बल-क्षेत्र (तंवरघार) के सामन्त कब तक दिल्ली के तोमरों को अपना सार्व-भौम सम्राट मानते रहे यह कहना कठिन है, यद्यपि यह कहा जा सकता है कि अनंगपाल प्रथम और अनंगपाल द्वितीय के समय में वहां के तोमर दिल्ली तोमर सम्राट की अधीनता स्वीकार करते थे। अनंगपाल द्वितीय के पश्चात वह सम्बन्ध निरंतर उस समय तक बना रहा जब दिल्ली के तोमर सन 1193 ईसवी में दिल्ली से अपदस्थ होकर तंवरघार में ही नहीं आ गए। बीच में लगभग एक शताब्दी का ऐसा समय आया था जब तंवरघार के तोमरों को दिल्ली से सम्बन्ध तोड़ कर प्रतिहारों को अपना सार्वभौम सम्राट मानना पड़ा था।

दिल्ली के तोमरों के साम्राज्य की सीमा के विषय में मेजर जनरल कनिंघम ने कुछ अनुश्रुतियाँ एकत्रित की थीं। जब तक उन्हें खंडित करने के लिए कोई सामग्री न हो, उन्हें सही मानकर ही चला जा सकता है।

इन अनुश्रुतियों के अनुसार अनंगपाल प्रथम के अनेक पुत्र थे। एक पुत्र तेजपाल ने तेजोरा बसाया था जो गुड़गांव और अलवर के बीच स्थित है। दूसरे पुत्र

इन्द्रराज ने इन्द्रगढ बसाया था । तीसरे पुत्र रंगराज ने तारागढ़ नाम के दो स्थान बसाये थे जिनमें से एक अजमेर से लगा हुआ है । चौथे पत्र अचलराज ने अचेवा या अचनेर बसाया था जो भरतपुर और आगरा के बीच में है । पांचवे पुत्र द्रौपद ने असि अर्थात हांसी बसाई थी । छठवें पुत्र ने सिरसा तथा सिसबल बसाये जो सिरसीपाटन से अभिन्न हैं ।

विक्रम संवत 1030 के हर्षनाथ के चौहान - शिलालेख से ऐसा ज्ञात होता है कि अजमेर और पुष्कर के बीच स्थित लवणखेड़ा नामक गढ़ भी तोमरों के आधीन था ।

अनंग-प्रदेश या समन्त-प्रदेश में समस्त कुरुक्षेत्र सन्निहित है, अतएव उसमें थानेश्वर और प्रथूदक भी होंगें इसमें संदेह नहीं ।

अचलराज का अचनेरा या अचेरा मथुरा के दक्षिण में है । मथुरा निश्चय ही दिल्ली के तोमरों के अधीन थी ।

त्रिभुवनगिरि (तहनगढ़- थंगीर) तथा भादानक (बयाना) में आगे किसी यदुवंश का राज्य दिखाई देता है । संभावना यह है कि यह राज्य अनंगपाल प्रथम के पुत्र अचलराज के वंशजों का था । इस यदुवंश के राणाओं के नाम दिल्ली के तोमरों के समान ही हैं । हमारा अनुमान यह है कि अचेरा या अचनेर के पास ही त्रिभूवनगढ़ अर्थात तहनगढ़ आगे अनंगपाल द्वितीय ने बसाया था ।

तंवरावती पर तोमरों का आधिपत्य था इसका प्रमाण भी चौहानों के शिलालेखों से प्राप्त होता है ।

अनंगपाल प्रथम के समय में उदित हुए इस विशाल साम्राज्य के तोमर सामन्त कब तक दिल्ली को अपना सार्वभौम मानते रहे यह कहना असम्भव है । कालान्तर में उन्हें अन्य शक्तियों की आधीनता भी स्वीकार करना पडी थी ।

अनंगपाल प्रथम (736- 754 ईसवी) के पश्चात दिल्ली के तोमर राजाओं की अनेक पीढ़ियों तक पृथक-पृथक राजा हुए । इतना अवश्य ज्ञात होता है कि अनंगपाल प्रथम के पश्चात वासुदेव (754-773ईसवी) तथा गंगदेव (773 – 794 ईसवी) ही स्वतन्त्र राजा रह सके और उसके पश्चात पृथ्वीमल्ल (794 – 814 ईसवी) को बंगाल के पालों का करद राजा बनना पडा था । यह स्थिति सातवें राजा उदयराज (849 – 875 ईसवी) तक चली । संभव है उदयराज पालों के प्रभाव से मुक्त हो सका हो, तथापि यह निश्चित है कि आठवां राजा आपृच्छदेव (बच्छराज) (875 – 897 ईसवी) स्वतन्त्र राजा था, क्योंकि उसकी मुद्राएं प्राप्त होती हैं ।

उनके बाद पीपल राज देव (897 – 919 ईसवी), रघुपाल (919 – 940 ईसवी), तिल्हणपाल देव (940 – 961 ईसवी), गोपाल देव (961 – 979 ईसवी) रहे ।

सुलक्षण पाल तोमर (979 – 1005 ईसवी) तक रहे ।

सन 975 ईसवी के आसपास चम्बल क्षेत्र के तोमर सामंत बिट्ठलदेव ने उस इलाके की पुनर्व्यवस्था की और ऐसाह (जिला मुरैना मध्य प्रदेश) के गढ़ को सुगठित किया । उनका छोटा भाई हम्मीर देव अनंगपुर चला गया । अनंगपुर के राजा ने उसे तंवरावती का सामंत बना दिया । इस प्रकार इस और से तोमर-साम्राज्य पूर्णत: सुरक्षित हो गया ।

11

जयपाल देव (1005-1021 ईसवी)

जयपाल देव (1005-1021 ईसवी)

मथुरा आक्रमण – सन 1018 ईसवी में महमूद की दृष्टि फिर तोमर साम्राज्य की ओर उठी। दिल्ली पर आक्रमण करने का खतरा संभवतः महमूद लेना नहीं चाहता था। तराइन और थानेश्वर के युद्धों में महमूद तोमरों के प्रतिरोध के स्वरूप का अनुभव कर चुका था। इस बार महमूद ने दिल्ली के उत्तर की ओर से यमुना पार की और तोमरों के समृद्धतम नगर मथुरा की ओर बढ़ा। महमूद का इरादा इस बार बहुत दूर तक आक्रमण करने का था, इसलिए उसने अपनी शक्ति को दिल्ली में नष्ट करना उचित नहीं समझा। पहाड़ी गढ़ों को जीतता हुआ महमूद बरन (वर्तमान बुलंदशहर) पहुंचा। उस के बाद महमूद महावन (जिला मथुरा) पहुंचा जहां कुलचन्द्र नामक राजा राज्य कर रहा था। महावन के ये यदुवंशी दिल्ली के तोमरों के ही वंशज थे। कुलचन्द्र ने महमूद का सामना करने की तैयारी की। वह अपनी सेना लेकर घने जंगलों में स्थित एक सुदृढ़ गढ़ में पहुंचा। संभवतः वह आक्रमण की तैयारी कर रहा था कि इसी बीच महमूद पता लगाकर वहां जा पहुंचा। दोनों दलों में तलवारों और भालों का गुथ्थम-गुत्था युद्ध प्रारम्भ हो गया। जब हिन्दुओं को यह ज्ञात हो गया कि अब आगे विजय असम्भव है तब वे यमुना में कूद पड़े। कुलचन्द्र ने पहले अपनी रानी को कटार से मार डाला और फिर स्वयं कटार मार कर मर गया।

आगे मथुरा थी। इस बात को वर्तमान इतिहासकार मानते हैं कि मथुरा पर दिल्ली के तोमरों का ही राज्य था (केम्ब्रिज हिस्ट्री ऑफ़ इंडिया, भाग 3, पृष्ठ 19,

स्ट्रगल फॉर एम्पायर, पृष्ठ 14) । मथुरा अत्यन्त प्राचीन काल से हिन्दुओं का पवित्र तीर्थ रहा है । उस समय मथुरा के चारों ओर पत्थर का विशाल कोट खिंचा हुआ था । जिसमें यमुना की ओर खुलने वाले दो द्वार थे । समस्त नगर में मंदिर फैले हुए थे और मध्य में नगर का विशालतम मन्दिर था । इस मंदिर के विषय में महमूद ने स्वयं लिखा था कि यदि कोई इतना बड़ा भवन बनवाना चाहे तब वह 10 करोड़ स्वर्ण दीनार व्यय करने पर भी बनवा न सकेगा और उसे बनाने में बहुत अनुभवी और कुशल कारीगरों को भी 200 वर्ष लगेंगे । इस मन्दिर में 5 सोने की मूर्तियाँ थीं, जिनमें से एक की आखों में दो रत्न लगे हुए थे । अनेक मूर्तियाँ चांदी की भी थीं । सुल्तान ने इन सब मूर्तियों तोड़कर उनमें प्राप्त सोना, चांदी तथा रत्न ले लिये । मथुरा के समस्त मंदिरों को जलाकर भूमिसात कर दिया गया । महमूद ने आगे कन्नौज लूटी और सन 1019 ईसवी में गजनी लौट गया ।

थानेश्वर लुट गया, मथुरा लुट गयी ।

12

कुमारपाल देव (1021-1051 ईसवी)

कुमारपाल देव (1021-1051 ईसवी)

वंशावलियों के अनुसार जयपाल देव के पश्चात दिल्ली के तोमर सिंहासन पर कुमारपाल देव नामक राजा आरूढ़ हुए। आधुनिक इतिहासकारों ने इनका नाम 'महीपाल' दिया है।

हांसी का पतन –

हांसी, आसिका या असि के गढ़ को अनंगपाल प्रथम के राजकुमार द्रौपद ने बसाया था। इस दुर्ग पर तोमर वंश के राजकुमार शासन करते थे। हांसी के सामंत ने अत्यन्त दृढ़ संकल्प के साथ गढ़ की रक्षा में युद्ध किया। इसके पूर्व हांसी के गढ़ ने कभी पराजय नहीं देखी थी और वह इस ख्याति को अक्षुण्ण बनाए रखने के लिए प्रयत्नशील था। मसऊद ने गढ़ की दीवारों में पांच स्थानों पर सुरंगे लगाकर उन्हें उड़ा दिया। 12 दिन के घोर प्रतिरोध के पश्चात 1 जनवरी 1038 को हांसी के गढ़ का पतन हुआ।

सोनपत की पराजय –

हांसी के पश्चात मसऊद ने सोनपत का गढ़ घेर लिया और उसके गढ़पति देवपाल हर को पराजित किया। उसके पश्चात किसी रामराय से युद्ध हुआ जिसने पराजित होकर मसऊद को धन देकर पीछा छुड़ाया।

कुमारपाल जब सन 1021 में तोमर सिंहासन पर आरूढ़ हुए थे उस समय तोमर साम्राज्य श्रीहत अवस्था में था। थानेश्वर लूटा जा चुका था, ध्वस्त किया जा के साथ चुका था, मथुरा नष्ट-भ्रष्ट कर दी गयी थी। महावन के तोमर सामंत

कुलचन्द्र को पराजय की ग्लानि में प्राण देने पड़े थे। उस समय का सर्वाधिक निपुण सेना-संचालक महमूद जीवित था। कन्नौज का प्रतिहार राज्यपाल महमूद का अनुगत हो गया था, हिन्दुशाही लड़खड़ा रही थी, परमार भोजदेव को हिन्दू पड़ौसी ही घेर रहे थे।

जनता अजेय है। थानेश्वर में फिर से मंदिर बनने लगे, मथुरा में फिर गोपाल-पूजा प्रारम्भ हुई, खेत फिर लहलहा उठे, व्यापारियों के सार्थ प्रवहमान हुए, महमूद द्वारा किये गये घाव भर उठे।

राज्यारोहण के 18 वर्ष पश्चात कुमारपाल के तोमर-साम्राज्य को पुनः झटका। सन 1038 ईसवी हांसी का गढ़ उनके हाथ से निकल गया था। उसके पश्चात थानेश्वर में भी तुर्कों का राज्य हो गया था।

पांच वर्ष बाद भाग्य-लक्ष्मी ने कुमारपाल का साथ दिया। उसने न केवल हांसी और थानेश्वर वापस ले लिए वरन कांगड़ा तक का भू-भाग तोमर साम्राज्य में सम्मिलित कर लिया। कांगड़ा से चम्बल के दक्षिणी भाग और यमुना के पूर्व के प्रदेश से शतद्रु तक का विशाल भू-भाग कुमारपाल के अधीन आठ वर्ष तक रहा। अपने राज्य के अंतिम वर्ष में कांगड़ा उसके हाथ से निकल गया। इधर भी वह अपने उत्तराधिकारी के लिए उसकी अपेक्षा बड़ा साम्राज्य छोड़ सका जो अनंगपाल प्रथम ने निर्मित किया था।

13

अनंगपाल द्वितीय (1051 - 1081 ईसवी)

अनंगपाल द्वितीय (1051 – 1081 ईसवी)

कुमारपाल तोमर की मृत्यु के उपरान्त सन 1051 ईसवी में, वंशावलियों के अनुसार तोमर सिंहासन पर अनंगपाल नामक राजा आसीन हुआ । अनंगपाल विरुदवारी आदि तोमर राजा से विभेद करने के लिए इन्हें अनंगपाल द्वितीय कहते हैं ।

वंशावलियों में दिये गये इस राजा के कार्यकाल का समर्थन अन्य प्रमाणों से भी होता है । लौहस्तम्भ पर एक लेख प्राप्त हुआ है । उसके अनुसार विक्रम संवत 1109, अर्थात सन 1052 ईसवी में अनंगपाल दिल्ली पर राज्य कर रहा था और उस वर्ष उसने लौहस्तम्भ की स्थापना की थी । कुब्बतुल-इस्लाम के एक स्तम्भ पर कारीगर द्वारा डाला गया 1124 का अंक भी प्राप्त हुआ है जिससे यह अनुमान किया गया है कि जिस भवन का यह पत्थर है उसका निर्माण विक्रम संवत 1124 (सन 1067 ईसवी) में अनंगपाल करवा रहा था । गढ़वाल की पोथी में श्री कनिंघम ने एक उल्लेख यह पढ़ा था कि विक्रम संवत 1117 (सन 1060 ईसवी) में अनंगपाल ने लालकोट का निर्माण कराया ।

इनके अतिरिक्त श्रीधर कवि के पार्श्वनाथ-चरित से भी यह प्रकट होता है कि उसके आश्रयदाता नटट्रल साहू का पिता अल्हण अनंगपाल का समकालीन था । पार्श्वनाथ चरित्र विक्रम संवत 1189 (सन 1132 ईसवी) में लिखा गया था । नटट्रल अपने पिता का तीसरा पुत्र था, इससे ज्ञात होता है अल्हण साहू और अनंगपाल कभी सन 1070-5 ईसवी के आसपास समकालीन थे ।

अनंगपाल का राज्यकाल वंशावलियों में 29 वर्ष 6 मास 18 दिन दिया गया है । इन्द्रप्रस्थ-प्रबन्ध का लेखक अवश्य उसे 19 वर्ष, 6 मास, 18 दिन और 10 घड़ी बतलाता है –

अनंगपाल नृपतिः वर्ष एकोनविन्शतिः षडमास धृतिदिवसा दिगघटी भुवि भोक्ष्यते ।।

परन्तु यह पुस्तक बहुत बाद की रचना है, अतएव उसका कथन मान्य नहीं किया जा सकता । 29 वर्ष 6 मासका राज्यकाल मानने से अनंगपाल द्वितीय का समय सन 1051 से 1081 तक माना जा सकता है । इन दो वर्षों के बीच अनंगपाल की समस्त ज्ञात तिथियाँ आ जाती हैं ।

त्रिभुवनपाल नरेश –

हिन्दी के महाकवि केशवदास के पूर्वज तोमरों के पुरोहित थे । दिल्ली के तोमरों के पुरोहित-सामंत के रूप में केशवदास के पूर्वज स्थापित हुए और उनके साथ ही वे चम्बल क्षेत्र में आए ।अपने पूर्वजों का इतिहास लिखते हुए केशवदास ने कविप्रिया में लिखा है –

जगपावन बैकुण्ठपति रामचन्द्रयाहू नाम । मथुरा-मंडल में दिये, तिन्हें सात सौ ग्राम ।।

सोमवंश यदुकुल कलश त्रिभुवनपाल नरेश । फेरि दिये कलि काल पुर, तेई तिन्हें सुदेश ।।

इस दान के पश्चात केशवदास ने अपने पूर्वज जयदेव को पृथ्वीराज तोमर (1167-1180 ईसवी) का समकालीन बतलाया है, परन्तु जयदेव कितनी पीढ़ियों के पश्चात हुआ था यह स्पष्ट नहीं है । ज्ञात यह होता है कि केशव का आशय विजयपाल देव तोमर (1131-1151 ईसवी) से हो । यद्यपि मथुरा का केशवदेव का मन्दिर विजयपाल देव ने ही बनवाया था, तथापि केशव के पूर्वजों को सात सौ ग्राम की सामंती केवल मन्दिर के पौरोहित्य के लिए नहीं मिली होगी । यह सनाढ्य-वंश केवल शास्त्रजीवी ही नहीं था, वह समर शूर शस्त्रजीवी भी था । ज्ञात यह होता है कि महमूद द्वारा मथुरा का विध्वंस किये जाने के पश्चात दिल्ली के तोमरों ने मथुरा की रक्षा का भार इस सनाढ्य-कुल को देकर उसे सात सौ ग्राम का सामंत बना दिया । यह कार्य कुमारपाल तोमर द्वारा तुर्कों को पराभूत करने के पश्चात ही संभव हुआ होगा । केशवदास 'सोमवंश यदुकुल कलश' तोमर राजाओं के लिए ही लिखते थे । अतएव अनुमान है कि केशव का 'त्रिभुवनपाल नरेश' अनंगपाल द्वितीय ही है ।

तहनगढ़ या त्रिभुवनगिरि –

त्रिभुवनपाल नरेश यदि अनंगपाल प्रथम के लिए प्रयुक्त किया है, तब यह कहा जा सकता है कि बयाना से 14 मील और करौली से उत्तर-पूर्व 24 मील स्थित त्रिभुवनगढ़ अनंगपाल द्वितीय ने ही बसाया था। दिल्ली के तोमरों के लिए यह स्थान सामरिक दृष्टि से उपयोगी भी था। तोमर गृह से ऐसाह (जिला मुरैना) के ठिकाने से दिल्ली के मार्ग में ही त्रिभुवनगिरि था। अनंगपाल द्वितीय ने यहाँ त्रिभुवनगढ़ की स्थापना की और इसी का अपभ्रंश रूप 'तिहुअणगिरि'तथा अब हट्ठ रूप 'तहनगढ़' हो गया। अनंगपाल द्वितीय के जैन व्यापारियों से अच्छे सम्बन्ध थे और वह जैन सुरियों का समादर भी करता था। त्रिभुवनगढ़ की स्थापना में भी उनका बहुत हाथ था।

सन 1146 ईसवी (विक्रम संवत 1203) के पूर्व त्रिभुवनगिरि में श्वेताम्बर जैन सम्प्रदाय का प्रसिद्द मठ था, यह खरतगच्छ वृहद्गुर्वावलि से प्रकट है। वहां भी जिनदत्त सुरि बहुत जाते रहते थे।उस समय वहां कुमारपाल नामक राजा राज्य कर रहा था। ज्ञात होता है कि इस कुमारपाल के समय से ही त्रिभुवनगढ़ के राजा दिल्ली की आधीनता केवल नाममात्र के लिए ही मानने लगे थे।

दिल्ली में राजधानी की स्थापना

तोमरों के समय में उनकी राजधानी का स्थान बदलता रहा था। प्रारम्भ में वह अनंगपुर में थी। अनंगपाल द्वितीय ने योगिनीपुर और महीपालपुर के बीच स्थित ढिल्लिका-पुरी को अपनी नवीन राजधानी का केंद्र बनाया। अनुमान है कि अनंगपाल द्वितीय के पूर्व ही इस ढिल्लिका में कुछ मन्दिर और भवन बने हुए थे। अपने राज्य के दूसरे वर्ष सन 1052 ईसवी में ही अनंगपाल ने लौहस्तम्भ की स्थापना की थी। लौहस्तम्भ की स्थापना के पश्चात ही उसे केन्द्र बना कर अनेक निर्माण किये गये और लालकोट नामक किला बनवाया गया।

अनंगपाल द्वितीय ने 27 महल और मंदिर बनवाये थे, ऐसी अनुश्रुति प्राप्त होती है और उसका समर्थन कुब्बतुल-इस्लाम के शिलालेख से भी होता है। यह संभव है कि इन 27 भवनों में से कुछ पहले बन चुके हों। अनंगपाल ने लौहस्तम्भ के पास ही अनंग-ताल नामक सरोवर भी बनवाया, इसकी लम्बाई उत्तर-दक्षिण में 169 फुट और पूर्व-पश्चिम में 152 फुट है। इस तालाब से थोड़ी दूर पर वह विशाल भवन था जो लौहस्तम्भ को घेरे हुए था। इन सब निर्माणों के चारों ओर लालकोट गढ़ बनवाया गया था।

अनंगपाल ने यह समस्त निर्माण किस क्रम में किये थे इसके कुछ संकेत मिलते हैं। लौहस्तम्भ सन 1052 ईसवी में दिल्ली लाया गया था ऐसा उस पर खुदे हुए लेख से ही प्रकट होता है। कनिंघम ने उस लेख को 'समत दिहालि 1109

अनंगपाल वहि' पढ़ा था और उसका अर्थ किया था " संवत 1109 अर्थात सन 1052 ईसवी में अनंगपाल ने दिल्ली बसाई । " परन्तु 'वहि' शब्द बसाने के लिए न होकर 'वहन' करने के लिए प्रयोग किया गया है, और उस लेख का आशय है, सन 1052 ईसवी में अनंगपाल (इस लौहस्तम्भ को) लाया । 'दिहालि' से तात्पर्य 'दिल्ली का' है । उस समाय दिल्ली में विक्रम संवत प्रचलित हो गया था, उसके पूर्व वलभी संवत प्रयुक्त होता था । यह लेख निश्चय ही अनंगपाल द्वितीय ने स्वयं उत्कीर्ण नहीं कराया था, वरन लौहस्तम्भ को दिल्ली धोकर लाने वाले कारीगर ने उसे खुदवा दिया था ।

ज्ञात होता है कि सन 1052 ईसवी से प्रारम्भ होकर ये निर्माण सन 1067 ईसवी तक चलते रहे । गढ़वाल की पोथी के अनुसार संवत 1117 मार्गशीर्ष (अगहन) सुदी दसवीं (सन 1060 ईसवी) को लालकोट का निर्माण पूर्ण हुआ । विक्रम संवत 1124 (सन 1067 ईसवी) तक मन्दिर और भवन बन रहे थे, ऐसा कचल कारीगर के लेख से स्पष्ट है ।

इतिहासज्ञों का अभिमत है कि लौहस्तम्भ पहले मथुरा में स्थित था और वहां से हटाकर उसे दिल्ली में स्थापित किया गया है, यद्यपि अभी हाल में एक विद्वान ने यह अभिमत भी व्यक्त किया है कि यह स्तम्भ देहरादून जिले के जौनसार बावर तहसील में स्थित कालसी नामक स्थान में स्थित था और वहां से बड़े बेड़े में यमुना के पानी के बहाव के माध्यम से दिल्ली लाकर महरौली में स्थापित किया गया था । परन्तु यह स्थापना करने के लिए 'सप्त सिन्धु' को गंगा का पर्याय मानना पड़ेगा । इसमें अभी अनेक कठिनाईयां हैं, जिन पर यहाँ विस्तार से विचार करना सम्भव नहीं है । अभी अपनी पूर्व में की गयी स्थापना को ही मानकर चलते हैं कि पद्मावती, कान्तिपुरी और मथुरा के सम्राट अधिराज बवानाग ने यह लौहस्तम्भ मथुरा में स्थापित किया था । उसके ढालने के लिए लोहा वर्तमान नरवर-मगरौनी (जिला शिवपुरी मध्य-प्रदेश) की लोहे की खदानों से प्राप्त किया गया था और उसकी स्थापना की गयी थी उस विशाल विष्णु-मन्दिर के सामने जो सन 1150 ईसवी में बने केशवदेव के मन्दिर के स्थान पर बना हुआ था और जिसे महमूद ने ध्वस्त किया था । ज्ञात यह होता है कि जब सन 1050 ईसवी में कुमारपाल नगर कोट में तुर्कों से जूझ रहे थे उस समय उनका राजकुमार मथुरा की रक्षा के लिए नियुक्त था । उसने विष्णु के उस प्राचीन मंदिर के अवशेषों में इस विष्णुध्वज को देखा और उसे दिल्ली लाने का उपक्रम किया । संभव है इसे जलमार्ग से ही लाया गया हो, उल्टी धार में नाविक भार खे लेते हैं ।

लालकोट का घेरा सवा दो मील है और उसका कोट नीचे 30 फुट चौड़ा है और 60 फुट ऊंचा है । कोट के चारों ओर गहरी खाई भी बनी हुई थी और बीच-बीच में विशाल बुर्जें बनी हुई थी । इस किले की दृढ़ता का वर्णन श्रीधर ने 'पार्श्वनाथ चरित्र' में किया है और हसन निजामी ने ताजुल-मआसर में भी किया है ।

श्री किल्लिदेवपाल

कुछ मुद्राएं ऐसी प्राप्त हुई है जिनके एक ओर नंदी के साथ 'श्रीकिल्लिदेव' लिखा हुआ है तथा दूसरी ओर 'पालश्रीसमंतदेव' पढ़ा जाता है । इन दोनों पाठों को एक साथ पढने से "श्रीकिल्लिदेव पालश्रीसमंतदेव " पाठ उपलब्ध होता है । 'श्रीसमंत-देव' दिल्ली के तोमरों की मुद्राओं का श्रुतिवाक्य है । 'श्री किल्लिदेवपाल' निश्चय ही अनंगपाल द्वितीय के लिए प्रयुक्त हुआ है । ये मुद्राएं सन 1052 ईसवी में उस समय जारी की गयी थें जब अनंगपाल ने दिल्ली में लौहस्तम्भ की स्थापना की थी । मथुरा से दिल्ली तक इस विशाल स्तम्भ को धोकर लाना और फिर उसे समारोह पूर्वक स्थापित करना अत्यधिक उत्साह, उत्सव और कौतुहल का कारण बना होगा और उसी के उपलक्ष में ये मुद्राएं ढाली गयी थीं ।

हिन्दी का जन्मदाता अनंगपाल

अनंगपाल द्वितीय ने अन्य दो प्रकार की मुद्राएं भी ढलवाई थी । एक प्रकार की मुद्राओं पर उसका नाम " श्री अनंगपाल " मिलता है और दूसरी मुद्राओं पर " श्री अणग-पाल " । यह अणगपाल प्रयोग बहुत महत्वपूर्ण है । अनंगपाल शुद्ध संस्कृत रुप है और अणगपाल पर हरियाने की लोकभाषा का प्रभाव प्रत्यक्ष है । मध्यकाल की हिन्दी की धात्री हरियाणा, कुरुक्षेत्र, ही है । कबीर, नानक और गोस्वामी तुलसीदास की भाषा का का मूल स्रोत यही है । तुलसीदास ने रामकथा इसी 'रुचिर कुरुखेत' में अपने गुरु से सुनी थी । हिन्दी के विकास का श्रेय बहुधा अमीर खुसरो को दिया जाता है । वास्तविकता यह है कि उसका रूप-निर्माण ईसवी द्वितीय सहस्त्राब्दी के प्रारम्भ में दिल्ली के तोमरों ने किया था और उसका पूर्ण परिष्कार किया ग्वालियर के तोमरों ने । शेख फरीदुद्दीन गंजशकर के दोहे तथा पद और अमीर खुसरों की मुकरियाँ इन दोनों के बीच की कड़ी है । उसने तथा इस क्षेत्र के नौ-मुस्लिमों ने इसी भाषा को अपनाया और जब तुर्कों को स्थानीय जनता से संपर्क के लिए लोकभाषा से परिचित होने की आवश्यकता हुई तो उन्होंने भी इसी भाषा-रूप को अपनाया ।

इब्राहिम से युद्ध –

गजनी के सुल्तान अब्दुर्रशीद के पंजाब के सूबेदार नुश्तिगिन द्वारा नगरकोट लेने के पश्चात ही गजनी में राजनीतिक दृश्य बदलने लगा । अब्दुर्रशीद को महमूद

के एक गुलाम तुगरिल हाजिब ने मार डाला। तुगरिल केवल 40 दिन गजनी का सुल्तान रह सका। नुश्तिगिन पंजाब से गजनी पहुंचा और उसने तुगरिल को समाप्त कर दिया, और सन 1052 ईसवी में मसऊद प्रथम के पुत्र फरूखजाद को सुल्तान बनाया गया। उसने 1059 ईसवी तक राज्य किया और उसके पश्चात उसका भाई इब्राहिम गजनी का सुल्तान बना। सन 1075 ईसवी में इब्राहिम का पुत्र महमूद पंजाब का प्रशासक नियुक्त किया गया।

यामिनी वंश के मध्ययुगीन इतिहास लेखकों का कथन है कि इब्राहिम ने तंवरहिन्दा पर आक्रमण कर उसे जीत लिया था। यह तंवरहिन्दा सिरसागढ़ से अभिन्न माना गया है और वह तोमरों के ही राज्य में था। यह भी उल्लेख प्राप्त होता है कि इब्राहिम ने रुपाल (नूरपुर) की भी विजय की थी। यह रुपाल तोमरों का ही गढ़ था। इब्राहिम और अनंगपाल द्वितीय के बीच कोई युद्ध हुआ था इसका संकेत श्रीधर के पार्श्वनाथ चरित में भी मिलता है। परन्तु श्रीधर ने केवल यह उल्लेख किया है कि अनंगपाल ने हम्मीर का दलन किया। श्रीधर के कथन से यह ज्ञात होता है कि विजय अनंगपाल की हुई थी न कि इब्राहिम की। संभव है वास्तविकता यह हो कि अनंगपाल के हाथ से रुपाल आयर तन्वार्हिंदा निकल गये हों, और उसने इब्राहिम को और आगे न बढ़ने दिया हो।

इब्राहिम के पुत्र महमूद ने भी भारत पर आक्रमण किये थे, परन्तु वह तोमरों की राज्य-सीमा में से आगे नहीं बढ़ा था। उसने शाकम्भरी के मार्ग से प्रवेश किया था। 'पृथ्वीराज-विजय-काव्य' के अनुसार चौहान दुर्लभराज तृतीय की मृत्यु "मातंगों" से युद्ध करते समय हुई थी। यह 'मातंग' यह महमूद ही हो सकता है जो सपादलक्ष के मार्ग से वर्तमान आगरा की ओर गया था, जहां से यमुना पार कर उसने कन्नौज के तत्कालीन राष्ट्रकूट राजा को पराजित किया था। कन्नौज से महमूद मालवा की ओर गया था, परन्तु वहां उसने लक्ष्मणदेव परमार से पराजित होना पडा था। महमूद का कालिंजर का अभियान भी पूर्णतः असफल रहा था। लौटते समय उसमें इतनी शक्ति नहीं रह गयी होगी कि वह तोमर सम्राट से टक्कर ले सकता। अतएव संभावना यही है कि जिस 'हम्मीर' का उल्लेख श्रीधर ने किया है वह इब्राहिम था न कि उसका पुत्र महमूद।

कलश का आक्रमण

विल्हण के विक्रमांकदेव-चरित से ऐसा ज्ञात होता है कि काश्मीर के राजा कलश (1063- 1089 ईसवी) ने भी कुरुक्षेत्र पर आक्रमण किया था। परन्तु विल्हण की राज-तरंगिणी में कलश के इस आक्रमण का कोई उल्लेख नहीं है। राज-तरंगिणी 'इतिहास' है और विक्रमांकदेव-चरित आख्यान है। तथापि विल्हण

कलश का समकालीन था, अतएव ज्ञात होता होता है कि कलश ने कुरुक्षेत्र पर आक्रमण अवश्य किया होगा और अनंगपाल द्वारा पराजित होकर उसे लौटना पडा होगा ।

किला - लाल कोट दिल्ली

14

तेजपाल (प्रथम), महीपाल और विजयपालदेव

तेजपाल (प्रथम) (1081- 1105 ईसवी), महीपाल (1105-1130 ईसवी) और विजयपालदेव (1130-1151 ईसवी)

अनंगपाल द्‌वितीय से मदनपाल तोमर तक, अर्थात सन 1081 से 1151 ईसवी तक के 70 वर्ष में दिल्ली के तोमरों की वंशावलियों में तीन राजाओं के अस्तित्व का उल्लेख मिलता है । इन तीन राजाओं के नाम और उनके राज्यकाल हैं –

तेजपाल (प्रथम) (1081- 1105 ईसवी), महीपाल (1105-1130 ईसवी) और विजयपालदेव (1130-1151 ईसवी)

पता चलता है कि महीपाल तोमर (1105-1130 ईसवी) ने अनंगपाल द्‌वितीय द्‌वारा बसाई राजधानी का विस्तार किया और उसी के पास महीपालपुर नगर बसाया । क़ुतुब-मीनार के पूर्व-उत्तर-पूर्व की दिशा में महीपालपुर नामक ग्राम बसा हुआ था और उसमें पौन मील लम्बा तथा चौथाई मील चौड़ा बाँध भी था । राजधानी का यह विस्तार महीपाल तोमर ने ही किया था । वहां उसने एक शिव मंदिर भी बनवाया था । जिसके स्तम्भ सफ़ेद संगमरमर तथा लाल पत्थर के थे । इस मंदिर के मसाले का उपयोग सुल्तान गौरी के मकबरे के निर्माण में किया गया था । श्री कनिंघम को इस मकबरे के संगमरमर के स्तम्भों के बीच शिवलिंग की योनि प्राप्त

हुई थी।

मथुरा में केशवदेव-मन्दिर का निर्माण –

विजयपालदेव तोमर के राज्यकाल की एक महत्वपूर्ण घटना मथुरा में श्रीकृष्ण के जन्मस्थल पर किसी जज्ज नामक व्यापारी द्वारा मन्दिर निर्माण कराना है । अनश्रुति यह है कि मथुरा के कतरा केशवदेव में ही वह स्थान था जहां कंस कारागार था । इसी कारागार में वासुदेव कृष्ण का जन्म हुआ था । पौराणिक अनुश्रुति यह है कि श्री कृष्ण के प्रपौत्र वज्रनाभ ने अपने कुलदेवता की स्मृति में मंदिर बनवाया था । महाक्षत्रप शोडास (ईसवी पूर्व 80-57) के राज्यकाल में वसु नामक व्यक्ति ने श्रीकृष्ण-जन्मस्थान पर एक मन्दिर, तोरण-द्वार और वेदिका का निर्माण कराया था, ऐसा उल्लेख शोडासकालीन एक शिलालेख में मिलता है । कान्तिपुरी के भवनाग ने संभवतः यहीं विश्नुध्वज के रूप में प्रसिद्द लौहस्तम्भ खडा किया था । सन 1039 ईसवी में महमूद गजनवी ने इस मंदिर को जला कर धरती में मिला दिया था । महाराज विजयपालदेव के राज्य में संवत 1207 (सन 1150 ईसवी) में जज्ज नामक सार्थवाह ने श्रीकृष्ण के जन्मस्थान पर फिर भव्य मन्दिर बनवाया । सिकंदर लोदी ने आगे इस मंदिर को भी तोड़ दिया ।

15

मदनपालदेव (1151-1167 ईसवी)

मदनपालदेव (1151-1167 ईसवी)

तोमर वंशावलियों के अनुसार विजयपाल के पश्चात जो राजा हुआ उसका राज्य-काल 21 वर्ष 2 मास, 15 दिन था। यह समय 1151 ईसवी से 1172 ईसवी आता है। खरतरगच्छ बृहदगुर्वावलि से निश्चित रूप से ज्ञात होता है कि सन 1153-1166 ईसवी के बीच में दिल्ली का राजा मदनपाल था। विक्रम संवत 1685 की राजावलि में 17वें राजा का नाम मदनपाल दिया गया है। अतएव विजयपाल के पश्चात मदनपाल का ही तोमर सम्राट के रूप में अस्तित्व मानना उचित होगा। मदनपाल का अस्तित्व न केवल गुर्वावलि से सिद्ध होता है, वरन ठक्कुर फेरु की 'द्रव्यपरीक्षा' में भी उसके सिक्कों के उल्लेख मिलते हैं तथा आधुनिक समय में भी मदनपालदेव के सिक्के प्राप्त हुए हैं जिनके एक ओर भाले सहित अश्वरोही तथा श्री मदनपालदेव नाम है तथा दूसरी ओर नंदी के साथ " माधव श्रीसमंतदेव " श्रुति वाक्य है।

16

पृथ्वीराज तोमर (1167-1189 ईसवी)

पृथ्वीराज तोमर (1167-1189 ईसवी)

वंशावलियों में पृथ्वीपाल और पृथ्वीराज दोनों नाम पाए जाते हैं । अबुलफजल द्वारा आईने-अकबरी में दी गयी वंशावलि, विक्रम संवत 1845 की वंशावलि तथा बीकानेर से प्राप्त पोथी में यह नाम स्पष्ट रूप में 'पृथ्वीराज' दिया गया है ।

ठक्कुर फेरु की 'द्रव्यपरीक्षा' में यह नाम 'पृथ्वीपाल' दिया गया है, परन्तु जो मुद्राएं कनिंघम आदि ने आधुनिक युग में परखी हैं, उसमें पृथ्वीराज नाम प्राप्त होता है । पृथ्वीराज-नामयुक्त इन मुद्राओं के लांछन और श्रुतिवाक्य वही हैं जो अनंगपाल आदि अन्य तोमर राजाओं की मुद्राओं पर मिलते हैं, एक ओर भाले सहित अश्वरोही के साथ " श्रीपृथ्वीराजदेव " है दूसरी ओर बैठे हुए नंदी पर "असावरी श्रीसमंतदेव " प्राप्त होता है ।

इतिहास में अत्यधिक विवेचित एवं अनेक शताब्दियों से आख्यान-पुरुष बनाये गये पृथ्वीराज चौहान के समकालीन होने के कारण पृथ्वीराज या पृथ्वीपाल तोमर को इतिहास में बहुत क्षति उठानी पडी है । उसकी मूर्ति इस सीमा तक नष्ट-भ्रष्ट हो गयी है कि अब उसके पुनरुद्धार में पर्याप्त समय लग सकता है । पृथ्वीराज और चाहड़देव तथा अन्य ज्ञात तोमर राजाओं की मुद्राओं के लांछन और श्रुतिवाक्यों की तुलना करने पर इतना अवश्य कहा जा सकता है कि ये मुद्राएं तोमर पृथ्वीराज की हैं । अजमेर में कोई टकसाल नहीं थी, और राय पिथौरा ने कभी दिल्ली की टकसाल पर कब्जा नहीं किया था, न वह कभी समंत-कुरुक्षेत्र का राजा बना था । संभव यह है कि ठक्कुर फेरु ने 'अणग पलाहे' 'मयण पलाहे' की तुक

मिलाने के लिए लिख दिया – 'अणग मयणप्पलाहे पिथउ पलाहे'। संभावना यह है कि तोमर राजा का नाम पृथ्वीराज था , वह पृथ्वीपाल केवल पालों की परम्परा में प्रयुक्त हुआ था ।

17

चाहड़पाल तोमर (1189 -1192 ईसवी)

चाहड़पाल तोमर (1189 -1192 ईसवी)

यह चाहड़पाल वही दिल्ली का राजा है जिसे तबकाते-नासिरी, तारीखे-फ़रिश्ता आदि में ताराइन के युद्ध में शहाबुद्दीन के साथ युद्ध करता हुआ दिखाया गया है।

तेजपाल द्वितीय (1192 ईसवी)

किला राय पिथौरा

चाहड़पाल और राय पिथौरा के सम्बन्ध –

चाहड़पाल तोमर और राय पिथौरा (पृथ्वीराज चौहान) के आपसी सम्बन्धों के स्वरूप को जानने के पूर्व स्वयं राय पिथौरा की स्थिति, उसके ही राज्य में, क्या थी, यह देखना आवश्यक है ।

राय पिथौरा का जन्म अनहिलपाटन में विक्रम संवत 1223 (सन 1166 ईसवी) में हुआ था । यह तथ्य शिलालेख, इतिहास और ज्योतिष के प्रबल प्रमाणों के आधार पर स्थापित किया गया है । उसकी मृत्यु सन 1192 ईसवी में हुई थी, इसमें कोई संदेह नहीं है, भले ही कुछ आख्यानाकार उन्हें एक वर्ष का जीवन गजनी के जेलखाने का भी प्रदान करते हैं और कुछ इतिहासकार उनको यह एक वर्ष शहाबुद्दीन गौरी के अधीन अजमेर के राजा के रूप में प्रदान करते हैं । इस स्थापना के कारण आगे दिये हैं, यहाँ केवल यह उल्लेख पर्याप्त है कि राय पिथौरा केवल 26 वर्ष जीवित रहे ।

पृथ्वीराज-विजय-काव्य राय पिथौरा के विषय में अत्यंत प्रामाणिक जानकारी देता है । उसके अनुसार सोमेश्वर ने बालक पृथ्वीराज अर्थात राय पिथौरा को

अपनी व्रतचारिणी रानी कर्पूरीदेवी के संरक्षण में छोड़ कर स्वर्गवास किया था (या संन्यास ले लिया था)। यह घटना सन 1177 ईसवी की बतलाई जाती है, अर्थात उस समय बालक पृथ्वीराज 11 वर्ष के थे। देखना यह है कि यह संरक्षण कितने वर्ष और चला।

राय पिथौरा द्वारा शासन-सूत्र अपने हाथ में सँभालने के पूर्व ही शहाबुद्दीन के आक्रमण प्रारम्भ हो गये थे। अजमेर के इस शक्तिशाली उद्धत राजा से अनहिलपाटन के चौलुक्यों ने मित्रता की संधि करली और दिल्ली के तोमरों से भी। सबके सामान-शत्रु शहाबुद्दीन गौरी ने राय पिथौरा को अपने उत्तर और दक्षिण की इन शक्तियों से अच्छे सम्बन्ध बना लेने की सुबुद्धि प्रदान की, तथापि उस समय तक बहुत विलम्ब हो चुका था।

राय पिथौरा किला

18

दिल्ली

दिल्ली

दिल्ली मानचित्र क्षेत्र

दिल्ली मानचित्र विस्तृत

दिल्ली

विजयेन्द्र कुमार माथुर ने लेख किया है: दिल्ली की संसार के प्राचीनतम नगरों में गणना की जाती है। महाभारत के अनुसार दिल्ली को पहली बार पांडवों ने इन्द्रप्रस्थ नाम से बसाया था, किंतु आधुनिक विद्वानों का मत है कि दिल्ली के आसपास--उदाहरणार्थ रोपड़ (पंजाब) के निकट, सिन्धु घाटी सभ्यता के चिन्ह प्राप्त हुए हैं और पुराने किले के निम्नतम खंडहरों में आदिम दिल्ली के अवशेष मिलें तो कोई आश्चर्य नहीं। वास्तव में, देश में अपनी मध्यवर्ती स्थिति के कारण

तथा उत्तर पश्चिम से भारत के चतुर्दिक भागों को जाने वाले मार्गों के केंद्र पर बसी होने से दिल्ली भारतीय इतिहास में अनेक साम्राज्यों की राजधानी रही है। महाभारत के युग में कुरु प्रदेश की राजधानी हस्तिनापुर में थी। इसी काल में पांडवों ने अपनी राजधानी इन्द्रप्रस्थ में बनाई। जातकों के अनुसार इंद्रप्रस्थ 7 कोस के घेरे में बसा हुआ था। पांडवों के वंशजों की राजधानी इंद्रप्रस्थ में कब तक रही यह निश्चय पूर्वक नहीं कहा जा सकता किंतु पुराणों के साक्ष्य के अनुसार परीक्षित तथा जनमेजय के उत्तराधिकारी ने हस्तिनापुर में भी बहुत समय तक अपनी राजधानी रखी थी और इन्हीं के वंशज निचक्षु ने हस्तिनापुर के गंगा में बह जाने पर अपनी नई राजधानी प्रयाग के निकट कौशांबी में बनाई। (देखें पार्टीजर, डायनेस्टीज ऑफ दि कलि एज-पृ.5).

मौर्य काल में दिल्ली या इन्द्रप्रस्थ का कोई विशेष महत्व न था क्योंकि राजनैतिक शक्ति का केंद्र इस समय मगध में था। बौद्ध धर्म का जन्म तथा विकास भी उत्तरी भारत के इसी भाग तथा पार्श्ववर्ती प्रदेश में हुआ और इसी कारण बौद्ध धर्म की प्रतिष्ठा बढ़ने के साथ ही भारत की राजनीतिक सत्ता भी इसी भाग (पूर्वी उत्तर प्रदेश तथा बिहार) में केंद्रित रही। फलत: मौर्य काल के पश्चात लगभग 13 सौ वर्ष तक दिल्ली और उसके आसपास का प्रदेश अपेक्षाकृत महत्वहीन बना रहा।

हर्ष के साम्राज्य के छिन्न-भिन्न होने के पश्चात उत्तरी भारत में अनेक छोटी-छोटी रियासतें बन गई और इन्हीं में 12 वीं सदी में पृथ्वीराज चौहान की भी एक रियासत थी जिसकी राजधानी दिल्ली बनी। दिल्ली के जिस भाग में कुतुब मीनार है वह अथवा महरौली का निकटवर्ती प्रदेश ही पृथ्वीराज के समय की दिल्ली है। वर्तमान जोगमाया का मंदिर मूल रूप से इन्हीं चौहान नरेश का बनाया हुआ कहा जाता है। एक प्राचीन जनश्रुति के अनुसार चौहानों ने दिल्ली को तोमरों से लिया था जैसा कि **1327** ई. के एक अभिलेख से सूचित होता है--'देशोस्ति हरियाणाख्य: पृथिव्यां स्वर्गसन्निभ:, ढिल्लिकाख्या पुरी यत्र

[पृष्ठ .435]: तोमैररस्ति निर्मिता। चहमाना नृपास्त्र राज्यं निहितकंटकम्, तोमरान्तरम् चक्रु: प्रजापालनतत्परा:'

यह भी कहा जाता है कि चौथी सदी ईस्वी में अनंगपाल तोमर ने दिल्ली की स्थापना की थी। इन्होंने इन्द्रप्रस्थ के किले के खंडहरों पर ही अपना किला बनवाया। इसके पश्चात इसी वंश के **सूरजपाल** ने सूरजकुंड बनवाया जिसके खंडहर तुगलकाबाद के निकट आज भी वर्तमान हैं। तोमर वंशीय अनंगपाल द्वितीय ने 12 वीं सदी के प्रारंभ में **लाल कोट का** किला कुतुब के पास बनवाया.

तत्पश्चात दिल्ली बीसलदेव चौहान तथा उनके वंशज पृथ्वीराज के हाथों में पहुंची । जनश्रुति के अनुसार क़ुतुब मीनार और कुव्वतुल इस्लाम मस्जिद पृथ्वीराज के इस स्थान पर बने हुए 27 मंदिरों के मसालों से बनवाई गई थी ।

कुछ विद्वानों का मत है कि महरौली जहां क़ुतुब मीनार स्थित है -- पहले एक वृहद वेधशाला के लिए विख्यात थी । 27 मंदिर 27 नक्षत्रों के प्रतीक थे और कुतुब मीनार चांद-तारों आदि की गतिविधि देखने के लिए वेधशाला की मीनार थी। इन सभी इमारतों को कुतुबुद्दीन (शासन . 1206-1210) तथा परर्वती सुल्तानों ने इस्लामी इमारतों के रूप में बदल दिया. पृथ्वीराज के तराइन के युद्ध में (1192 ई.) मारे जाने पर दिल्ली पर मुहम्मद गोरी (1149 – 1206) का अधिकार हो गया । इस घटना के पश्चात लगभग साढ़े 6सौ वर्षों तक दिल्ली पर मुसलमान बादशाहों का अधिकार रहा और यह नगरी अनेक साम्राज्यो की राजधानी के रूप में बसती और उड़ती रही । मुहम्मद गौरी के पश्चात **1236** ई. में गुलाम वंश की राजधानी दिल्ली में बनी । इसी काल में क़ुतुब मीनार का निर्माण हुआ। गुलाम वंश के पश्चात अलाउद्दीन (शासन . 1296 to 1316) ने सीरी में अपनी राजधानी बनाई।

तुगलक कालीन दिल्ली वर्तमान तुगलकाबाद में थी किंतु फिरोजशाह तुगलक (1351-1388 ई) के जमाने में इसका विस्तार दिल्ली दरवाजे के बाहर फिरोजशाह कोटला तक हो गया । तुगलकाबाद में मुहम्मद तुगलक (शासन 1324 to 1351) का मकबरा है । तुगलकों के पश्चात लोदियों का कुछ समय तक दिल्ली पर कब्जा रहा ।

1526 में पानीपत के युद्ध के पश्चात बाबर (1483 - 1530) ने दिल्ली पर अधिकार कर लिया बाबर और हुमायूं (शासन .1531 - 1540, 1555 - 1556) की राजधानी दिल्ली में ही रही । शेरशाह सूरी (1486 - 1545) ने भी 5 वर्ष दिल्ली में राज्य किया । अकबर (1542 – 1605) तथा जहांगीर (शासन . 1605 - 1627) के समय में दिल्ली का गौरव फतेहपुर सीकरी तथा आगरे ने कुछ समय तक के लिए छीन लिया था किंतु शाहजहाँ (शासन . 1628 - 1658) ने पुनः दिल्ली में अपनी राजधानी बनाई । वही शाहजहाँबाद या चहारदीवारी के अंदर के शहर का निर्माता था । औररंगजेब (शासन .1658 - 1707) ने भी दिल्ली में ही अपने विशाल साम्राज्य की राजधानी कायम रखी । 1857 ई. तक मुगलों का राज्य किसी न किसी रूप में दिल्ली में चलता रहा । 1857 की राज्य क्रांति के पश्चात अंग्रेजों ने दिल्ली से राजधानी उठाकर कलकत्ते को यह गौरव प्रदान किया किंतु **1910** ई. में दिल्ली को एक बार पुनः भारत की राजधानी बनने की प्रतिष्ठा प्रदान की।

1947 में दिल्ली स्वतंत्र भारत की राजधानी के रूप में अपनी पूर्व प्रतिष्ठा पर आसीन हुई। इस प्रकार आज भी भारत की राजधानी के रूप में दिल्ली की प्राचीन प्रतिष्ठा कायम है। दिल्ली के प्राचीनतम स्मारकों में महरौली में स्थित चंद्र नाम के किसी यशस्वी नरेश का विष्णुध्वज लोहस्तंभ सबसे अधिक प्रसिद्ध है। इस पर निम्न अभिलेख उत्कीर्ण है –

लौह स्तम्भ पर अंकित सन्देश

यस्य ओद्वर्त्तयः-प्रतीपमुरसा शत्रुन् समेत्यागतन् वङ्गेस्ह्वाहव वर्त्तिनोस्भिलिखिता खड्गेन कीर्त्तिर् भुजे,

तीर्त्वा सप्त मुखानि येन समरे सिन्धोर् ज्जिता वाह्लिकायस्याद्य प्यधिवास्यते जलनिधिर् व्विर्य्यानिलैर् दक्षिणाः,

खिन्नस्य एव विसृज्य गां नरपतेर् ग्गामाश्रितस्यैत्राम् मूर्(त्)या कर्म्म-जितावनिं गतवतः कीर्त्(त्)या स्थितस्यक्षितौ,

शान्तस्येव महावने हुतभुजो यस्य प्रतापो महान्नधया प्युत्सृजति प्रनाशिस्त-रिपोर् य्यत्नस्य शेसह्क्षितिम्,

प्राप्तेन स्व भुजार्जितां च सुचिरां च ऐकाधिराज्यं क्षितौ चन्द्राह्वेन समग्र चन्द्र सदृशीम् वक्त्र-श्रियं बिभ्राता,

तेनायं प्रनिधाय भूमिपतिना भावेव विष्नो (ष्नौ) मतिं प्राणशुर्विष्णुपदे गिरौ भगवतो विष्णौर्धिध्वजः स्थापितः

महरौली स्थित चंद्र का लोहस्तंभ अभिलेख

चंद्र का अभिज्ञान चन्द्रगुप्त द्वितीय से किया जाता है किंतु यह तथ्य विवादास्पद है। कहा जाता है कि पृथ्वीराज के नाना अनंगपाल ने यह लोह-स्तंभ मथुरा से लाकर यहां स्थापित किया था। यह स्तंभ सैकड़ों वर्षों से खुले हुए स्थान में बिना जंग खाए हुए खड़ा हुआ है। यह एक ही लोहे के खंड का बना है। इतना बड़ा लोह-दंड ढालने की निर्माणियां भारत में चौथी सदी ई. में थी यह जानकर प्राचीन भारत के धातु-कर्म-विशारदों के प्रति हमारा मस्तक आदर से झुक जाता है। कहा जाता है कि इस परिमाण का लोह-दंड इंग्लैंड तक में 19 वीं शती के प्रारंभ से पूर्व नहीं ढाला जा सकता था।

लौह स्तम्भ (विष्णु कीर्ति स्तम्भ) दिल्ली

यस्य ओद्वर्त्तयःप्रतीपमुरसा शत्त्रुन् -
समेत्यागतन् वङ्गेस्हवाहव
वर्त्तिनोस्भिलिखिता खड्गेन कीर्त्तिर्भुजे,
तीर्त्वा सप्त मुखानि येन समरे सिन्धोर्
ज्जिता वाह्लिकायस्याद्य प्यधिवास्यते
जलनिधिर् व्विर्य्यानिलैर् दक्षिणाः,
खिन्नस्य एव विसृज्य गां नरपतेर्
ग्गामाश्रितस्यैत्राम् मूर्-त्)या कर्म्म)
जितावर्नि गतवतः कीर्त्(त्)या
स्थितस्यक्षितौ,
शान्तस्येव महावने हुतभुजो यस्य प्रतापो
महान्नधया प्युत्सृजति प्रनाशिस्तरिपोर् -
सह्क्षितिम्य्यत्नस्य शे,
प्राप्तेन स्व भुजार्जितां च सुचिरां च
ऐकाधिराज्यं क्षितौ चन्द्राह्वेन समग्र चन्द्र
सदृशीम् वक्त्रश्रियं बिभ्राता-,
तेनायं प्रनिधाय भूमिपतिना भावेव विष्नो
ष्नौ) मर्तिं प्राणशुर्)्विष्णुपदे गिरौ
भगवतो विष्णौर्ध्विध्वजः स्थापितः

महरौली स्थित चंद्र का
लोहस्तंभ अभिलेख

लौह स्तम्भ अभिलेख दिल्ली

अशोक के दो प्रस्तर स्तंभ: इस लोह स्तंभ से प्रायः 600 वर्ष प्राचीन **अशोक के दो प्रस्तर स्तंभ** की दिल्ली में वर्तमान हैं। **पहला स्तंभ** तो सब्जी मंडी के निकट पहाड़ी पर है तथा दूसरा दिल्ली दरवाजे के बाहर फिरोजशाह कोटला में है।

दोनों को फिरोजशाह तुगलक ने दिल्ली की शोभा बढ़ाने के लिए क्रमश: मेरठ तथा तोपरा (जिला अंबाला) से मंगवा कर स्थापित किया था । इस तथ्य का उल्लेख इन्बबतूता ने भी किया है । पहले स्तंभ पर अशोक के सात 'स्तंभ अभिलेख' उत्कीर्ण थे किंतु 1715 में इसको काफी क्षति पहुंचने के कारण इस पर का लेख मिट सा गया है।

दूसरा स्तंभ 46 फुट 8 इंच ऊंचा है । इस पर भी सात स्तंभ लेख अंकित हैं और स्पष्ट रूप से दिखाई देते हैं। दिल्ली का पुराना किला पांडवों के समय का बताया जाता है और जनश्रुति के अनुसार प्राचीन इंद्रप्रस्थ की स्थिति का परिचायक है। अवश्य ही इसका जीर्णोद्धार तथा संवर्धन परिवर्ती युग में हुआ होगा । शेरशाह का राजप्रसाद पुराने किले के भीतर था और यहीं उसकी बनवाई हुई कुहना (=पुरानी) मस्जिद है जो निश्चित रूप से किसी प्राचीन इमारत को परिवर्तित करके बनवाई गई थी। कहा जाता है कि यहां पंच पांडव के समय का सभा भवन था जैसा कि इस इमारत के दालान में बने हुए 5 कोष्ठकों से प्रमाणित होता है। इस प्रकार के पांच कोष्टक किसी और मस्जिद में नहीं देखे जाते । पुराने किले के शेरमंडल नामक स्थान के अंतर्गत बने हुए पुस्तकालय की सीढ़ियों से गिरकर ही हुमायूं की मृत्यु हुई थी (1556 ई.).

कुतुब मीनार 238 फुट ऊंची है और भारत में पत्थर की बनी हुई सब मीनारों में सर्वोच्च है । इसे कुतुबुद्दीन ऐबक ने 1199 ई. में बनवाया था । तत्पश्चात इल्तुतमिश और फिरोजशाह तुगलक (1370 ई.) ने इसका संवर्धन तथा जीर्णोद्धार करवाया । इसमें पांच मजिलें हैं । प्रत्येक पर बाहर की ओर निकले हुए अलिंद बने हैं । मीनार के ऊपर अरबी में अभिलेख उत्कीर्ण हैं । मीनार की निचली सतह का व्यास 47 फुट 3 इंच और शीर्ष का केवल 9 फुट है । पहली तीन मंजिले लाल पत्थर की और अंतिम दो जो शायद की फिरोजशाह तुगलक बनवाई हुई है-- संगमरमर की हैं । ये पहली मंजिलों से अधिक चिकनी व ऊँची हैं । मीनार में छोटी पर पहुँचने के लिए 379 सीढ़ियां हैं । प्राचीन जनश्रुतियों के अनुसार यह मीनार मूल रूप में पृथ्वीराज चौहान द्वारा अपनी प्रिय रानी संयोगिता के लिए बनवाया हुआ दीपस्तंभ था जिसे बाद में मुसलमान बादशाहों ने मीनार के रूप में बदल दिया। कुतुब मीनार के पास ही अलाउद्दीन खिलजी द्वारा प्रारंभ की हुई **अलाई मीनार** की कुर्सी के अवशेष हैं । यह मीनार अलाउद्दीन की मृत्यु के कारण आगे न बन सकी थी ।

दिल्ली की वास्तुकला: दिल्ली की वास्तुकला का वास्तविक गौरव मुगलकालीन है । **हुमायूं के मकबरे** को 1565 ई. में उसकी बेगम हमीदा बानो ने

बनवाया था । इसमें हमीदा की कब्र भी है । इसके अतिरिक्त विभिन्न कालों में बनी दारा शिकोह फरुखसियर तथा आलमगीर द्वितीय आदि की भी कब्रें यही स्थित हैं । कहा जाता है कि मुगल परिवार के तथा उससे संबंधित 90 से अधिक व्यक्तियों की कब्रें यहां हैं । 1857 की राज्यक्रांति में अंतिम मुगल सम्राट **बहादुर शाह** को मुगलों ने यही कैद किया था । यह मकबरा मुगल वास्तुकला का प्रारूपिक उदाहरण है ।

लाल किला जो फर्ग्युसन के अनुसार शायद संसार का सर्वश्रेष्ठ राजप्रसाद है, 1639 और 1648 ई. के बीच शाहजहां द्वारा बनवाया गया था । दीवाने खास में जगप्रसिद्ध **मयूर सिंहासन** या तख्तेताऊस था जिसे शाहजहां ने, तत्कालीन यूरोपियन लेखकों के अनुसार 20 लाख पॉन्ड की लागत से बनवाया था । लाल किले के ठीक सामने कुछ दूर पर चांदनी चौक के पास भारत की सबसे बड़ी मस्जिद, **जामा मस्जिद** है । इसे शाहजहां ने 1650-58 में बनवाया था । इसके तीन पट्टियोंदार कंदाकृति गुंबद और दो 130 फुट ऊँची व पतली मीनारें - ये विशेषताएं मुगलशैली की परिचायक हैं । बीच में विशाल प्रांगण है जिसके तीन और खुले हुए प्रकोष्ठ हैं और तीन और विशाल दरवाजे जो भूमि तल से काफी ऊंचाई पर हैं । इन तक पहुंचने के लिए सीढ़ियों की पंक्तियां बनी हैं ।

कहा जाता है कि विभिन्न कालों में यमुना नदी की धारा के साथ ही साथ दिल्ली नगरी की स्थिति भी बदलती रही है । जैसा कि ऊपर कहा जा चुका है प्राचीनतम दिल्ली महरौली के आसपास तथा पुराने किले के परिवर्ती प्रदेश में थी । गुलाम कालीन राजधानी भी लगभग इसी प्रदेश में रही । अलाउद्दीन की दिल्ली वर्तमान सीरी (तुगलकाबाद और कुतुब के बीच) के पास और तुगलकों की दिल्ली तुगलकाबाद (दिल्ली - मथुरा मार्ग के निकट) में थी । शाहजहां ने जो दिल्ली बसाई वही आजकल की **पुरानी दिल्ली** है जिसके चारों ओर परकोटा खींचा हुआ है । चांदनी चौक और इसके बीच बहने वाली नहर शाहजहां ने बनवाई थी । अंग्रेजों ने पुरानी दिल्ली से कुछ दूर हटकर अपनी राजधानी नई दिल्ली बनाई । इसके निर्माता शिल्पी सर एडवर्ड लुटियन्स और और सर हरबर्ट बेकर थे । इस भव्य नगरी का अनुष्ठानिक उद्घाटन 1931 में हुआ था ।

दिल्ली परिचय

दिल्ली भारत की राजधानी एवं महानगरीय क्षेत्र है । इसमें नई दिल्ली सम्मिलित है जो कि ऐतिहासिक पुरानी दिल्ली के बाद बसी थी । महान् ऐतिहासिक महत्त्व

वाला यह महानगरीय क्षेत्र महत्त्वपूर्ण व्यापारिक, परिवहन एवं सांस्कृतिक हलचलों से भरा है। दिल्ली देश के उत्तरी मध्य भाग में गंगा की एक प्रमुख सहायक नदी यमुना के दोनों तरफ़ बसी है। दिल्ली, भारत का तीसरा बड़ा शहर है। यहाँ के ऐतिहासिक स्थल तथा रमणीय स्थल अपने आप में विशेष हैं। पर्यटन विकास के उद्वेश्य से यह आगरा और जयपुर से जुड़ा है।

दिल्ली तो है दिल वालों की। दिल्ली के इतिहास में सम्पूर्ण भारत की झलक सदैव मौजूद रही है। अमीर ख़ुसरो और ग़ालिब की रचनाओं को गुनगुनाती हुई दिल्ली नादिरशाह की लूट की चीख़ों से सहम भी जाती है। चाँदनी चौक-जामा मस्जिद की सकरी गलियों से गुज़रकर चौड़े राजपथ पर 26 जनवरी की परेड को निहारती हुई दिल्ली 30 जनवरी को उन तीन गोलियों की आवाज़ को नहीं भुला पाती जो राष्ट्रपिता महात्मा गाँधी के सीने में धँस गयी थी। दिल्ली ने दौलताबाद जाने के तुग़लकी फ़रमानों को भी सुना और लाल क़िले से प्रधानमंत्री के अभिभाषणों पर तालियाँ भी बजायी। कभी रघुराय ने दिल्ली की रायसीना पहाड़ी को अपने कैमरे में क़ैद कर लिया तो कभी हुसैन के रंगों ने दिल्ली को रंग दिया। दिल्ली कभी कुतुबमीनार की मंज़िलों को चढ़ाने में पसीना बहाती रही तो कभी हुमायूँ के मक़बरे में पत्थरों को तराशती रही। नौ बार लूटे जाने से भी दिल्ली के श्रृंगार में कोई कमी नहीं आयी। आज भी दिल्ली विश्व के सुन्दरतम नगरों में गिनी जाती है।

नामकरण: अनुश्रुति है कि इसका नाम 'राजा ढीलू' के नाम पर पड़ा जिसका आधिपत्य ई.पू. पहली शताब्दी में इस क्षेत्र पर था। बिजोला अभिलेखों (1170ई.) में उल्लेखित ढिल्ली या ढिल्लिका सबसे पहला लिखित उद्धरण है। महाभारत काल में पाण्डवों द्वारा बसाया गया इन्द्रप्रस्थ नगर, आज हमारे देश का हृदय माना जाता है। एक मत के अनुसार दिल्ली का नामकरण फ़ारसी शब्द 'दहलीज़' पर पड़ा है। जिसका अर्थ है 'प्रवेश द्वार'। कुछ अन्य लोगों के मतानुसार आठवीं सदी में कन्नौज के राजा दिल्लू के नाम पर इसका नामांकन हुआ है। कई मुग़ल साम्राज्यों ने भी दिल्ली पर अपनी प्रभावी छाप छोड़ी है। कई अवसरों पर दिल्ली ने कई साम्राज्यों के पतन में अपनी छाप छोड़ी है। ऐसे बहुरूपदर्शी भूतकाल में न केवल दिल्ली बल्कि विश्व के महानतम लोकतंत्र की खोज की जा सकती है।

इतिहास: महाभारत काल से ही दिल्ली का विशेष उल्लेख रहा है। दिल्ली का शासन एक वंश से दूसरे वंश को हस्तांतरित होता गया। यह मौर्यों से आरंभ होकर पल्लवों तथा मध्य भारत के गुप्तों से होता हुआ 13वीं से 15वीं सदी तक तुर्क और अफ़ग़ान और अंत में 16 वीं सदी में मुग़लों के हाथों में पहुँचा। 18वीं सदी के

उत्तरार्ध और 19वीं सदी के पूर्वाद्र्ध में दिल्ली में अंग्रेज़ी शासन की स्थापना हुई।

1911 में कोलकाता से राजधानी दिल्ली स्थानांतरित होने पर यह शहर सभी तरह की गतिविधियों का केंद्र बन गया। 1956 में केंद्रशासित प्रदेश का दर्जा प्राप्त हुआ। दिल्ली के इतिहास में 69 वाँ संविधान संशोधन विधेयक एक महत्त्वपूर्ण घटना है, जिसके फलस्वरूप राष्ट्रीय राजधानी क्षेत्र अधिनियम 1991 में लागू हो जाने से दिल्ली में विधानसभा का गठन हुआ। दिल्ली का पुरातात्विक परिदृश्य अत्यंत दिलचस्प है। सहस्राब्दियों पुराने स्मारक क़दम-क़दम पर खड़े नज़र आते हैं। नए या पुराने क़िलेबंद स्थान पर निर्मित 13 शहरों ने दिल्ली–अरावली त्रिकोण के लगभग 180 वर्ग किलोमीटर के एक सीमित क्षेत्र में अपनी मौजूदगी के निशान छोड़े हैं। दिल्ली के बारे में यह किंवदंती प्रचलित है कि जिसने भी यहाँ नया शहर बनाया, उसे इसे खोना पड़ा। सबसे पुराना नगर इंद्रप्रस्थ, क़रीब 1400 ई.पू. निर्मित किया गया माना जाता है और वेदव्यास रचित महाकाव्य महाभारत में इसका वर्णन पांडवों की राजधानी के रूप में मिलता है। इस त्रिकोण में निर्मित दिल्ली का दूसरा शहर है अनंगपुर या आनंदपुर, जिसकी स्थापना लगभग 1020 ई. में तोमर जाट नरेश अनंगपाल (अनङ्पाल) ने राजनिवास के रूप में की थी। यह शहर अद्र्धवृत्ताकार निर्मित तालाब सूरजकुंड के आसपास बसा था। अनंग पाल ने बाद में इसे 10 किलोमीटर पश्चिम की ओर लालकोट पर स्थापित एक दुर्ग में स्थानांतरित किया।

भौगोलिक संरचना: दिल्ली एक जलसंभर पर स्थित है। जो गंगा तथा सिंधु नदी प्रणालियों को विभाजित करता है। दिल्ली की सबसे महत्त्वपूर्ण स्थालाकृति विशेषता पर्वत स्कंध (रिज) है, जो राजस्थान प्रांत की प्राचीन अरावली पर्वत श्रेणियों का चरम बिंदु है। अरावली संभवत: दुनिया की सबसे पुरानी पर्वत माला है, लेकिन अब यह पूरी तरह वृक्ष विहीन हो चुकी है। पश्चिमोत्तर पश्चिम तथा दक्षिण में फैला और तिकोने परकोट की दो भुजाओं जैसा लगने वाला यह स्कंध क्षेत्र 180 वर्ग किलोमीटर क्षेत्र में फैला है। कछारी मिट्टी के मैदान को आकृति की विविधता देता है तथा दिल्ली को कुछ उत्कृष्ट जीव व वनस्पतियाँ उपलब्ध कराता है। यमुना नदी त्रिभुजाकार परकोटे का तीसरा किनारा बनाती है। इसी त्रिकोण के भीतर दिल्ली के प्रसिद्ध सात शहरों की उत्पत्ति ई.पू. 1000 से 17 वीं शताब्दी के बीच हुई।

जलवायु: दिल्ली की जलवायु उपोष्ण है। दिल्ली में गर्मी के महीने मई तथा जून बेहद शुष्क और झुलसाने वाले होते हैं। दिन का तापमान कभी-कभी 40-45 सेल्सियस तक पहुँच जाता है। मानसून सामान्यत: जुलाई में आता है और

तापमान को कम करता है। लेकिन सितंबर के अंत तक मौसम गर्म, उमस भरा और कष्टप्रद रहता है। यहाँ की वार्षिक औसत वर्षा लगभग 617 मिमी है। अक्टूबर से मार्च के बीच का मौसम काफ़ी सुहावना रहता है। हालांकि दिसंबर तथा जनवरी के महीने खूब ठंडे व कोहरे से भरे होते हैं और कभी-कभी वर्षा भी हो जाती है। शीतकाल में प्रतिदिन का औसत न्यूनतम तापमान 7 डिग्री सेल्सियस के आसपास रहता है, लेकिन कुछ रातें अधिक सर्द होती है।

अर्थव्यवस्था: किसी भी ऐतिहासिक राजधानी की तरह दिल्ली भी वैविध्यपूर्ण केंद्र है, जिसमे प्रशासन, सेवाएं और निर्माण अच्छी तरह मिले-जुले हैं। दिल्ली कला एव हस्तकौशल की प्रचुर विविधता का केंद्र रहा है। मुग़ल काल में दिल्ली रत्न और आभूषण, धातु पच्चीकारी, क़सीदाकारी, सोने की पच्चीकारी, रेशम और ज़री का काम, मीनाकारी और शिल्प, मूर्तिकला और चित्रकला के लिए विख्यात थी। दिल्ली का वर्तमान प्रशासकीय महत्त्व उस समय से है, जब भारत का शासन ईस्ट इंडिया कंपनी से लेकर महारानी विक्टोरिया को सौंप दिया गया और ब्रिटिश साम्राज्य की राजधानी, वाणिज्यिक और सेवा केन्द के रूप में विकसित हो गई। यहाँ की लगभग तीन -चौथाई आबादी व्यापार लोक प्रशासन, सामुदायिक, सामाजिक और निजी सेवाओं में संलग्न है।

कृषि: दिल्ली में गेहूँ, बाजरा, ज्वार, चना और मक्का आदि की प्रमुख फ़सलें हैं, लेकिन अब किसान अनाज वाली फ़सलों की बजाय फलों और सब्जियों, दुग्ध उत्पादन, मुर्ग़ी पालन, फूलों की खेती को ज़्यादा महत्व दे रहे हैं। ये गतिविधियाँ खाद्यान्नों, फ़सलों के मुक़ाबले अधिक लाभदायक साबित हुई हैं।

सिंचाई: दिल्ली के गाँवों का तेज़ी से शहरीकरण होने की वजह से सिंचाई के अंतर्गत आने वाली खेती योग्य भूमि धीरे-धीरे कम होती जा रही है। राज्य में 'केशोपुर प्रवाह सिंचाई योजना चरण तृतीय' तथा 'जल संशोधन संयंत्र से सुधार एवं प्रवाह विस्तार सिंचाई प्रणाली' नामक दो योजनाएं चलाई जा रही है। राष्ट्रीय राजधानी क्षेत्र, दिल्ली के ग्रामीण क्षेत्र में 350 हेक्टेयर की सिंचाई राज्य नलकूपों द्वारा और 1,376 हेक्टेयर की सिंचाई अतिरिक्त पानी द्वारा की जा रही है। इसके अलावा 4,900 हेक्टेयर भूमि की सिंचाई हरियाणा सरकार के अधीन पश्चिमी यमुना नहर द्वारा की जा रही है।

कला: 16वीं से लेकर 19वीं शताब्दी तक दिल्ली की कला और वहाँ के रहन सहन पर मुग़ल सल्तनत का प्रभाव रहा। मुग़लों के समय में तुर्की, फ़ारसी और भारतीय कलाओं के मिश्रण ने एक नई कला को जन्म दिया। जामा मस्जिद और लाल क़िला इसी वक्त में बनाए गए थे। दिल्ली दुनिया के सबसे पुराने शहरों में

से एक है। लेकिन 1911 में नई दिल्ली की स्थापना हुई और ब्रिटिश वास्तुकला ने दिल्ली के क़िलों और महलों के बीच अपनी जगह बना ली। एड्विन लुटियंस ने इंडिया गेट, राष्ट्रपति भवन सहित नई दिल्ली को एक आधुनिक रूप दिया।

वास्तुकला: दिल्ली के वैविध्यपूर्ण इतिहास ने विरासत में इसे समृद्ध वास्तुकला दी है। शहर के सबसे प्राचीन भवन सल्तनत काल के हैं और अपनी संरचना व अलंकरण में भिन्नता लिए हुए हैं। प्राकृतिक रुपाकंनों, सर्पाकार बेलों और क़ुरान के अक्षरों के घुमाव में हिन्दू राजपूत कारीगरों का प्रभाव स्पष्ट नज़र आता है। मध्य एशिया से आए कुछ कारीगर कवि और वास्तुकला की सेल्जुक शैली की विशेषताएं मेहराब की निचली कोर पर कमल- कलियों की पंक्ति, उत्कीर्ण अलंकरण और बारी-बारी से आड़ी और खड़ी ईटों की चिनाई है। ख़िलजी शासन काल तक इस्लामी वास्तुकला में प्रयोग तथा सुधार का दौर समाप्त हो चुका था और इस्लामी वास्तुकला में एक विशेष पद्धति और उपशैली स्थापित हो चुकी थी जिसे पख़्तून शैली के नाम से जाना जाता है। इस शैली की अपनी लाक्षणिक विशेषताएं हैं। जैसे घोड़े के नाल की आकृति वाली मेहराबें, जालीदार खिड़कियां, अलंकृत किनारे बेल बूटों का काम (बारीक विस्तृत रूप रेखाओं में) और प्रेरणादायी, आध्यात्मिक शब्दांकन बाहर की ओर अधिकांशतः लाल पत्थरों का तथा भीतर सफ़ेद संगमरमर का उपयोग मिलता है।

पर्यटन: दिल्ली एक आकर्षक पर्यटन स्थल है। दिल्ली में मंदिरों से लेकर मॉल तक, क़िलों से लेकर उद्यान तक और अनेक ऐतिहासिक इमारतें और क़िले हैं जो इतिहास की जीवंत निशानियाँ हैं। प्रतिवर्ष लाखों सैलानी दिल्ली आते हैं और यहाँ की मिश्रित संस्कृति को जानने की कोशिश करते हैं। दिल्ली राज्य पर्यटन और परिवहन विकास निगम पर्यटकों को यहाँ के विभिन्न स्थानों की सैर कराने के लिए विशेष बस सेवाएं चलाता है। निगम ने पैरा सेलिंग, पर्वतारोहण और नौकायन जैसी साहसिक गतिविधियों के लिए सुविधाएं विकसित की हैं। निगम ने दिल्ली हाट का विकास किया है, जहाँ काफ़ी और विभिन्न राज्यों की खाद्य वस्तुएँ एक जगह उपलब्ध हैं। दिल्ली के विभिन्न भागों में ऐसी ही 'हाट' बनाने की योजना है।

बाग़-बग़ीचे: दिल्ली में कई बाग़-बग़ीचे है। जिनमें जापानी शैली में बना बुद्ध जयन्ती पार्क, कनॉट प्लेस के बीच में स्थित सेंट्रल पार्क जो दुकानों में आने-जाने के लिए छोटे मार्ग के रूप में प्रयुक्त किया जाता है, साथ ही ऑफ़िस आने-जाने वालों के लिए थोड़ी देर सुस्ताने की जगह है। चाणक्यपुरी में स्थित पार्क, डिस्ट्रिक्ट पार्क, लोदी गार्डन, महावीर जयन्ती पार्क, मुग़ल गार्डन, राष्ट्रीय

गुलाब पार्क, एशिया का सबसे बड़ा नेशनल ज़ूलोजिकल पार्क (चिड़ियाघर), क्यूडिशा बाग़, रौशन आरा गार्डन आदि हैं । इसके अलावा दिल्ली में महात्मा गांधी के समाधि स्थल राजघाट, जवाहरलाल नेहरू के समाधि स्थल शान्तिवन एवं लालबहादुर शास्त्री के समाधि स्थल विजय घाट को भी बग़ीचों का रूप दिया गया है ।

दर्शनीय स्थल

अशोक के शिलालेख: कालका जी मन्दिर के पास स्थित बहाईपुर गाँव में हाल में ही अशोक महान के चट्टानों पर खुदे शिलालेख मिले हैं । ये सभी लघु-शिलालेख अशोक ने अपने राजकर्मचारियों को संबोधित करके लिखवाए हैं । अशोक ने सबसे पहले लघु-शिलालेख ही खुदवाए थे, इसलिए इनकी शैली उसके अन्य लेखों से कुछ भिन्न है ।

गांधी स्मृति: बिड़ला भवन के बरामदे में स्थापित यह वह जगह है, जहाँ 30 जनवरी, 1948 को प्रार्थना सभा में जाते हुए राष्ट्रपिता महात्मा गांधी की हत्या कर दी गई थी। इसे बाद में स्मारक का रूप दे दिया गया ।

हौज़ ख़ास: अलाउद्दीन खिलजी द्वारा सन् 1305 में सिरी के निवासियों के लिए बनाया यह ऐसा पिकनिक स्थल है, जो गर्मियों में ठण्डा और सर्दियों में गरम रहता है ।

संसद भवन: नई दिल्ली स्थित सर्वाधिक भव्य भवनों में से एक है, जहाँ विश्व में किसी भी देश में मौजूद वास्तुकला के उत्कृष्ट नमूनों की उज्ज्वल छवि मिलती है । राजधानी में आने वाले भ्रमणार्थी इस भवन को देखने ज़रूर आते हैं। संसद की दोनों सभाएं लोक सभा और राज्य सभा इसी भवन के अहाते में स्थित हैं । 144 खम्बों की यह विशाल इमारत 171 मीटर के व्यास में फैली है । हर खम्बे की ऊँचाई 8.3 मीटर है । अद्भुत लकड़ी का चौखटा अपनी तरह की कला में एक उत्तम स्थान रखता है ।

बेगम सामरू का महल: यह इलेक्ट्रानिक सामान के थोक एवं फुटकर व्यापार का केन्द्र है । आजकल इसे भागीरथ बिल्डिंग के नाम से जाना जाता है । इसे बेगम सामरू (1753-1836) के रहने के लिए बनाया गया था, जिसने एक लालची सैनिक वाल्टर रेनहर्ड से निकाह कर लिया था ।

कोतवाली: 1857 की क्रान्ति के असफल हो जाने के बाद अंग्रेज़ों ने दिल्ली पर क़ब्ज़ा करने के लिए इसकी स्थापना की थी । कुछ स्वतंत्रता सैनानियों को यहाँ बन्दी बनाकर रखा गया था । कैप्टन हेडसन द्वारा काटे गए मुग़ल राजकुमारों के सिरों का जुलूस भी यहीं पर लाया गया था ।

तुग़लकाबाद: दिल्ली का तीसरा हिस्सा, ग़यासुद्दीन तुग़लक़ द्वारा 1321 से 1325 के बीच बसाया हुआ ऊँची पहाड़ी पर बनाया गया क़िला है। अन्दर घुसते ही संगमरमर का बना ग़यासुद्दीन का मक़बरा नज़र आता है। यह क़िला दक्षिण से पूर्व तक मुहम्मद तुग़लक द्वारा बनाए अदिलाबाद क़िले तक फैला है।

धार्मिक स्थल: कालकाजी मन्दिर: चिराग दिल्ली फ़्लाई ओवर से चार किलोमीटर की दूरी पर स्थित कालका जी के इस मन्दिर का निर्माण 18वीं शताब्दी में किया गया था। हालाँकि मन्दिर का विस्तार पिछले 50 सालों का ही है, लेकिन मन्दिर का सबसे पुराना हिस्सा अठारहवीं शताब्दी का है। दिल्ली के व्यापारियों द्वारा यहाँ निकट ही धर्मशाला भी बनवाई गई है। अक्टूबर-नवम्बर में आयोजित वार्षिक नवरात्र महोत्सव के समय देश-विदेश से हज़ारों श्रद्धालु यहाँ आते हैं।

लक्ष्मीनारायण मन्दिर (बिड़ला मन्दिर), झंडेवाला देवी मन्दिर, आद्या कात्यायनी शक्तिपीठ मन्दिर, मां संतोषी मन्दिर, चांदनी चौक का शिव-गौरी मन्दिर, संकट हरणी मंगल करणी शक्तिपीठ, भैरव मन्दिर

इनके अतिरिक्त दिल्ली में हिन्दुओं के अन्य मन्दिर हैं- सफ़ेद संगमरमर का छतरपुर का दुर्गा मन्दिर, माँ सात मंजिला मन्दिर, 1724 में जयपुर के महाराजा जयसिंह द्वारा खड़कसिंह मार्ग पर स्थित हनुमान मन्दिर, काली बेरी का मन्दिर और जोगमाया का मन्दिर।

जैन धार्मिक स्थल: अहिंसा स्थल - कुतुबमीनार के पास तीन एकड़ क्षेत्र में फैला यह स्थल भव्य बगीचे के बीच भगवान महावीर की कमल में स्थित आदमकद प्रतिमा के लिए प्रसिद्ध है। 1980 में स्थापित यह प्रतिमा 17 फ़ीट ऊँची एवं 50 टन वज़नी है।

दिगम्बर जैन मन्दिर: शाहजहाँबाद में 1656 में निर्मित यह मन्दिर भगवान आदिनाथ को समर्पित है। यह मन्दिर चेरिटी पक्षी अस्पताल के लिए भी मशहूर है।

ईसाई धार्मिक स्थल: सेक्रेड हार्ट कैथड्रल चर्च: गुरुद्वारा बंगला साहिब मार्ग के पास दिल्ली की दो प्रमुख कान्वेण्ट स्कूलों सेंट कोलम्बिया एवं कान्वेण्ट ऑफ़ जीसस एवं मैरी के मध्य में स्थित सेक्रेड हार्ट कैथड्रल चर्च है।

सेण्ट जेम्स चर्च: 1836 में जेम्स स्कीनर द्वारा बनाई गई सेण्ट जेम्स चर्च दिल्ली का सबसे पुराना चर्च है। पश्चिमी शैली में निर्मित यह चर्च केवल रविवार के दिन ही खुलता है।

सेण्ट थॉमस चर्च: दिल्ली में तीसरा चर्च सेण्ट थॉमस चर्च है। जो 1930-32 में उन ईसाईयों के लिए बनाई गई थी, जो धर्म परिवर्तन करके ईसाई बने हैं। वॉल्टर जॉर्ज नामक वास्तुशिल्पी द्वारा लाल ईटों से निर्मित यह चर्च पंचकुइयाँ मार्ग पर स्थित है।

सिक्खों के धार्मिक स्थल: बंगला साहिब गुरुद्वारा - यह गुरुद्वारा गुरु हरकिशन साहिब जी की याद में बनाया गया है, जो होशियारपुर से दिल्ली छोटी माता के प्रकोप से दिल्ली वासियों को बचाने आए थे। इस परिसर में गुरु ने निवास किया था एवं यहाँ पर एक झील भी स्थित है। कहा जाता है कि इसका पानी औषधीय गुण लिए हुए है।

अन्य गुरुद्वारे हैं- दमदमा साहिब गुरुद्वारा, रकाबगंज गुरुद्वारा, सीसगंज गुरुद्वारा, मजनूं का टीला गुरुद्वारा इत्यादि।

मुस्लिम धार्मिक स्थल: चिराग देहलवी दरगाह - नसीरूद्दीन मोहम्मद की याद में निर्मित इसे रौशन चिराग़ देहलवी के नाम से भी जाना जाता है।

फ़तेहपुर मस्जिद: सन 1650 में इसे शाहजहाँ की बीवी फ़तेहपुरी बेगम ने बनवाया था।

हज़रत निज़ामुद्दीन औलिया: चिश्ती संतों में चौथे नम्बर के शेख़ निज़ामुद्दीन चिश्ती को समर्पित यह दरगाह मुस्लिम समाज के लिए अत्यन्त पाक स्थल है। 'हर गुरुवार शाम को देश के नामी क़व्वाल यहाँ अपना हुनर दिखाते हैं तथा अमीर खुसरो की गज़लें गाते हैं। यहीं उर्स भी आयोजित किया जाता है।

जामा मस्जिद: लाल पत्थरों से बनी यह मस्जिद मुग़ल काल में विश्व की उम्दा मस्जिदों में से एक है। 1644 में इस मस्जिद का निर्माण शाहजहाँ द्वारा शुरू करवाया गया था और 1650 में यह बनकर तैयार हुई। इस पर तत्कालीन 10 लाख रुपया लागत आई। इसके बीच में एक चबूतरा है, जहाँ पर पूर्व, उत्तर एवं दक्षिण में बनी सीढ़ियों से जाया जा सकता है।

अन्य मुस्लिम धार्मिक स्थल: खिड़की मस्जिद, मोठ की मस्जिद, सुनहरी मस्जिद, क़ुतुबुद्दीन बख़्तियार ख़ाँ की दरगाह आदि।

गुलामी के दौर में अंग्रेज़ सम्राट जॉर्ज पंचम ने 12 दिसम्बर, 1911 को कोलकाता के स्थान पर दिल्ली को राजधानी बनाया। इसकी रूपरेखा और निर्माण कार्यों की देखरेख ब्रिटिश वास्तुकार एडविन लुचेंस (लुटियन्स) ने की थी। एक सौ पचास वर्षों तक कोलकाता के ज़रिये भारत पर शासन करने के बाद अंग्रेजों ने अपनी साम्राज्य विस्तार के मद्देनजर राजधानी को उत्तर भारत स्थानांतरित कर दिल्ली को नए स्थान के रूप में चुना था तथा यहाँ नयी राजधानी बनाने का

महत्वाकांक्षी अभियान शुरू किया था। किंग जॉर्ज पंचम के राज्यारोहण का उत्सव मनाने और उन्हें भारत का सम्राट स्वीकारने के लिए दिल्ली में आयोजित दरबार में ब्रिटिश भारत के शासक, भारतीय राजकुमार, सामंत, सैनिक और अभिजात्य वर्ग के लोग बड़ी संख्या में एकत्र हुए थे। दरबार के अंतिम चरण में एक अचरज भरी घोषणा की गई। तत्कालीन वायसराय लॉर्ड हॉर्डिंग ने राजा के राज्यारोहण के अवसर पर प्रदत्त उपाधियों और भेंटों की घोषणा के बाद एक दस्तावेज़ सौंपा। अंग्रेज़ राजा ने वक्तव्य पढ़ते हुए राजधानी को कलकत्ता से दिल्ली स्थानांतरित करने, पूर्व और पश्चिम बंगाल को दोबारा एक करने सहित अन्य प्रशासनिक परिवर्तनों की घोषणा की। दिल्ली वालों के लिए यह एक हैरतअंगेज फैसला था, जबकि इस घोषणा ने एक ही झटके में एक सूबे के शहर को एक साम्राज्य की राजधानी में बदल दिया, जबकि 1772 से ब्रिटिश भारत की राजधानी कलकत्ता थी ।

संदर्भ: भारत कोष - दिल्ली

जोगनीपुर

जोगानीपुर (पृष्ठ.371) दिल्ली का एक मध्ययगीन नाम है (दे. बटियागढ़)

खांडवप्रस्थ

विजयेन्द्र कुमार माथुर ने लेख किया है कि.... खांडव प्रस्थ (पृष्ठ.255) हस्तिनापुर के पास एक प्राचीन नगर था जहां महाभारतकाल से पूर्व पुरुरवा, आयु, नहुष, तथा ययाति की राजधानी थी। कुरु की यह प्राचीन राजधानी बुधपुत्र के लोभ के कारण मुनियों द्वारा नष्ट कर दी गई। युधिष्ठिर को, जब प्रारंभ में, द्यूत-क्रीडा से पूर्व, आधा राज्य मिला तो धृतराष्ट्र ने पांडवों से खांडवप्रस्थ में अपनी राजधानी बनाने तथा फिर से उस प्राचीन नगर को बसाने के लिए कहा था। (महाभारत आदि पर्व, 206 दक्षिणात्य पाठ) तत्पश्चात पांडवों ने खांडवप्रस्थ पहुंच कर उस प्राचीन नगर के स्थान पर एक घोर वन देखा। (आदि पर्व: 206, 26-27). खांडवप्रस्थ के स्थान पर ही इन्द्रप्रस्थ नामक नया नगर बसाया गया जो भावी दिल्ली का केंद्र बना। खांडवप्रस्थ के निकट ही खांडववन स्थित था जिसे श्रीकृष्ण और अर्जुन ने अग्निदेव की प्रेरणा से भस्म कर दिया। खांडवप्रस्थ का उल्लेख अन्यत्र भी है। पंचविंशब्राह्मण 25,3,6 में राजा अभिप्रातिरन के पुरोहित द्दति खांडवप्रस्थ में किए गए यज्ञ का उल्लेख है। अभिप्रतारिन जनमेजय का वंशज था। जैसा पूर्व उद्धरणों से स्पष्ट है, खांडवप्रस्थ पांडवों के पुराने किले के निकट बसा हुआ था। (दे. इन्द्रप्रस्थ, हस्तिनापुर)

खांडववन

विजयेन्द्र कुमार माथुर ने लेख किया है कि.... खांडवप्रस्थ के स्थान पर पांडवों की इन्द्रप्रस्थ नामक नई राजधानी बनने के पश्चात अग्नि ने कृष्ण और अर्जुन की सहायता से खांडववन को भस्म कर दिया था । इसमें कुछ अनार्य जातियाँ जैसे नाग और दानव लोगों का निवास था जो पांडवों की नई राजधानी के लिए भय उपस्थित कर सकते थे । तक्षकनाग इसी वन में रहता था और यहीं मयदानव नामक महान यांत्रिक का निवास था जो बाद में पांडवों का मित्र बन गया और जिसने इन्द्रप्रस्थ में युधिष्ठिर का अद्‌भुत सभा भवन बनाया । खांडववन-दाह का प्रसंग महाभारत आदि पर्व 221 से 226 में सविस्तर वर्णित है । कहा जाता है कि मयदानव का घर वर्तमान मेरठ (मयराष्ट्र) के निकट था और खांडववन का विस्तार मेरठ से दिल्ली तक, 45 मील के लगभग था । महाभारत में जलते हुए खांडववन का बड़ा ही रोमांचकारी वर्णन है । (आदि पर्व 224,35-36-37). खांडववन के जलते समय इन्द्र ने उसकी रक्षा के लिए घोर वृष्टि की किन्तु अर्जुन और कृष्ण ने अपने शस्त्रास्त्रों की सहायता से उसे विफल कर दिया ।

इंद्रप्रस्थ

विजयेन्द्र कुमार माथुर ने लेख किया है कि.... इन्द्रप्रस्थवर्तमान नई दिल्ली के निकट पांडवों की बसाई हुई राजधानी थी । महाभारत आदि पर्व में वर्णित कथा के अनुसार प्रारंभ में धृतराष्ट्र से आधा राज्य प्राप्त करने के पश्चात पांडवों ने इंद्रप्रस्थ में अपनी राजधानी बनाई थी । दुर्योधन की राजधानी लगभग 45 मील दूर हस्तिनापुर में ही रही । इंद्रप्रस्थ नगर कोरवों की प्राचीन राजधानी खांडवप्रस्थ के स्थान पर बसाया गया था--

'तस्मातत्वं खांडवप्रस्थं पुरं राष्ट्रं च वर्धय, ब्राह्मणाः क्षत्रिया वैश्याः शूद्राश्च कृत निश्चयाः। त्वदभ्क्त्या जंतग्श्चान्ये भजन्त्वेव पुरं शुभम्' महाभारत आदि पर्व 206

अर्थात धृतराष्ट्र ने पांडवों को आधा राज्य देते समय उन्हें कौरवों के प्राचीन नगर वह राष्ट्र खांडवप्रस्थ को विवर्धित करके चारों वर्णों के सहयोग से नई राजधानी बनाने का आदेश दिया । तब पांडवों ने श्रीकृष्ण सहित खांडवप्रस्थ पहुंचकर इन्द्रकी सहायता से इन्द्रप्रस्थ नामक नगर विश्वकर्मा द्‌वारा निर्मित करवाया--'विश्वकर्मन् महाप्राज्ञ अद्‌यप्रभृति तत् पुरम्, इंद्रप्रस्थमिति ख्यातं दिव्यं रम्य भविष्यति' महाभारत आदि पर्व 206.

इस नगर के चारों ओर समुद्र की भांति जल से पूर्ण खाइयाँ बनी हुई थी जो उस नगर की शोभा बढ़ाती थीं । श्वेत बादलों तथा चंद्रमा के समान उज्ज्वल परकोटा नगर के चारों ओर खींचा हुआ था । इसकी ऊंचाई आकाश को छूती मालूम होती

थी—

इस नगर को सुंदर और रमणीक बनाने के साथ ही साथ इसकी सुरक्षा का भी पूरा प्रबंध किया गया था तीखे अंकुश और शतघ्नियों और अन्यान्य शास्त्रों से वह नगर सुशोभित था। सब प्रकार की शिल्प कलाओं को जानने वाले लोग भी वहां आकर बस गए थे. नगर के चारों ओर रमणीय उद्यान थे। मनोहर चित्रशालाओं तथा कृत्रिम पर्वतों से तथा जल से भरी-पूरी नदियों और रमणीय झीलों से वह नगर शोभित था।

युधिष्ठिर ने राजसूय यज्ञ इंद्रप्रस्थ में ही किया था। महाभारत युद्ध के पश्चात इन्द्रप्रस्थ और हस्तिनापुर दोनों ही नगरों पर युधिष्ठिर का शासन स्थापित हो गया। हस्तिनापुर के गंगा की बाढ़ से बह जाने के बाद 900 ई. पू. के लगभग जब पांडवों के वंशज कौशांबीचले गए तो इंद्रप्रस्थ का महत्व भी प्राय समाप्त हो गया। विदुर पंडित जातक में इंद्रप्रस्थ को केवल 7 क्रोश के अंदर घिरा हुआ बताया गया है जबकि बनारस का विस्तार 12 क्रोश तक था। धूमकारी जातक के अनुसार इंद्रप्रस्थ या कुरूप्रदेश में युधिष्ठिर-गोत्र के राजाओं का राज्य था। महाभारत, उद्योगपर्व में इंद्रप्रस्थ को शक्रपुरी भी कहा गया है। विष्णु पुराण में भी इंद्रप्रस्थ का उल्लेख है।

आजकल नई दिल्ली में जहाँ **पांडवों का पुराना किला** स्थित है उसी स्थान के परवर्ती प्रदेश में इंद्रप्रस्थ की स्थिति मानी गई है। पुराने किले के भीतर कई स्थानों का संबंध पांडवों से बताया जाता है। दिल्ली का सर्वप्रचीन भाग यही है। दिल्ली के निकट इंद्रपत नामक ग्राम अभी तक इंद्रप्रस्थ की स्मृति के अवशेष रूप में स्थित है।

दिल्ली विधानसभा में महाराजा सूरजमल के चित्र का अनावरण - 10 जून 2022

दिल्ली विधानसभा में महाराजा सूरजमल का चित्र

दिनांक 10 जून 2022 दिन शुक्रवार दिल्ली विधानसभा में महाराजा सूरजमल जी के चित्र का अनावरण माननीय विधानसभा अध्यक्ष श्री राम निवास गोयल जी के द्वारा किया गया। इस अवसर पर दिल्ली के पूर्व विधानसभा अध्यक्ष डाक्टर योगानन्द शास्त्री, सूरजमल स्मारक शिक्षा संस्थान के अध्यक्ष चौ कप्तान सिंह , सूरजमल शिक्षा संस्थान के सचिव अजित चौधरी, जाट एकता मंच के अध्यक्ष वीरपाल जाट, अखिल भारत सर्व जाट महासभा के अध्यक्ष आर एस पंवार, जाट तख्त फाउण्डेशन के अध्यक्ष व अ भारतवर्षीय जाट महासभा के राष्ट्रीय प्रवक्ता वीरेन्द्र सिंह चट्ठा, पालम खाप के अध्यक्ष सुरेन्द्र सिंह सोलंकी, जमनापार जाट

सभा के वरिष्ठ पदाधिकारी श्री राठी व तेजवीर पंवार, विनोद राणा, सहित जाट समाज के लगभग 100 से अधिक प्रबुद्धजन इस ऐतिहासिक पल के साक्षी बने । इस ऐतिहासिक कार्य क्रम का संयोजन व संचालन कादीपुर, दिल्ली निवासी चौ हरपाल सिंह राणा द्वारा किया गया । विधानसभा अध्यक्ष श्री राम निवास गोयल द्वारा महाराजा सूरजमल जी के चित्र का अनावरण करने के बाद आयोजित सभा को श्री हरपाल सिंह राणा, श्री कप्तान सिंह, श्री अजित चौधरी, सुरेन्द्र सिंह सोलंकी आदि के द्वारा सम्बोधित किया गया ।

19

जाटों के बिना दिल्ली अधूरी दिल्ली

जाटों के बिना दिल्ली अधूरी दिल्ली – (लेख - विवेक शुक्ला लेखक व इतिहासकार)

आप दिल्ली की जाटों के बगैर कल्पना भी नहीं कर सकते । इधर चप्पे – चप्पे पर जाटों के गाँव हैं । इनमें गांवों की परम्पराएं बची हैं । इनमें आपको पञ्च, पंचायत हुक्का पंच, सिर ढकी हुई महिलाएं दिखाई देती हैं । आपको यहाँ हरेक ख़ास कॉलोनी के साथ जाटों का गाँव मिलेगा । मुनिरका के साथ आर के पुरम, वसंत विहार के साथ वसंत गाँव, सफदरजंग एन्क्लेव के साथ मोहम्मदपुर, किशनगढ़ के साथ वसंत कुंज, शाहपुर जाट के साथ एशियन गेम्स विलेज वगैरह । ये पॉश कॉलोनियां बनी हैं, जाटों की ही जमीनों पर, जहाँ कभी खेती होती थी । कुछ में अब भी खेती होती है तो कुछेक अब पूरी तरह से शहरीकृत हो गए हैं ।

एक गांव में एक ही जाति का वर्चस्व : - दिल्ली के कुल जमा 350 से ज्यादा गांवों में जाटों के गांव करीब 250 – 260 के करीब होंगे । बाकी गांव त्यागियों, गुर्जरों, अहीरों वगैरह के हैं । दिल्ली के जाट बहुल गांवों में उनकी एक ही जाति (गोत्र) रही है । उदाहरण के रूप में मुनिरका, मोहम्मदपुर, हौज ख़ास और हुमायुंपुर में टोकस, खेड़ाखुर्द और होलंबी में मान, शाहपुर में डागर, मदनपुर में डबास, बवाना और नरेला में खत्री, बवाना में सहरावत, पालम, बेर सराय, मैदान गढ़ी, पीतमपुरा में शौक़ीन, कुतुबगढ़ और मुंगेशपुर में राणा । नरेला, अलीपुर, रिठाला, कंझालवा में मलिक हैं । आपको बाकी गाँव में भी यही स्थिति देखने को मिलेगी । यानी एक गाँव में एक जाति का वर्चस्व है व हालांकि इन गांवों में अन्य

जातियों के लोग भी रहते हैं। इनमें सामाजिक समरसता है। दिल्ली के जाटों के लिए अपनी जाति की पहचान ख़ास है। उनसे वे दूर जाने के लिए तैयार नहीं हैं। दिल्ली की जाट बिरादरी आमतौर पर दिल्ली में ही शादी करना चाहती है। बहुत हुआ तो दिल्ली से सटे हरियाणा के गांवों में शादी हो सकती है।

अगर बात दिल्ली के सफल जाटों की करें तो क्रिकेटर वीरेन्द्र सहवाग डीएलएफ़ समूह के चेयरमेन के पी सिंह, एशियाई खेलों की स्वीमिंग में कांस्य पदक विजेता खजान सिंह, प्रख्यात अर्थशास्त्री डॉ राम सिंह, पहलवान सुशील कुमार और सतपाल का नाम जेहन में तुरंत आता है।

शिक्षा को लेकर ठंडा रहा रुख -

इस बीच जाट समाज से जुड़े प्रो जगदीश कुमार गहलावत का कहना रहा है कि दिल्ली के गांवों में शिक्षा को लेकर सरकारों का रुख बेहद ठंडा रहा है। इसके चलते जाट नौजवानों को सबसे ज्यादा नुकसान हुआ है, क्योंकि वे ही गांवों में सबसे ज्यादा हैं। कुछ समय पहले दायर आरटीआई से पता चलता था कि दिल्ली देहात में 12 वीं की शिक्षा देने वाले सिर्फ 167 स्कूल हैं। इनमें से भी सिर्फ 12 में ही साइंस और कॉमर्स के कोर्स पढाए जा रहे हैं। इसी तरह से दिल्ली की ग्रामीण आबादी के लिए सिर्फ तीन कॉलेज हैं। अदिति कॉलेज, बवाना, श्रद्धानंद कॉलेज अलीपुर और भगनी निवेदिता कॉलेज, नजफगढ़ में। दिल्ली की जाटों की जिन्दगी में गौ शालाओं का ख़ास महत्त्व है। ये सभी अपनी हैसियत के मुताबिक़ गौशालाओं में चारा और धन से मदद करते है। यानी वक्त बदलने के बावजूद जाट अपनी कुछ रिवायतों को छोड़ने के लिए राजी नहीं।

(जाटों के तीन सिम्बल – दिल्ली – एनसीआर के जाटों के तीन ख़ास सिम्बल हैं। इनमें वे बीच – बीच में जाते हैं। पहला, मुनिरका का बाबा मंगनाथ। दूसरा, झझौड़ा कला का हरिदास मंदिर। तीसरा, गुरुग्राम का शीतला माता मंदिर। इनमें जाट अपने बच्चों के मुंडन से लेकर दूसरे शुभ अवसरों पर जाना पसंद करते हैं। दिल्ली की जाट बिरादरी आर्य समाज से जुडी रही है। लेकिन अब कम ही परिवारों में नियमित रूप से हवन आदि होता है। इसके साथ ही अब बहुत परिवार सनातन धर्म से भी जुड़े हैं। हनुमान जी इनके इष्टदेव हैं।)

दिल्ली के ग्राम कब बसे - ग्राम. - लगभग (सन ईसवी) -

बादली. – (200)., मुरेहड़ा. – (583), .अनंगपुर (आनंदपुर) – (609), .ढान्सा - (664). पालम . – (310). दोबारा (713)., झढोकरा. – (782), .नुहार देडी –(785)., मित्राऊ.-(800) , महरौली. – (830, दोबारा 1180) , कुरैणी–(873), भोजपुर (बांकनेर के जगह).–(960)., नरेला.–(980),

.हस्तशाल (हड़ताल) –(980), मामुरपुर (नरेला) – (1050, दोबारा 1055), देवली – (1050), सत बड़ी (सतबरी) – (1050), बजावर कलां – (1051), बांकनेर – (1080), पोसगीपुर– (1100), तातारपुर – (1114, दोबारा 1140), मलाह्पुर (माजरा) – (1150), जिंदपुर –(1150)., बवाना.– (1168)., मारकपुर डबास. – (1175), वसंत नगर –(1180)., वकोली –(1180). , उजसा.-(1180)., हरबेली.–(1180)., पोचनपुर – (1180)., खेड़ा कलां - (1180)., मदनपुर खाद –(1180)., खिड़की- (1181), कोंडली – (1182), गाजोपुर. – (1185), किराड़ी सुलेमानपुर –(1185), नारायणा –(1185), मिठेपुर – (1185), मंडावली फजलपुर.- (1185), करावल न . – (1185), इन्द्रपत (दो बारह) – (1185), दललुपुरा – (1186)., खिचडी पुर –(1186)., धडोली – (1188). , नंगलौ रजापुर – (1190)., बुराड़ी – (1190), खेड़ा खुर्द–(1190)., मंगोलपुर कलां –(1200), पूठ कलां - (1200), शाहपुर गढ़ी – (1200), साहूपुर – (1205)., राय सीना – (1247), भोगल पहाड़ी – (1257), भोरगढ़ (1280).

दिल्ली

दिल्ली म्युनिसिपल कोऑपरेशन, जाट मेयर और जाट डिप्टी मेयर

जाट मेयर -

जयश्री पंवार (2002), सतबीर सिंह गंडस (2005), मास्टर आज़ाद सिंह नार्थ एमसीडी (2013), सरिता चौधरी साउथ एमसीडी (2013), कमलजीत सहरावत साउथ एमसीडी (2017)

जाट डिप्टी मेयर –

मास्टर आज़ाद सिंह नार्थ एमसीडी (2012 – 2013)
प्रवीण राणा साउथ एमसीडी (2014 – 2015)
कुलदीप सोलंकी साउथ एमसीडी (2015 – 2016)
शशि प्रभा सोलंकी साउथ एमसीडी (2016 – 2017)
सत्यपाल मालिक साउथ एमसीडी (2018 – 2019)
राजदुत गहलौत साउथ एमसीडी (2019 – 2020)

विधान सभा दिल्ली –

- 1. 1993, 2. 1998, 3. 2003, 4. 2008, 5. 2013, 6. 2015, 7. 2020

जाट मंत्री विधान सभा दिल्ली

स्व. साहिब सिंह वर्मा, मुख्यमंत्री, शिक्षा मंत्री, शालीमार बाग़ विधान सभा (1996)

देवेन्दर शौक़ीन, ट्रांसपोर्ट, विकास मंत्री, नागलोई जाट (1997)

डॉक्टर योगानन्द शास्त्री, विकास, फ़ूड एंड सिविल सप्लाई मंत्री, मालवीय नगर (1998)

किरण चौधरी, डिप्टी स्पीकर विधान सभा, दिल्ली छावनी, (1998)

दीप चन्द बन्धु तेवतिया, उद्योग, श्रम, रोजगार, पर्यावरण, वन एवं वन्यजीव, शिक्षा, वजीरपुर (1999)

डॉक्टर योगानन्द शास्त्री, विकास, स्वास्थ्य एवं समाज कल्याण मंत्री, मालवीय नगर (2003)

डॉक्टर योगानन्द शास्त्री, विकास, स्पीकर विधान सभा, महरौली (2008)

कैलाश गहलौत, यातायात, राजस्व, कानून और न्याय, विधान सभा मामले, सूचना प्रोद्योगिकी, प्रशासनिक सुधार, नजफ़गढ़ (2015)

कैलाश गहलौत, यातायात, राजस्व, कानून और न्याय, विधान सभा मामले, सूचना प्रोद्योगिकी, प्रशासनिक सुधार, नजफ़गढ़ (2020)

विधान सभा क्षेत्र जहाँ से कई बार जाट विधायक निर्वाचित हुए –

बिजवासन (महिपालपुर 2008 तक) – 7 बार

नागलोई जाट – 6 बार, नज़फगढ़ – 5 बार,

4 बार - मुडका, दिल्ली छावनी, पालम.

3 बार - साहिबाबाद दौलतपुर, मॉडल टाउन .

2 बार - मालवीय नगर, आर के पुरम, मटिअला, उत्तम नगर, नरेला, रिठेला, महरौली, वजीरपुर.

1 बार – शालीमार बाग़, विकासपुरी, हरीनगर .

पृथ्वीराज चौहान –

जन्म 1 जून 1163 (गुजरात)

माता – पिता – पिता - सोमेश्वर चाहमान के राजा, माता – कर्पुरा देवी (एक कलचुरी राजकुमारी)

भाई बहिन – हरिराज (छोटा भाई), पृथा – बहिन.

मित्र – चंद्रबरदाई

पत्नि – 13

पुत्र – गोविन्द चौहान

युद्ध – 17

मृत्यु – 11 मार्च 1192.

शासन – (1178 – 1192) 13 वर्ष .

तराइन लड़ाई – प्रथम युद्ध 1190 – 1191, द्वितीय युद्ध – 1192.

तराइन को तरावाड़ी या आजमाबाद के नाम से भी जाना जाता है।

तराइन का मैदान हरियाणा में स्थित हैं,जहाँ **तराइन का दूसरा युद्ध** और प्रथम युद्ध हुआ था। तराइन का मैदान हरियाणा के करनाल और थानेश्वर/सोमेश्वर (कुरुक्षेत्र) के बीच में स्थित हैं। यह युद्ध क्षेत्र दिल्ली की उत्तर दिशा में 113 किलोमीटर दूर हैं।

तराइन का प्रथम युद्ध दो शक्तिशाली राजाओं के बीच हुआ था। जो अपने साम्राज्य का विस्तार करना चाहता था। दोनों ही बहुत महत्वाकांक्षी सम्राट थे। 1191 ई.स में लगभग 80 मील दूर सरहिंद किले के पास तराइन के मैदान में बहादुर और निडर राजा पृथ्वीराज चौहान और मोहम्मद गोरी के बीच युद्ध हुआ था। इसमें पृथ्वीराज चौहान ने अपनी अद्भुत नेतृत्व शक्ति का परिचय दिया। पृथ्वीराज चौहान का नाम हमेशा भारत के साहसी पराक्रमी राजाओं में लिया जाता है। वह एक राजपूत शासक था और पंजाब पर भी अपना वर्चस्व स्थापित करना चाहता था। लेकिन वहां मोहम्मद गोरी का शासन था, पृथ्वीराज चौहान केवल मोहम्मद गोरी को हराकर वहां राज्य स्थापित कर सके ।

युद्ध लड़ते समय मोहम्मद गोरी बुरी तरह घायल हो गया था, जिसके कारण उसने मैदान छोड़ने का फैसला किया, इस प्रकार पृथ्वीराज चौहान प्रथम युद्ध में विजयी हुआ ।

तराईन का द्वितीय युद्ध 1192

तराइन के द्वितीय युद्ध के बाद ही भारत में मुस्लिम शासन (Muslim rule) की स्थापना हुई थी ।

तराइन का प्रथम युद्ध में पराजित होने के बाद मोहम्मद गोरी गजनी लौट गया इस पराजय से वह इतना दुखी हुआ था कि उसने खाना पीना भी छोड़ दिया था ।

1 वर्ष की तैयारी के बाद मोहम्मद गोरी ने विशाल सेना के साथ भारत की ओर प्रस्थान किया और 1192 ईस्वी में तराइन पहुंचा और उसी स्थान पर अपना शिविर लगाया जहां 1 वर्ष पूर्व उसकी पराजय हुई थी ।

पृथ्वीराज चौहान सूरसरि (आधुनिक सिरसा हरियाणा राज्य) के निकट पकड़ा गया और बंदी बना लिया गया ।

चंद्रबरदाई ने गौरी से कहा कि सम्राट (पृथ्वीराज) को शब्दभेदी बाण (केवल आवाज सुनकर तीर चलाने की कला) चलाना आता है । उसने सम्राट से कला

प्रदर्शन करने के लिए कहा । सम्राट को उसे मारने का मौक़ा मिल गया । तीर चलाते चलाते सम्राट से चंद्रबरदाई ने निम्न पंक्तियाँ गौरी की स्थिति बताते हुए कहीं –

" चार बांस चौबीस गज, अंगुल अष्ट प्रमाण । ता ऊपर सुलतान है, मत चुके चौहान ।।"

चंद्र बरदाई के अनुसार- पृथ्वीराज चौहान को पकड़कर मोहम्मद गोरी गजनी लेकर गया जहां उसने शब्दभेदी बाण से मोहम्मद गौरी की हत्या कर दी । लेकिन बाद में उसे भी मार दिया गया ।

तराइन का तीसरा युद्ध - तराइन के दूसरे युद्ध के बाद मुसलमानों के पदचिन्ह उत्तर भारत में बस गए। इल्तुतमिश ने यल्दुज और कुबाचा से युद्ध किया। 1215 ई. में, इल्तुतमिश ने तराइन की तीसरी लड़ाई में यल्दुज कुबाचा को हराया और उसे सिंधु नदी में डुबो दिया। यह लड़ाई एक निर्णायक लड़ाई थी, जिसमें इल्तुतमिश की जीत हुई और दिल्ली के सिंहासन पर उसका अधिकार मजबूत हुआ। '**तरावाड़ी**' या '**तराइन**' को '**आजमाबाद**' भी कहा जाता है।

जयचंद्र (राठौड़) – (शासन 1170 ईसवी – 1194 ईसवी) कन्नौज के राजा, पिता विजय चन्द्र पुत्र गोविन्द चन्द्र ने अपने जीवनकाल में ही जयचंद्र को कन्नौज का राज काल सौंप दिया था । संतान – एक पुत्र – हरिश्चंद्र, एक पुत्री – संयोगिता जिसने प्रेम विवाह पृथ्वीराज चौहान से किया ।

(टिप्पणी – जयचंद्र (शासन 1170 ईसवी – 1194 ईसवी) और पृथ्वीराज (शासन 1178 ईसवी – 1192 ईसवी) दोनों मौसेरे भाई थे । दोनों का शासन समकालीन था । जयचंद्र की पुत्री, पृथ्वीराज की पुत्री समान थी । यदि घटना सत्य मानते हैं तब पृथ्वीराज ने एक भाई की पुत्री अर्थात बेटी से विवाह किया, उम्र और परम्पराओं के विरुद्ध प्रतीत होता है ।)

महमूद गजनवी – जन्म 2 नवम्बर 971, गजनी अफगानिस्थान (शासन 998 – 1030) ने 1000 ईसवी से 1027 ईसवी के बीच भारत पर 17 बार आक्रमण किए । मृत्यु 30 अप्रैल 1030 गजनी अफगानिस्थान ।

मोहम्मद गौरी – (शासन 1173 – 1202) घुरिद अफगानिस्थान, जन्म - घोर अफगानिस्थान ने भारत पर आक्रमण किए । मोहम्मद गौरी और पृथ्वीराज चौहान के बीच तराइन के मैदान में 18 युद्ध हुए थे ।

20

जाट वंश

जाट वंश

सूर्यवंशी मूल – आर्यों में क्षत्रिय जो सूर्य की पूजा करते थे तथा संवत के चलन में काल गणना सूर्य की गति के आधार पर करते थे सूर्यवंशी कहलाए । ब्रह्मा के मारीच पुत्र से कश्यप ऋषि पैदा हुए । कश्यप की पत्नि अदिति (दक्ष की पुत्री) से विवस्वान (सूर्य) पैदा हुए । उसके मनु पुत्र से इक्ष्वाकु पैदा हुए जिनसे सूर्यवंश चला । राम और लक्ष्मण का जन्म सूर्यवंश में हुआ । जाटों के सूर्यवंश के गोत्र इस प्रकार है –

(अजमेरिया, असरोद, बुरड़क, भारुका, विर्क, वक, वरिक, चड्डा, धरतवाल, शनोये, दगोलिया, गरुड़, गोदराद, घरुका, गहलोत, गहलावत, गोहिल, इन्तर, बनाय, ठनके, कान्कराना, कक्कुर, काकतीय, कलसमान, कंग, काग, कंगी, कास्या, काश्य, काशिया, कास्यण, कश्यप, करनवाघ, कछवाला, कुश,कसवां, कुसवां, कुसुमा, कुशमान, कुवाण, कुशवाह, कोयडखोये, मौर्य, मौर्या, मौरी, महारा, लांगन, लाइगा, लंगर, लावा, लामवंशी, मान मीया, म्या, मिठाना, वाजवा, महार, महरया, महेरिया, नलवा, नेहरा, यौधेय, नृग, रघुवंशी, राज्यात, राजन, राजने, रोहितिक, वसु, वारसिर, यजतिया, जूनावा, लौर, खत्री आदि ।)

चन्द्रवंशी मूल –

आर्यों में क्षत्रिय जो चन्द्रमा की पूजा करते थे तथा संवत के चलन में काल – गणना चन्द्रमा की गति के आधार पर करते थे, वे चंद्रवंशी कहलाये । भागवत पुराण के अनुसार ब्रह्मा के एक अत्रि पुत्र थे । जिनके पुत्र सोम (चन्द्र) थे । सोम के बुध पुत्र थे । मनु पुत्री इला का विवाह बुध के साथ हुआ । इन दोनों से चन्द्र वंश का चलन होना बताया गया है । इनका पहला पुरुरवा पुत्र था । इनका बेटा नहुष और

नहुष का ययाति, जाट जाति का सम्बन्ध ययाति की संतानों के साथ है। श्रीकृष्ण का जन्म भी चन्द्रवंश में हुआ था। जाटों के अधिकाँश समूह चन्द्र वंशियों के हैं, व्यक्ति के नाम पर, जगह के नाम पर।

नाग वंश मूल –

पुरातन काल में नाग क्षत्रिय समस्त भारत में शासक थे। नागवंशी क्षत्रियों में भारत 500 ईसवी पूर्व से 500 ईसवी तक राज्य किया है। नाग शासकों में सबसे महत्वपूर्ण और संघर्ष इतिहास तक्षकों का और फिर शेषनागों का है। पंचनद (पंजाब) में तक्षक, कश्मीर में कर्कोटक और अनंतनाग, मारवाड़ में वासुकि नाग आदि बहुत प्रभावी रहे हैं। तक्षशिला, शंकषर, सिंधपुर, टोंक, मथुरा, कर्कोटनगर, इन्दौरपुरा, नागौर, परमावती, कान्तिश्री, भोगावती, विदिशा, उज्जैन, पुरिका, योनी, भरहूत, नागपुर, नंदी वर्धन एरण, पैठन आदि नाग राजाओं के महत्वपूर्ण केंद्र हैं। महाभारत के विभिन्न पर्वो एवं अध्यायों में नाग राजाओं का वर्णन किया गया है। 1.35., 1.65.,2.7.,5.103., 14.4) अन्य जातियों का इन नागवंशियों के साथ संघर्ष होता रहा है। नागवंशी लोगों के छोटे – छोटे गणराज्य होते थे तथा किसी जानवर, पक्षी या पेड़ – पौधे को राज्य का प्रतीक मानते थे और उसकी पूजा करते थे। इन गणराज्यों की पहचान भी इन्हीं नामों से होती थी। प्रायः इतिहासकार यह भूल गए हैं कि जाटों के कतिपय गोत्रों की उत्पत्ति नागवंशियों क्षत्रियों से होना पाया जाता है।

नाग वंश –

प्राचीन काल से ही भारत में नागों की पूजा की परम्परा रही है। माना जाता है कि 3000 ईसा पूर्व आर्य काल में नाग वंशियों के कबीले रहा करते थे, जो सर्प की पूजा करते थे। सर्प उनके देवता थे। यही कारण है कि प्रमुख नाग वंश के नाम पर ही जमीन पर रेंगने वाले नागों के नाम पड़े थे। पुराणों के अनुसार कश्मीर में कश्यप ऋषि की पत्नि कद्रू (दक्ष – कन्या) से उन्हें आठ पुत्र हुए। जिनके नाम क्रमशः इस प्रकार थे – अनंत (शेष नाग), वासुकी, तक्षक, कर्कोटक, पदम, महापद्म, शंख, कुलिक।

अन्य तथ्य -

कृष्ण काल में नाग जाति ब्रज में आकर बस गई थी, इस जाति की अपनी एक पृथक संस्कृति थी, कालिया नाग को संघर्ष में पराजित करके श्री कृष्ण ने उसे ब्रज से निर्वासित कर दिया था। किन्तु नाग जाति यहां प्रमुख रूप से बसी रही। मथुरा पर भी उन्होने काफी समय तक शासन भी किया।

अग्नि वंश –

अग्नि वंश -अग्नि पुराण के अनुसार यह वंश अग्नि से पैदा हुआ माना गया है। ये माउंट आबू (राजस्थान) क्षेत्र से संबन्धित है। कुछ इंडोसिया चीन से मूल बताते है। जब क्षत्रियों ने बौद्ध धर्म अपनाया तब उन्होने वैदिक धर्म के रीति रिवाज छोड़ दिये थे। अग्नि वंश की चार शाखाए चौमुख (चौहान), सोलंकी, परिहार, और परमार कही गयी है।

अग्नि वंश के क्षत्रिय गोत्र चौहान, सोलंकी, परिहार जाटों के गोत्र हैं।

चौहान गोत्र – पंजाब (होशियारपुर, पटियाला, लुधियाना, जालंधर, संगरूर, अमृतसर, मनसा, बरनाला जिलों में), दिल्ली (मुंडका, रन्होला, रंगपुरी, असलतपुर खवाड), हरियाणा (भिवानी, पानीपत, कैथल, जींद, हिसार, पलवल, रोहतक, सोनीपत, करनाल), राजस्थान (जयपुर, चुरू, गंगानगर, सवाई माधोपुर), उत्तर प्रदेश (मेरठ, शामली, बागपत, मुज़फ्फरनगर, गाज़ियाबाद, बुलंदशहर, सहारनपुर, मथुरा, आगरा, सहारनपुर, बिजनोर, अमरोहा), मध्य प्रदेश (रतलाम) में वर्तमान में रह रहे हैं। श्री अपूर्व कुमार सिंह (आईएएस – 1991), महाकवि बलवीर सिंह " करुण " (मूल गांव – किरठल, जिला बागपत उत्तर प्रदेश, वर्तमान अलवर राजस्थान), कवि विनीत कुमार चौहान, श्री संदीप सिंह (चौहान) (आईपीएस – 2004), श्री भागीरथ चौहान (आईएएस – 2014) आदि सभी जाट हैं।

सोलंकी – उत्तर प्रदेश (आगरा - 40 गाँव कागरौल आदि गुरुदत सोलंकी विधायक (पूर्व प्रधानमंत्री चौधरी चरण सिंह के दामाद), मथुरा -38 गांव, फिरोजाबाद, अलीगढ, हाथरस, बुलंदशहर, बागपत (सतेन्द्र सोलंकी विधायक), बिजनोर, सहारनपुर दिल्ली (पालम – चौधरी रामकरण सोलंकी 360 गांवों के प्रधान, धर्मवीर सोलंकी विधायक पालम, जेतराम सोलंकी साहिबाबाद विधायक, नसीरपुर, डाबरी, सुर्खापुर दक्षिण दिल्ली, मटियाला, असलतपुर, खादर, बपरोला – पश्चिम दिल्ली, बागडोला, शाबद मोहमदपुर – नई दिल्ली, पूठकलां उत्तर पश्चिम दिल्ली) राजस्थान (भरतपुर, हनुमानगढ़, सवाई माधोपुर, करौली), हरियाणा (झज्जर, फरीदाबाद, भिवानी, सोनीपत, रोहतक, पलवल जिला), मध्य प्रदेश (भोपाल, खरगोन, ग्वालियर)

परिहार -

उत्तर प्रदेश (आगरा - कठवारी आदि – ठाकुर हुकुम सिंह परिहार स्वतंत्रता सेनानी, क्षेत्र तहसील किरावली), मथुरा, हाथरस), राजस्थान (जयपुर, कोटा, नागौर, भरतपुर)

परमार – रतलाम मध्यप्रदेश

ऋषि वंश –

माना जाता है कि मूल पुरुष ब्रह्मा के चार पुत्र, भृगु, अंगिरा, मरीचि और अत्रि, हुए । भृगु कुल में जमदग्नि, परशुराम, अंगिरा के गौतम और भारद्वाज, मरीचि के कश्यप, वसिष्ठ एवं अत्रि के विश्वामित्र, इस प्रकार वैदिक साहित्यानुसार –जमदग्नि (भार्गव), गौतम, भारद्वाज (बृहस्पति के पुत्र (वंशज) माँ – ममता), कश्यप (मारीचि), वसिष्ठ, अत्रि (भौम) और विश्वामित्र (गाथिन) – ये सप्त ऋषि कहलाए । अन्य सप्त ऋषि – मरीचि (कश्यप, मनु पुत्र), अंगिरा (अग्नि के पुत्र, पत्नि-दक्ष की पुत्री – स्मृति) (उतश्य से बृहस्पति, भारद्वाज से द्रोणाचार्य से अश्वथामा, गौतम से शतानन्द, कृपाचार्य), अत्रि (अनुसुईया पत्नि, पुत्र – चन्द्र (ब्रह्मा से), दत्तात्रेय (विष्णु से), दुर्वासा (महेश से)), पुलस्त्य (अगस्त्य, दंतेली, विश्वश्रवा से कुबेर, रावण परिवार), पुलह (गौतम), क्रतु (भृगु के पुत्र च्यवन) और वशिष्ठ (आग्नेय पुत्र, मित्र वरुण के पुत्र, पत्नि अरुंधती) भी कहते हैं ।

अत्रि – चन्द्र वंशी- अलीगढ़(60 गांव तहसील खैर महेंद्र सिंह, प्यारेलाल विधायक खैर), गौतम बुद्ध नगर, बुलंदशहर (खुर्जा तहसील), पलवल, दिल्ली (बदरपुर, दक्षिण दिल्ली), राजस्थान (चुरू, जयपुर,जोधपुर, चित्तोरगढ़, उदयपुर, डूंगरपुर)

भारद्वाज – बुलंदशहर (खालौर, शिव नगला, निरसुखा तहसील अनुपशहर, मुरली नगला तहसील शिकारपुर) नीमच, ग्वालियर (मुरार)

कश्यप – मुरादाबाद (रामनगर), सोनीपत हरियाणा, भोपाल मध्य प्रदेश

दुर्वासा – भोपाल (नरसिंहपुर – इंजीनियर माधवेन्द्र सिंह वर्तमान नासिक) मध्य प्रदेश, आंध्र प्रदेश (रामदेव गुडा – श्री कांसीराम दुर्वासा)

वंशवाद –

गोत्र – व्याकरण के प्रयोजनों के लिए पाणिनी में भी गोत्र की परिभाषा – " अपात्यय पौत्र प्रभृतिगोत्रं " (4.1.1.62) अर्थात गोत्र शब्द का अर्थ है बेटे के बेटों के साथ शुरू होने वाली संतान, अष्टाद्यायी के अनुसार अपात्यम प्रभृति यदा गोत्रं पौत्र - एक पुरखा के पोते, पड़पोते आदि जितनी संतान होंगी वह एक गोत्र की कही जायेंगी ।

21

जाट - देव संहिता

जाट - देव संहिता

पुराने लेखों में देव संहिता, असुर संहिता और ऋषि संहिता का उल्लेख मिलता है । देव संहिता में शिक्षा रहस्य, ब्रह्म विद्या, आत्मा – परमात्मा, परा – शान्ति साधना का उल्लेख है, असुर संहिता में धर्म निरपेक्ष, ज्ञान, विज्ञान, प्रौद्योगिकी का उल्लेख है, और ऋषि संहिता में परा, अपरा विद्या का उल्लेख है । ये काफी पुराने हैं, देव संहिता में पार्वती और शिव संवाद भी है, जिसका विवरण इस प्रकार है –

पार्वत्युवाच – भगवनसर्व भूतेश सर्व धर्म विदाम्बरः ।
कृपया कश्यताम नाथ जाटानाम जन्म कर्मजय : ।। (12)

अर्थ – हे भगवान, हे भूतेश, हे सर्व धर्म विशारद में श्रेष्ठ, हे स्वामिन आप मेरे लिए जाट जाति का जन्म एवं धर्म कथन कीजिए ।

का च माता पिता ह्वेशाम का जाति वद किकूलम ।
कास्तिन काले शुभे जाता प्रश्नानेत्तान वद प्रभो ।। (13)

अर्थ – हे शंकर जी इनकी माता कौन है, पिता कौन है, जाति कौन है, किस काल में इनका जन्म हुआ ।

श्री महादेव उवाच –
श्रुणु देवि जग द्वंदे सत्यं सत्यं वदामिते ।
जटानाम जन्म कर्मानि यत्र पूर्व प्रकाशितः ।। (14)

अर्थ – श्री महादेव जी पार्वती का अभिप्राय जानकर बोले कि जगन्माता भगवती जाट जाति का जन्म कर्म मैं तुम्हारे लिए सत्य – सत्य कथन करता हूँ कि जो आज पर्यंत किसी ने शरण किया है और न कथन किया है ।

महावला, महावीर्या, महासत्य पराक्रमाः । सर्वाग्रे क्षत्रिया जट्टा देवकल्पा दृढ़ व्रताः ।। (15)

अर्थ – शिव जी बोले कि जाट महावली है, महावीर्यवान और बड़े पराक्रमी है, क्षत्रिय प्रभृति क्षितिपालों के पूर्व काल में यह जाति ही पृथ्वी पर राजे महाराजे रही । जाट जाति देव जाति से श्रेष्ठ है और दृढ़ प्रतिज्ञा वाले हैं ।

श्रष्टे रादौ महामाये वीर भद्रस्य शक्तितः । कन्यानां दक्षस्य गर्भे जाता जट्टा माहेश्वरीः ।। (16)

अर्थ – शंकर जी बोले भगवती – सृष्टि के आदि में वीरभद्र की योगमाया के प्रभाव से उत्पन्न जो पुरुष उनके द्वारा और ब्रह्म पुत्र दक्ष महाराज की कन्या गर्भ से जाट जाति उत्पन्न होती भई सो आगे स्पष्ट होवेगा ।

गर्व रवच्रोत्र विग्राना, देवानाम च माहेश्वरीः ।

विचित्रिम विस्मयम सत्यं पौराण के सांगीपित ।। (17)

अर्थ – शंकर बोले हे देवि : - जाट जाति की उत्पत्ति का जो इतिहास है सो (वह) अत्यंत आश्चर्यमय है । इस इतिहास में विप्र जाति एवं देव जाति का गर्व खर्च होता है । इस कारण इतिहास वर्णन कर्ता कविगणों ने जाट जाति के इतिहास को प्रकाशित नहीं किया है ।

ठाकुर देशराज के इतिहास से – ठाकुर देशराज लिखते हैं कि जाटों की उत्पत्ति के सम्बन्ध में एक मनोरंजक कथा कही जाती है, महादेव के श्वसुर राजा दक्ष ने यज्ञ रचा और अन्य प्रायः सभी देवताओं को तो यज्ञ में बुलाया पर न तो महादेव जी ही बुलाया, नहीं अपनी पुत्री सती को निम्नत्रित किया, पिता का यज्ञ समझ कर सती बिना बुलाए ही पहुंच गयी, किन्तु उसने वहां देखा कि न तो उनके पति का भाग निकाला गया है, और न उसका ही सत्कार किया गया । इसलिए उसने वहीं प्राणान्त कर दी । महादेव जी को जब ये समाचार मिला तो उन्होनें दक्ष और उसके सलाहकारों को दंड देने के लिए अपनी जटा से वीरभद्र नामक गण उत्पन्न किया, वीरभद्र ने अपने अन्य साथी गणोंके साथ आकर दक्ष का सिर काट लिया, और उसके साथियों को भी पूरा दंड दिया । यह केवल किवदंती ही नहीं बल्कि संस्कृत श्लोकों में इसकी पूरी रचना की गई है । जो देव संहिता के नाम से जानी जाती है । इसमें लिखा है कि विष्णु जी ने आकर शिव जी को प्रसन्न करके उनके वरदान से दक्ष को जीवित किया और दक्ष और शिव जी में समझोता कराने के बाद, शिवजी से प्रार्थना की कि महाराज अपने मतानुयाई जाटों का यज्ञोपवीत संस्कार क्यों नहीं करवा लेते ? ताकि हमारे भक्त वैष्णव और आपके भक्तों में कोई झगड़ा न रहे । लेकिन शिवजी ने विष्णु जी की इस प्रार्थना पर यह उत्तर दिया कि मेरे अनुयाई

ही प्रधान हैं, यही कारण है कि सामान्यत: जाट यज्ञोपवीत (जनेऊ) धारण नहीं करते। प्रजातन्त्रवादी, कर्म प्रधानता को वरीयता देते हैं, सती प्रथा को नहीं मानते, विधवा विवाह को मानते है, लड़का – लड़की में भेदभाव न रखते हुए हर कार्य में स्त्री जाति की भागीदारी मानते हैं – जैसे कि शिक्षा, खेल – कूद, सामाजिक कार्य, कृषि कार्य, पशु – पालन, सेवा कार्य आदि।

जाट शब्द का उल्लेख महर्षि पाणिनि (जट झट संघाते) और देव संहिता में शिव – पार्वती के संवाद में भी स्पष्ट उल्लेख है।

13 वीं शताब्दी तक जाटों में रक्त, भाषा और धर्म की एकता थी, परन्तु अब इनमें 30 प्रतिशत मुस्लिम जाट, 20 प्रतिशत सिख जाट तथा शेष 50 प्रतिशत हिन्दू जाट हैं। वर्तमान में व्यापार, व्यवसाय व कार्यक्षेत्र के कारण मुख्यत: सम्पूर्ण विश्व में विशिष्ट स्थानों पर पाए जाते हैं।

स्तनधारी प्राणी एशिया से ही यूरोप में गया है। आज भी संसार का सबसे प्राचीन ग्रन्थ ऋग्वेद माना जाता है। मोहन जोदोड़ो, हड़प्पा की खुदाई से मिलने वाली वस्तुओं से भी वैदिक सभ्यता अति प्राचीनता/विदित होती है। अभी विगत वर्षों ही में गांव – सनौली, तहसील - श्यामली, जिला – बागपत, उत्तर प्रदेश में भी वैदिक सभ्यता के मोहन जोदोड़ो, हड़प्पा के समकालीन अवशेष मिले हैं (यू ट्यूब या जाटलैंड विकी पर विस्तृत जानकारी देख सकते हैं)। उत्तर प्रदेश के पूर्व मुख्यमंत्री श्री सम्पूर्णानंद ने अपनी पुस्तक " आर्यों का आदि देश भारत " पुस्तक में भारत को ही आर्यों की जन्मभूमि माना है।

दिल्ली शासनकाल –

जाट शासन – दिल्ली (817 ईसवी पूर्व से 372 ईसवी पूर्व) – 445 वर्ष (16 पीढ़ी) – स्वामी दयानंद सरस्वती – सत्यार्थ प्रकाश, मौर्य वंश – (322 ईसवी पूर्व से 185 ईसवी पूर्व) - 137 वर्ष, गुप्त वंश – (319 ईसवी से 605 ईसवी) – 386 वर्ष, जाट तोमर वंश (734 ईसवी से 1192 ईसवी) – 458 वर्ष (ठाकुर देशराज – पांडव वंशी तोमर) रहा है।

अन्य वंश शासन काल (भारत) –

गुलाम वंश (1193 – 1290 ईसवी) – 97 वर्ष, खिलजी वंश (1290 – 1320 ईसवी) – 30 वर्ष, तुगलक वंश (1320 – 1414 ईसवी) – 94 वर्ष, सैय्यद वंश (1414 – 1451 ईसवी) – 37 वर्ष, लोदी वंश (1451- 1526 ईसवी) – 75 वर्ष, मुग़ल वंश (1526 – 1539 ईसवी) – 13 वर्ष, मध्यान्तर सूरी वंश (1539 – 1555 ईसवी) – 16 वर्ष, पुनः मुग़ल वंश (1555 हुमायूं – 1857 ईसवी) – 315 वर्ष, ब्रिटिश राज्य (1858 – 194 ईसवी) – 90 वर्ष, वर्ष 1947 (15 अगस्त

1947) से भारतीय लोकतंत्र शुरू हुआ ।

सड़क जी टी रोड वर्तमान बांग्लादेश के चटगाँव से लेकर कोलकाता, पटना, वाराणसी, प्रयागराज, कानपुर, दिल्ली, सोनीपत, पानीपत, करनाल, कुरुक्षेत्र, अम्बाला, लुधियाना, जालंधर, अमृतसर (भारत) लाहौर, रावलपिन्डी, पेशावर (पाकिस्तान) काबुल (अफगानिस्तान) तक लगभग 2500 किमी लम्बी है । पूर्व में यह उत्तरापथ के नाम से जानी जाती थी ऐसा महर्षि पाणिनि के अष्टाध्यायी में लेख है । यह स्थिति ईसा पूर्व की है । प्राचीन भारत में मौर्य सम्राट चन्द्रगुप्त मौर्य ने तीसरी शताब्दी ईसा पूर्व में उत्तरापथ नामक इस प्राचीन मार्ग के साथ अपना राजमार्ग बनाया था ।

विवेचना – शेरशाह सूरी का शासनकाल केवल 15 - 16 साल का हैं, इतने कम समय में लगभग 2500 किमी मार्ग लम्बाई का निर्माण हास्यास्पद ही लगता है ।

सत्यता यह है कि मार्ग पहले से था केवल इसका जीर्णोद्धार शेरशाह सूरी के समय कराया गया ।

जाट कश्मीर, सिँध, पंजाब, अफगान बार्डर से लेकर भरतपुर धौलपुर, गोहद, पिछोर तक जाट फैले थे ।

जाट शब्द – महाभारत में –

शल्य पर्व –

एकाक्षो द्वादशाक्षश च तदैवैक जट: परभु:
सहस्त्र वाहुर विकटो वयाघ्राक्ष: कषितिकम्पन: ।(IX - 44.54)
अजोदरो गजशिरा सकन्धाक्ष: शतलोचन:
जवाला जिव्ह: करालश च सितकेशो जटी हरि । (IX - 44.56)
तरिशिठा दविशिखाश चैव तदा सप्त शिखा परे
शिखंडितो मुकुरिनों मुंडाश च जटिलास तदा ।(IX - 44.90)
शिशुकुमार मुखी श्वेता लोहिताक्षी विभीषाणा
जटालिका कामचरी थीर्घ जिव्हा बलोत्कटा ।(IX - 45.22)

अनुशासन पर्व –

ते वनेन वनं वीरा घनन्तो मृगगणाम बहून
अपक्रम्प ययू राजस तवर माणा महारदा ।(I - 144.1)
मत्स्यांस तरिगर्तान पाम्पालान कीचकान अन्तरेण च
रमणीयान वनोथ्थेशान परेक्षमाणा: संरासिच ।(I- 144.2)

विक्रम संवत 1688 के रोहिताश्वगढ़ के मित्रसेन के शिलालेख में तोमरों को पांडववंशी तथा सोमवंशी लिखा है ।

खड़गराय तोमरों का प्रामाणिक इतिहासकार है । शाहजहाँ के राज्यकाल में उसने गोपाचल-आख्यान लिखा था । खड़गराय ने तोमरों को अत्रि ऋषि से उत्पन्न माना है –

बरनौ कछू सूनी इहि भांति, रिसि अत्रेव तनी उतपाति ।

साथ ही खड़गराय ने तोमर वंश की उत्पत्ति का तत्कालीन परम्परा के अनुसार भी वर्णन किया है –

अब सुनियौ तोंवर उतपाति, छत्रिन में से उत्तम जाति
कछु कछु कथा हेतु भयो, सोमवंश अब वरनन लयो
पंडवंश जग तेज निदान, महाराज वंसी बरवान
जो कछु सोमवंश नृप कहे, ते हरिवंस कथा में रहे ।

खड़ग राय के पूर्व तोमरों के पुरोहितों के वंशज, “ सनाढ्य जाति गुणाढ्य ” के अभिमानी, केशवदास ने तोमरों को “ सोमवंश यदुकुल कलश ” कहा है और एक तोमरवंशी श्यामसिंह को “ प्रबल पांडव वंश ” का बतलाया है ।

तोमर जाति के नाम वर्तनी विभिन्न रूप में मिलती है । शिलालेखों और तत्कालीन संस्कृत ग्रंथों में वे “ तोमर ” कहे जाते हैं । समकालीन हिन्दी ग्रंथों में यह नाम ‘तंवर’, तोंवर’, तुंवर’, रूप में मिलता है । कुछ फारसी इतिहासों में ‘तुनूर’ या ‘तौर’ भी पढ़ा जाता है । पश्चिमी भारत के जैन विद्वान उन्हें “ तुंग ” लिखते थे । इस इतिहास में उनका शुद्ध नाम “ तोमर ” ग्रहण किया गया है ।

The Shalya Parva, Mahabharata/Book IX Chapter 44 mentions Jata (जट) who brought tributes all of them came to that ceremony for investing Kartikeya with the status of generalissimo, Shalya Parva (IX.44.54), (IX.44.56), (IX.44.90).

> एकाक्षो द्वादशाक्षश च तदैवैक **जटः** परभुः
> सहस्रबाहुर विकटो वयाघ्राक्षः कषितिकम्पनः (IX.44.54)
>
> अजोदरो गजशिराः सकन्धाक्षः शतलोचनः
> जवाला जिह्वः करालश च सितकेशो **जटी** हरिः (IX.44.56)
>
> तरिशिठा दविशिखाश चैव तदा सप्त शिखाः परे
> शिखण्डिनो मुकुटिनो मुण्डाश च **जटिलास** तदा (IX.44.90)

The Shalya Parva, Mahabharata/Book IX Chapter 45 mentions names of the mothers, that became the companions of Kumara (Kartikeya.

> शिशुमार मुखी शवेता लोहिताक्षी विभीषणा
> **जटालिका** कामचरी थीर्घजिह्वा बलोत्कटा (IX.45.22)

Mahabharata Anusasana Parva/Book I Chapter 144 (I.144.3) mentions about Jats as under:

> ते वनेन वनं वीरा घनन्तो मृगगणान बहून
> अपक्रम्य ययू राजंस तवरमाणा महारदाः Mahabharata (I.144.1)
>
> मत्स्यांस तरिगर्तान पाञ्चालान कीचकान अन्तरेण च
> रमणीयान वनोथ्थेशान परेक्षमाणाः सरांसि च Mahabharata (I.144.2)
>
> **जटाः** कृत्वात्मनः सर्वे वल्कलाजिनवाससः
> सह कुन्त्या महात्मानो बिभ्रतस तापसं वपुः Mahabharata (I.144.3)

जाट शब्द - महाभारत

22

जाटों की कुछ प्रमुख उपाधियाँ

जाटों की कुछ प्रमुख उपाधियाँ

1. प्रधान - वेद शास्त्रों में परम पिता परमेश्वर के लिए प्रधान शब्द लिखा मिलता हे। महादेव शिव ने जिन गणराज्यों की स्थापना की थी, उनके संचालकों को प्रधान कहा जाता था। आजकल गावों की पंचायतें भी अपने प्रधान/सरपंच चुनती है। मुरादाबाद व बिजनौर में (12 गाव के चौधरियों को छोड़कर) सभी जाटों को प्रधान कहा जाता है। मेरठ में मवाना की सारी तहसील, दौराला के अहलावत, ढकोली के ढाका, छपरौली के खोखर, ब्रज के डागुर, टीकरी के राठी, प्रधान कहलाते है। इस उपाधि का अपना विशिष्ट महत्व एवं इतिहास है।
2. ठाकुर – अक्टूबर 1720 में दिल्ली सम्राट मुहम्मद शाह ने चूड़ामन जाट को ठाकुर साहब की उपाधि से प्रदान की थी। ठाकुर, परगनों का प्रबंध और शांति सुरक्षा के लिए जिम्मेदार होता था। इसी प्रकार 18 मार्च 1723 के दिन जयपुर नरेश सवाई जयसिंह ने भी आमेर दरबार में जाट राजा बदन सिंह को ठाकुर की उपाधि से नवाजा था।

राजपूतों में इसका प्रयोग अधिक है। मथुरा, आगरा, अलीगढ़, बुलन्दशहर, भरतपुर के सिनसिनवार, राणा, सिकरवार, भृंगुर, गोधे, चापोत्कट, ठकुरेले, चाबुक (तोमर), रावत आदि गौत्रों के जाट ठाकुर कहलाते है। जाट अपने नाइयों को ठाकुर और कुम्हार को प्रजापति कहते है। तभी यह कहावत है – " नाई की बरात

में सब ठाकुर ही ठाकुर फिर हुक्का कौन भरे " । बिहार के पूर्व मुख्य मंत्री स्व. कर्पूरी ठाकुर जाति से नाई थे । राजस्थान और अवध में तमाम राजपूत अपने को ठाकुर लिखते है, जबकि हरियाणा, राजपूताना, मालवा, मध्य-प्रदेश और पंजाब में जाट अपने को ठाकुर नहीं कहता हैं । कहीं - कहीं भगवान का नाम भी ठाकुर है । श्री रघु ठाकुर (जिला सागर, मध्यप्रदेश), वरिष्ठ और समाजवादी नेता और लोकतांत्रिक समाजवादी पार्टी के अध्यक्ष, जाट है । ठाकुर शब्द से जाति विशेष का पता नहीं लगता है ।

3. **चौधरी** – यह उपाधि मुगल काल की देन है । बादशाहों ने प्रमुख वंशों व व्यक्तियों को चौधरी की उपाधि प्रदान की थी । इसका अर्थ भी मुख्यतः प्रमुख या प्रभावशाली ही है । प्रायः पूरे देश में फैले लोग अपने को चौधरी लिखते है । मथुरा - अलीगढ़ के नौहबार, हगा, और अत्रि गोत्रीय जाट, बिजनौर के बारह गाव यथा झालों, कुमहेड़ा, आलमसराय, नांगल, कीरतपुर आदि में बसे जाट, हरियाणा के सभी जाट, पंजाब के हिन्दू व मुस्लिम जाट अपने को चौधरी लिखते है । जाट को यदि चौधरी के साथ - साथ भी जोड़कर अर्थात चौधरी साहब कहकर पुकारें तो वह खुश हो जाता है । चौधरी शब्द अन्य उपाधियों से ऊपर है तथा नाम से हमेशा जुड़ा रहता है । जैसे सर चौधरी छोटूराम, चौधरी चरणसिंह, चौधरी बंसीलाल, चौधरी (ताऊ) देवीलाल आदि । चौधरी शब्द से मुख्यतः जाट होने का आभास होता है । परन्तु फतेहपुर के दीक्षित गौत्रजन, सहारनपुर, मेरठ मुजफ्फरनगर के राजपूत, कानपुर की घाटमपुर तहसील के तिवारी ब्राह्मण, शिकारपुर बुलन्दशहर के रईस ब्राह्मण, बंगाल के कायस्थ, उत्तर - प्रदेश के त्यागी, गुर्जर और अहीर तथा मंडियों के प्रमुख वैश्य भी अपने को चौधरी लिखते है । हरियाणा में हरिजन और हिमाचल में राजपूत और दुधिया भी चौधरी लिखते है । कुछ पंजाबी कहलाने वाले लोग, कुछ मुस्लिम भी अपने को चौधरी लिखते है । यह सम्मान सूचक शब्द है । पारस्परिक रिश्ते - नातों के प्रमुख भी एक - दूसरे को चौधरी कहकर सम्मानित करते है । चौधरी शब्द से जाति विशेष का पता नहीं लगता है ।

4. **सरदार** - सिखों के दसवें गुरु गोविंद सिंह ने खालसा पंथ की नींव रखते हुए सभी सीख शिष्यों को सरदार की उपाधि प्रदान की थी । सरदार से सिख होने का स्वतः ही आभास होता है । मुख्यतौर पर जो व्यक्ति सिर बलिदान करने के लिए सदा तैयार रहे, वही सरदार कहलाता है, परन्तु पंजाब में जो भी केश, कड़ा, कच्छा, कंघा, कृपाण अर्थात 5 कक्कों को धारण करें, वही सरदार कहलाता है, इसमें पंजाब के रामदासिये, कलाल, हरिजन, तरखान और रामगढ़िये आदि भी शामिल है, और सरदार कहलाए जाते है । दूसरी ओर बड़े - बड़े जमींदार, ऊंचें प्रभाव वाले लोग भी

सरदार कहे जाते है, जैसे - सरदार बल्लभ भाई पटेल,। कुछ केश आदि न रखने पर भी सरदार बने रहते है । अँग्रेजी काल में सरदार बहादुर की उपाधि काफी प्रचलित रही । डाकू भी अपने प्रमुख को सरदार कहकर पुकारते है, इससे सरदार शब्द नेतृत्व की ओर भी संकेत करता है । यह उपाधि हिन्दू, मुस्लिम और सिख जाटों में अधिक प्रयोग की जाती है ।

5. **मिर्धा** - राजस्थान के जोधपुर राज्य में विशेष तौर पर नागौर के इलाके में राव वंशी जाट अपने को मिर्धा लिखते है । राव जोधा सिंह ने इन जाटों को यह उपाधि प्रदान की थी । ये जाट उनके राज्य में डाक विभाग का काम किया करते थे । मिर्धा अन्यत्र देश के किसी भाग में नहीं मिलते । ये लोग सर्वाधिक शिक्षित माने जाते है । इस उपाधि से जुड़े श्री बलदेव राम मिर्धा, नाथूराम मिर्धा, रामनिवास मिर्धा आदि प्रभावशाली नेता हुए है, जिन्होनें राष्ट्रीय स्तर पर अपनी विशेष छाप छोड़ी है । कहीं - कहीं पर अन्य लोग भी मिर्धा लिखते है, परन्तु वे जाट नहीं होते ।

6. **मलिक** - मुस्लिम काल में यह उपाधि तुषार वंशी, लल्ल गौत्रीय तिवाना और गठवाला जाटों को बादशाह द्वारा प्रदान की गई थी । एक समय गठवारे जाटों का राज्य गजनी के चारों ओर फेला हुआ था । ये प्रचंड वीरता के कारण मलिक कहलाते थे । कालान्तर में यह उपाधि मलिक से मौलिक में रूपांतरित हो गई है । दूसरे मतानुसार दिल्ली के बादशाह ने इन्हें मंढार राजपूतों को दबाने के लिए बुलाया था । इन्होनें मंढार राजपूतों को हमेशा के लिए कुचल डाला तथा दिल्ली की अधीनता स्वीकार करने को मजबूर कर दिया । इस सफलता पर बादशाह ने इन्हें मलिक की उपाधि से नवाजा । यह उपाधि जाट, गुर्जर, राजपूत, पंजाबी, और मुसलमान आदि अनेक जाति के लोग प्रयोग करते है । मलिक साहब कहते ही इनका सीना चौड़ा हो जाता है । हरियाणा में तो ये मलिक की जगह मलक साहब कहकर परस्पर सम्मान दर्शाते देखे जा सकते है । अब इनके कुछ लोग अपना गौत्रगठवाला न कहकर मलिक ही विवाह शादियों में बताने लगें है । इस उपाधि को धारण करने वाले समाज में बड़े-बड़े वीरों, कवियों, राजनेताओं और अफसरों ने जन्म लेकर राष्ट्र का गौरव बढ़ाया है ।

7. **पटेल** - यह उपाधि दक्षिण भारत के मराठों ने पट्टीदार जमींदारों को प्रदान की थी । गुजरात में गुर्जर, कोली, कुनवी, आदि कृषक जातियाँ अपने को पटेल लिखती है । यह उपाधि कृषक वर्ग से जुड़ी है । अतः सभी धर्मों और जातियों के कृषक लोग बिना किसी भेदभाव के पटेल कहलाते है । उदयपुर, मारवाड़, बरार, भोपाल, इंदौर, हरदा, मंदसौर, ग्वालियर आदि में जाटों को पटेल कहकर पुकारा जाता है । उत्तर प्रदेश में कुर्मी अपने को पटेल लिखते हैं । उत्तरी भारत में जिसे

किसान कहते है दक्षिण में उसे पटेल कहा जाता है ।

8. **फौजदार** - मुगलकाल में यह उपाधि उन अधिकारियों को दी जाती थी, जो कई - कई प्रान्तों, इलाकों, क्षेत्रों, विभागों का काम - काज देखते थे । परन्तु वर्तमान में जो फौजदार कहलाते है, वे भरतपुर नरेश महाराजा सूरजमल द्‌वारा सम्मानित है । महाराजा सूरजमल की सेना में प्राचीन राजवंशों से संबन्धित अनेक पदाधिकारी, सैनिक, अफसर, थे जिन्हें फौजदार की उपाधि से सम्मानित किया गया था । भरतपुर के सभी सिनसिनवार गौत्र के जाट, अलीगढ़, मथुरा के खूंटेल (कुंतल) डागर, चाहर, भगौर आदि गौत्रों के जाट फौजदार कहलाते है, और अपने को फौजदार लिखने में गौरव का अनुभव करते है । यदि फौजदार साहब कहकर इन्हें संबोधित किया जाए तो ये गद-गद हो उठते है । समस्त फौजदार समाज ने राष्ट्र को बड़े-बड़े शूरमा, राजनेता, पत्रकार और उच्चाधिकारी दिए है, जिन्होने अपने-अपने कार्य क्षेत्र में बड़ा नाम कमाया है ।

9. **राणा या राना** - यह उपाधि, जाटों, राजपूतों, गोरखों और गुर्जरों में अधिक है । जाटों में काकराणा, आदराणा, तातराणा, जाट राणा, शिव राणा, चौदह राणा आदि अपनी राणा उपाधि पर गर्व करते है । कुछ लोग अब इस उपाधि को अज्ञानतावश गौत्र के रूप में प्रयोग करने लगे है । गोहद और धौलपुर के राजाओं की उपाधि राणा की थी, इसी कारण गोहद नरेश भीम सिंह को भीम सिंह राणा लिखते है । जाटों में कई राज्यों में बसे लोग अपने को राणा लिखते है । राजपूत, गुर्जर, मुसलमान, पंजाबी और अन्य कई जातियों के लोग भी राणा लिखकर गर्व का अनुभव करते है । इन्हें राणा की जगह राणा जी कहकर पुकारा जाना अच्छा लगता है । मेवाड़, उदयपुर के राजपूत नरेशों की भी उपाधि राणाओं की थी । इन्हीं में से महाराणा प्रताप हुए है जो भारतीय युवा वर्ग के आज तक प्रेरणा स्रोत बने हुए है ।

10. **वर्मा** – कतिपय जाट अपने नाम के आगे वर्मा लिखते हैं । स्व. श्री साहब सिंह वर्मा, पूर्व मुख्य मंत्री दिल्ली, स्व. श्री वीरेन्द्र वर्मा (मुजफ्फरनगर – उत्तर प्रदेश) पूर्व राज्यपाल, श्री सी. एल. (चेती लाल) वर्मा उद्‌योगपति (पलवल – हरियाणा) तथा श्री विक्रम वर्मा और उनकी पत्नि श्रीमती नीना वर्मा आदि जाट जाति से हैं । मुख्यत: उत्तर प्रदेश के मुजफ्फरनगर, मथुरा, अलीगढ, हाथरस और आगरा जिले तथा हरियाणा के पलवल क्षेत्र दिल्ली के जाट वर्मा लिखते हैं । जबकि स्वर्णकार (सुनार), कायस्थ, कुर्मी, कोली (कोरी), बुनकर तथा नाई जाति के व्यक्ति भी अपने नाम के आगे वर्मा लिखते हैं । केवल वर्मा लिखने से जाति का पता नहीं चलता है ।

11. **शास्त्री** - स्नातक (बी ए) की उपाधि " शास्त्री " और स्नातकोत्तर (एम ए) की उपाधि " **आचार्य** " कहलाती है । एक **शास्त्री** (हिंदी : विज्ञान) की डिग्री भी संस्कृत के अलावा अन्य स्ट्रीम में भारत के पुराने कॉलेज सिस्टम में डिग्री के बाद छात्र को प्रदान की जाती है । पूर्व पीजी-भूवैज्ञानिकों को भू घर **शास्त्री** भूगर्भ विज्ञान के रूप में जाना जाता है । संस्कृत से हाई स्कूल " प्रथमा " तथा इंटर " मध्यमा " कहलाती है । अत: शास्त्री की शिक्षा प्राप्त करने वाले अपने नाम के आगे अपनी शिक्षा " शास्त्री " लिखते हैं । इससे जाति का कोई सम्बन्ध नहीं है । यथा स्व. लाल बहादुर शास्त्री पूर्व प्रधानमंत्री भारत जाति से कायस्थ थे । श्री सोमपाल सिंह शास्त्री पुत्र स्व. श्री रघुवीर सिंह शास्त्री (पूर्व सांसद), पूर्व केन्द्रीय मंत्री, डॉ. योगानन्द शास्त्री पूर्व विधान सभा अध्यक्ष दिल्ली, दोनों जाति से जाट हैं, लेकिन लिखते शास्त्री हैं । ऐसी स्थितियों में विस्तृत विवेचना से ही जाति का पता चलता है, उपाधि से नहीं ।

उपरोक्त उपाधि प्रधान, ठाकुर, चौधरी, सरदार, मिर्धा, मलिक, पटेल, फौजदार एवं राणा, वर्मा जाट समाज प्रयोग करता रहा है, फ़िर भी इन उपाधियों को दूसरे भी उपयोग करते है, अत: यह कहना उचित नहीं है कि केवल उपाधि से जाति का पता चलता है । विस्तृत जानकारी से ही जाति का पता चलता है । कुछ का प्रचलन देश-काल (स्थान-समय) अनुसार बदलता रहता है । बहादुरी से संबन्धित कार्य करने के कारण व्यक्ति अपने नाम के साथ " सिंह " शब्द का प्रयोग करने लगा । राजा/महाराजा का बेटा " कुँवर " या " राजकुमार " शब्द से सम्बोधित किया जाता था । पहले गाव में कृषि कार्य ही प्राथमिक कार्य था तब पढ़ने-लिखने से संबन्धित कार्य या शिक्षा से संबन्धित कार्य हेतु यह कहावत बहुत प्रचलित थी " कम पढे तो हर (हल) से गये और ज्यादा पढे तो घर से गये " । वर्तमान में हर (हल-खेत जोतने का उपकरण) ही प्राय: विलुप्त हो गया, आधुनिकता/मशीनी युग ने नए उपकरण-ट्रैक्टर आदि का प्रयोग, परंतु जुताई कार्य समाप्त नहीं हुआ, और अब तो कंप्यूटीकरण से हर काम मोबाइल सेवा/इंटर नेट-सेवा के माध्यम से होना हो गया, क्या वही पुरानी कहावत मानते हुए पढ़ना उचित नहीं ? विदेश जैसे देशों से भी बेरोजगारी के कारण वापस आना पड़ रहा है । शिक्षा का अपना महत्व है और यह हमेशा बना रहेगा और यही कारण है कि खेती अन्य व्यवसायिक कार्य भी बिना आधुनिक शिक्षा के अपूर्ण है और यही कारण है कि ज्ञान (शिक्षा) और कर्म प्रधानता में मानव जीवन का पहला कदम ज्ञान (शिक्षा) का ही है जो हर कर्म करने के लिए मार्गदर्शक/उपयोगी है, जैसे भौतिक शरीर के लिए भोजन, उसी प्रकार आध्यात्मिक (बौद्धिक) शरीर के लिए शिक्षा का अपना महत्व है, और यही

कारण है कि हर समाज अपने निरंतर उत्थान के लिए शिक्षा को वरीयता प्रदान कर रहे है। किसी भी काम में या तो आप जीतते है या फिर सीखते है। इसमे हार की कोई जगह नहीं होती।

23

यौधेय

यौधेय

2200 साल से पहले महाभारत के सबसे उपजाऊ और बहादुर इलाके पंजाब हरियाणा पाक पंजाब मे यौधेय रिपब्लिक (YAUDHEY REPUBLIC) यानी योद्‌दैय खाप सरकार का जन्म हुआ था । ये खाप सरकार भारत के पंजाब हरियाणा पाक के पंजाब और अफगानिस्तान के अन्दर तक थी । सबूत बोलते है कि इस खाप सरकार ने 700 साल राज किया और फिर सम्राट समुन्द्रगुप्त को अपना शासन सौप दिया जो जाट थे । इनके सिक्के और खाप सरकार की सील जाटलैड मे मिलती है । मुलतान पेशावर पानीपत हिसार बहुत जगह इस जाट खाप सरकार के सिक्के मिले । यौद्‌दये भगवान शिव को पूजते थे. भारत मे क्यो नही योद्‌दैय का इतिहास पढाया गया... कयोकि वो भारत की सीमाओं के रखवाले जाट शासक थे...पर वो मुगल कहां से थे जिनके जुल्मो को भी प्रशंसित (ग्लोरीफाइड – glarified) किया गया ????. इतने ताकतवर थे यौद्‌दैय खाप के जाट पर कभी किसी को परेशान नही किया... यौद्‌दैय का मतलब है क्षत्रिय जाटो का इलाका जो कभी गुलामी स्वीकार नही करते थे । समुन्दरगुप्त तो जाट था वरना उसको भी पटक देते । यौद्‌दैय कहा गये आप पुछैगे...कही नही उनका वंशज यह पोस्ट लिख रहा है... यौधेये (YAUDHEYE) मे बहुत जाट कबीले के गवर्नर शासन करते थे । उनमे से एक था कौहाड गवर्नर और कौहाड का उपगोत्र है नागिल .. मै यौद्‌दैय कौहाड नागिल हू...मतलब मेरा पूरा नाम है प्रवीर नागिल कौहाड यौद्‌दैय...

हम लोग पंजाब अफगानिस्तान की सीमा पर जमींदारी करतें थे फिर वहा से 1200 साल पहले सिन्ध मे आये फिर राजस्थान मे आये जहा नागिलो कौहाड से अलग होकर रणथम्भोर में शासन करने लगे पर कुछ सालो बाद चौहान का

रणथम्भोर के आसपास शासन बढने के कारण नागिल हरियाणा आ गये...यौद्दैय खाप मे माल्ही जाट गोत्र भी आता.है । जिसने सिकंदर हराया था...महल जाट़ गोत्र और खिचंर भी यौद्दैय खाप से है...लगभग दस से ज्यादा गोत्र है योद्दैय खाप के शासक और अधिकतर पठान भी यौदैय जाट है । अब जातिवादी प्रोफेसर ओर पतलकार चाहते है हम यह इतिहास भुल कर मुगल मुगल करे या राणा जी राणा जी करे जो सम्भव नही....यौद्दैय खाप सरकार को पढाया जाये भारत की किताबो मे..

योद्धेय शासन

Yaudhey _ Kohar _ Nagil -

डॉक्टर योगानन्द शास्त्री (जन्म 17 अप्रैल 1944) का जन्म स्व. श्री महाशय प्रहलाद सिंह आर्य के यहां गांव भदानी हरियाणा में हुआ था। आप संस्कृत अकैडमी दिल्ली के सदस्य – कनेवर यूनिवर्सिटी टीचर्स कांग्रेस - अंतरराष्ट्रीय आर्यन लीग (सर्वदेशिका आर्य प्रतिनिधि सभा) – पूर्व ट्रेजरार विद्या सभा गुरुकुल कांगडी विश्वविद्यालय हरिद्वार – स्वामी ओमानन्द के करीबी - विधायक दिल्ली – पूर्व मंत्री दिल्ली सरकार – अध्यक्ष दिल्ली प्रदेश कांग्रेस कमेटी – स्पीकर (अध्यक्ष) – दिल्ली विधान सभा रहे। आपने पुस्तक लिखीं है – बायोग्राफी ऑफ़ स्वामी ओमानन्द सरस्वती – यौधेय रिपब्लिक इन अन्सिएन्ट इंडिया (प्रकाशित 1999 ईसवी) – प्राचीन भारत में यौधेय गणराज्य – आदि।

Yaudheya Seal 1

योद्धेय सील (मुहर)

Yaudheyas ancient tribal confederation

Coin of the Yaudheyas with depiction of Kartikeya

योद्धेय मुद्रा

24

राजपूतों की वंशावली - 36 कुल

राजपूतों की वंशावली – 36 कुल

राजपूतों की वंशावली:

“दस रवि से दस चन्द्र से, बारह ऋषिज प्रमाण,
चार हुतासन सों भये , कुल छत्तिस वंश प्रमाण
भौमवंश से धाकरे टांक नाग उनमान
चौहानी चौबीस बंटि कुल बासठ वंश प्रमाण.”

अर्थः- दस सूर्य वंशीय क्षत्रिय, दस चन्द्र वंशीय, बारह ऋषि वंशी एवं चार अग्नि वंशीय कुल छत्तिस क्षत्रिय वंशों का प्रमाण है, बाद में भौमवंश., नागवंश क्षत्रियों को सामने करने के बाद जब चौहान वंश चौबीस अलग-अलग वंशों में जाने लगा तब क्षत्रियों के बासठ अंशों का प्रमाण मिलता है।

सूर्य वंश की दस शाखायें:-

1. कछवाह, 2. राठौड, 3. बडगूजर, 4. सिकरवार, 5. सिसोदिया, 6.गहलोत, 7.गौर, 8.गहलबार, 9.रेकबार, 10.जुनने

चन्द्र वंश की दस शाखायें:-

1.जादौन, 2.भाटी, 3.तोमर, 4.चन्देल, 5.छोंकर, 6.होंड, 7.पुण्डीर,8.कटैरिया, 9.स्वांगवंश, 10.वैस

अग्निवंश की चार शाखायें:-

1.चौहान, 2.सोलंकी, 3.परिहार, 4.परमार.

ऋषिवंश की बारह शाखायें:-

1.सेंगर, 2.दीक्षित, 3.दायमा, 4.गौतम, 5.अनवार (राजा जनक के वंशज), 6.विसेन, 7.करछुल, 8.हय, 9.अबकू तबकू, 10.कठोक्स, 11.द्लेला, 12.बुन्देला

चौहान वंश की चौबीस शाखायें:-

1.हाडा, 2.खींची, 3.सोनीगारा, 4.पाविया, 5.पुरबिया, 6.संचौरा, 7.मेलवाल, 8.भदौरिया,9.निर्वाण, 10.मलानी, 11.धुरा, 12.मडरेवा, 13.सनीखेची, 14.वारेछा, 15.पसेरिया,16.बालेछा, 17.रूसिया, 18.चांदा, 19.निकूम, 20.भावर, 21.छछेरिया, 22.उजवानिया, 23.देवडा, 24.बनकर.

क्षत्रिय जातियो की सूची

(क्रमांक/नाम/गोत्र/वंश/स्थान और जिला)

१. सूर्यवंशी भारद्वाज सूर्य बुलन्दशहर आगरा मेरठ अलीगढ

२. गहलोत बैजवापेण सूर्य मथुरा कानपुर और पूर्वी जिले

३. सिसोदिया बैजवापेड सूर्य महाराणा उदयपुर स्टेट

४. कछवाहा मानव सूर्य महाराजा जयपुर और ग्वालियर राज्य

५. राठोड कश्यप सूर्य जोधपुर बीकानेर और पूर्व और मालवा

६. सोमवंशी अत्रय चन्द प्रतापगढ और जिला हरदोई

७. यदुवंशी अत्रय चन्द राजकरौली राजपूताने में

८. भाटी अत्रय जादौन महारजा जैसलमेर राजपूताना

९. जाडेचा अत्रय यदुवंशी महाराजा कच्छ भुज

१०. जादवा अत्रय जादौन शाखा अवा. कोटला ऊमरगढ आगरा

११. तोमर व्याघ्र चन्द पाटन के राव तंवरघार जिला ग्वालियर

१२. कटियार व्याघ्र तोंवर धरमपुर का राज और हरदोई

१३. पालीवार व्याघ्र तोंवर गोरखपुर

१४. परिहार कौशल्य अग्नि इतिहास में जानना चाहिये

१५. तखी कौशल्य परिहार पंजाब कांगडा जालंधर जम्मू में

१६. पंवार वशिष्ठ अग्नि मालवा मेवाड धौलपुर पूर्व मे बलिया

१७. सोलंकी भारद्वाज अग्नि राजपूताना मालवा सोरों जिला एटा

१८. चौहान वत्स अग्नि राजपूताना पूर्व और सर्वत्र

१९. हाडा वत्स चौहान कोटा बूंदी और हाडौती देश

२०. खींची वत्स चौहान खींचीवाडा मालवा ग्वालियर

२१. भदौरिया वत्स चौहान नौगंवां पारना आगरा इटावा गालियर

२२. देवडा वत्स चौहान राजपूताना सिरोही राज

२३. शम्भरी वत्स चौहान नीमराणा रानी का रायपुर पंजाब

२४. बच्छगोत्री वत्स चौहान प्रतापगढ सुल्तानपुर

२५. राजकुमार वत्स चौहान दियरा कुडवार फ़तेहपुर जिला

२६. पवैया वत्स चौहान ग्वालियर

२७. गौर,गौड भारद्वाज सूर्य शिवगढ रायबरेली कानपुर लखनऊ

२८. वैस भारद्वाज चन्द्र उन्नाव रायबरेली मैनपुरी पूर्व में

२९. गेहरवार कश्यप सूर्य माडा हरदोई उन्नाव बांदा पूर्व

३०. सेंगर गौतम ब्रह्मक्षत्रिय जगम्बनपुर भरेह इटावा जालौन

३१. कनपुरिया भारद्वाज ब्रह्मक्षत्रिय पूर्व में राजाअवध के जिलों में हैं

३२. बिसैन वत्स ब्रह्मक्षत्रिय गोरखपुर गोंडा प्रतापगढ में हैं

३३. निकुम्भ वशिष्ठ सूर्य गोरखपुर आजमगढ हरदोई जौनपुर

३४. सिरसेत भारद्वाज सूर्य गाजीपुर बस्ती गोरखपुर

३५ च्चाराणा दहिया चन्द जालोर, सिरोही केर्, घटयालि, साचोर, गढ बावतरा,

३५. कटहरिया वशिष्ठ्याभारद्वाज, सूर्य बरेली बंदायूं मुरादाबाद शहाजहांपुर

३६. वाच्छिल अत्रयवच्छिल चन्द्र मथुरा बुलन्दशहर शाहजहांपुर

३७. बढगूजर वशिष्ठ सूर्य अनूपशहर एटा अलीगढ मैनपुरी मुरादाबाद हिसार गुडगांव जयपुर

३८. झाला मरीच कश्यप चन्द्र धागधरा मेवाड झालावाड कोटा

३९. गौतम गौतम ब्रह्मक्षत्रिय राजा अर्गल फ़तेहपुर

४०. रैकवार भारद्वाज सूर्य बहरायच सीतापुर बाराबंकी

४१. करचुल हैहय कृष्णात्रेय चन्द्र बलिया फ़ैजाबाद अवध

४२. चन्देल चान्द्रायन चन्द्रवंशी गिद्धौर कानपुर फ़र्रुखाबाद बुन्देलखंड पंजाब गुजरात

४३. जनवार कौशल्य सोलंकी शाखा बलरामपुर अवध के जिलों में

४४. बहरेलिया भारद्वाज वैस की गोद सिसोदिया रायबरेली बाराबंकी

४५. दीत्तत कश्यप सूर्यवंश की शाखा उन्नाव बस्ती प्रतापगढ जौनपुर रायबरेली बांदा

४६. सिलार शौनिक चन्द्र सूरत राजपूतानी

४७. सिकरवार भारद्वाज बढगूजर ग्वालियर आगरा और उत्तरप्रदेश में

४८. सुरवार गर्ग सूर्य कठियावाड में

४९. सुर्वैया वशिष्ठ यदुवंश काठियावाड

५०. मोरी ब्रह्मगौतम सूर्य मथुरा आगरा धौलपुर

५१. टांक (तत्तक) शौनिक नागवंश मैनपुरी और पंजाब

५२. गुप्त गार्ग्य चन्द्र अब इस वंश का पता नही है

५३. कौशिक कौशिक चन्द्र बलिया आजमगढ गोरखपुर

५४. भृगुवंशी भार्गव चन्द्र वनारस बलिया आजमगढ गोरखपुर

५५. गर्गवंशी गर्ग ब्रह्मक्षत्रिय नृसिंहपुर सुल्तानपुर

५६. पडियारिया, देवल,सांकृतसाम ब्रह्मक्षत्रिय राजपूताना

५७. ननवग कौशल्य चन्द्र जौनपुर जिला

५८. वनाफ़र पाराशर,कश्यप चन्द्र बुन्देलखन्ड बांदा वनारस

५९. जैसवार कश्यप यदुवंशी मिर्जापुर एटा मैनपुरी

६०. चौलवंश भारद्वाज सूर्य दक्षिण मद्रास तमिलनाडु कर्नाटक में

६१. निमवंशी कश्यप सूर्य संयुक्त प्रांत

६२. वैनवंशी वैन्य सोमवंशी मिर्जापुर

६३. दाहिमा गार्गेय ब्रह्मक्षत्रिय काठियावाड राजपूताना

६४. पुण्डीर कपिल ब्रह्मक्षत्रिय पंजाब गुजरात रींवा यू.पी.

६५. तुलवा आत्रेय चन्द्र राजाविजयनगर

६६. कटोच कश्यप भूमिवंश राजानादौन कोटकांगडा

६७. चावडा,पंवार,चोहान,वर्तमान कुमावत वशिष्ठ पंवार की शाखा मलवा रतलाम उज्जैन गुजरात मेवाड

६८. अहवन वशिष्ठ चावडा,कुमावत खेरी हरदोई सीतापुर बारांबंकी

६९. डौडिया वशिष्ठ पंवार शाखा बुलंदशहर मुरादाबाद बांदा मेवाड गल्वा पंजाब

७०. गोहिल बैजबापेण गहलोत शाखा काठियावाड

७१. बुन्देला कश्यप गहरवारशाखा बुन्देलखंड के रजवाडे

७२. काठी कश्यप गहरवारशाखा काठियावाड झांसी बांदा

७३. जोहिया पाराशर चन्द्र पंजाब देश मे

७४. गढावंशी कांवायन चन्द्र गढावाडी के लिंगपट्टम में

७५. मौखरी अत्रय चन्द्र प्राचीन राजवंश था

७६. लिच्छिवी कश्यप सूर्य प्राचीन राजवंश था

७७. बाकाटक विष्णुवर्धन सूर्य अब पता नहीं चलता है

७८. पाल कश्यप सूर्य यह वंश सम्पूर्ण भारत में बिखर गया है

७९. सैन अत्रय ब्रह्मक्षत्रिय यह वंश भी भारत में बिखर गया है

८०. कदम्ब मान्डग्य ब्रह्मक्षत्रिय दक्षिण महाराष्ट्र मे हैं

८१. पोलच भारद्वाज ब्रह्मक्षत्रिय दक्षिण में मराठा के पास में है

८२. बाणवंश कश्यप असुरवंश श्री लंका और दक्षिण भारत में,कैन्या जावा में

८३. काकुतीय भारद्वाज चन्द्र,प्राचीन सूर्य था अब पता नही मिलता है

८४. सुणग वंश भारद्वाज चन्द्र,पाचीन सूर्य था, अब पता नही मिलता है

८५. दहिया कश्यप राठौड शाखा मारवाड में जोधपुर

८६. जेठवा कश्यप हनुमानवंशी राजधूमली काठियावाड

८७. मोहिल वत्स चौहान शाखा महाराष्ट्र मे है

८८. बल्ला भारद्वाज सूर्य काठियावाड मे मिलते हैं

८९. डाबी वशिष्ठ यदुवंश राजस्थान

९०. खरवड वशिष्ठ यदुवंश मेवाड उदयपुर

९१. सुकेत भारद्वाज गौड की शाखा पंजाब में पहाडी राजा

९२. पांड्य अत्रय चन्द अब इस वंश का पता नहीं

९३. पठानिया पाराशर वनाफ़रशाखा पठानकोट राजा पंजाब

९४. बमटेला शांडल्य विसेन शाखा हरदोई फ़रुखाबाद

९५. बारहगैया वत्स चौहान गाजीपुर

९६. भैंसोलिया वत्स चौहान भैंसोल गाग सुल्तानपुर

९७. चन्दोसिया भारद्वाज वैस सुल्तानपुर

९८. चौपटखम्ब कश्यप ब्रह्मक्षत्रिय जौनपुर

९९. धाकरे भारद्वाज(भृगु) ब्रह्मक्षत्रिय आगरा मथुरा मैनपुरी इटावा हरदोई बुलन्दशहर

१००. धन्वस्त यमदाग्नि ब्रह्मक्षत्रिय जौनपुर आजमगढ वनारस

१०१. धेकाहा कश्यप पंवार की शाखा भोजपुर शाहाबाद

१०२. दोबर(दोनवर) वत्स या कश्यप ब्रह्मक्षत्रिय गाजीपुर बलिया आजमगढ गोरखपुर

१०३. हरद्वार भार्गव चन्द्र शाखा आजमगढ

१०४. जायस कश्यप राठौड की शाखा रायबरेली मथुरा

१०५. जरोलिया व्याघ्रपद चन्द्र बुलन्दशहर

१०६. जसावत मानव्य कछवाह शाखा मथुरा आगरा

१०७. जोतियाना(भुटियाना) मानव्य कश्यप,कछवाह शाखा मुजफ़्फ़रनगर मेरठ

१०८. घोडेवाहा मानव्य कछवाह शाखा लुधियाना होशियारपुर जालन्धर

१०९. कछनिया शान्डिल्य ब्रह्मक्षत्रिय अवध के जिलों में

११०. काकन भृगु ब्रह्मक्षत्रिय गाजीपुर आजमगढ

१११. कासिब कश्यप कछवाह शाखा शाहजहांपुर

११२. किनवार कश्यप सेंगर की शाखा पूर्व बंगाल और बिहार में

११३. बरहिया गौतम सेंगर की शाखा पूर्व बंगाल और बिहार

११४. लौतमिया भारद्वाज बढगूजर शाखा बलिया गाजी पुर शाहाबाद

११५. मौनस मानव्य कछवाह शाखा मिर्जापुर प्रयाग जौनपुर

११६. नगबक मानव्य कछवाह शाखा जौनपुर आजमगढ मिर्जापुर

११७. पलवार व्याघ्र सोमवंशी शाखा आजमगढ फ़ैजाबाद गोरखपुर

११८. रायजादे पाराशर चन्द्र की शाखा पूर्व अवध में

११९. सिंहेल कश्यप सूर्य आजमगढ परगना मोहम्दाबाद

१२०. तरकड कश्यप दीक्षित शाखा आगरा मथुरा

१२१. तिसहिया कौशल्य परिहार इलाहाबाद परगना हंडिया

१२२. तिरोता कश्यप तंवर की शाखा आरा शाहाबाद भोजपुर

१२३. उदमतिया वत्स ब्रह्मक्षत्रिय आजमगढ गोरखपुर

१२४. भाले वशिष्ठ पंवार अलीगढ

१२५. भालेसुल्तान भारद्वाज वैस की शाखा रायबरेली लखनऊ उन्नाव

१२६. जैवार व्याघ्र तंवर की शाखा दतिया झांसी बुन्देलखंड

१२७. सरगैयां व्याघ्र सोमवंश हमीरपुर बुन्देलखण्ड

१२८. किसनातिल अत्रय तोमरशाखा दतिया बुन्देलखंड

१२९. टडैया भारद्वाज सोलंकीशाखा झांसी ललितपुर बुन्देलखंड

१३०. खागर अत्रय यदुवंश शाखा जालौन हमीरपुर झांसी

१३१. पिपरिया भारद्वाज गौडों की शाखा बुन्देलखंड

१३२. सिरसवार अत्रय चन्द्र शाखा बुन्देलखंड

१३३. खींचर वत्स चौहान शाखा फ़तेहपुर में असौंथड राज्य

१३४. खाती कश्यप दीक्षित शाखा बुन्देलखंड,राजस्थान में कम संख्या होने के कारण इन्हे बढई गिना जाने लगा

१३५. आहडिया बैजवापेण गहलोत आजमगढ

१३६. उदावत बैजवापेण गहलोत आजमगढ

१३७. उजैने वशिष्ठ पंवार आरा डुमरिया

१३८. अमेठिया भारद्वाज गौड अमेठी लखनऊ सीतापुर

१३९. दुर्गवंशी कश्यप दीक्षित राजा जौनपुर राजाबाजार

१४०. बिलखरिया कश्यप दीक्षित प्रतापगढ उमरी राजा

१४१. डोमरा कश्यप सूर्य कश्मीर राज्य और बलिया

१४२. निर्वाण वत्स चौहान राजपूताना (राजस्थान)

१४३. जाटू व्याघ्र तोमर राजस्थान,हिसार पंजाब

१४४. नरौनी मानव्य कछवाहा बलिया आरा

१४५. भनवग भारद्वाज कनपुरिया जौनपुर

१४६. गिदवरिया वशिष्ठ पंवार बिहार मुंगेर भागलपुर

१४७. रक्षेल कश्यप सूर्य रीवा राज्य में बघेलखंड

१४८. कटारिया भारद्वाज सोलंकी झांसी मालवा बुन्देलखंड

१४९. रजवार वत्स चौहान पूर्व मे बुन्देलखंड

१५०. द्वार व्याघ्र तोमर जालौन झांसी हमीरपुर

१५१. इन्दौरिया व्याघ्र तोमर आगरा मथुरा बुलन्दशहर

१५२. छोकर अत्रय यदुवंश अलीगढ मथुरा बुलन्दशहर

१५३. जांगडा वत्स चौहान बुलन्दशहर पूर्व में झांसी

राजपूतों के लिये यह कहा जाता है कि वह केवल राजकुल में ही पैदा हुआ होगा, इसलिये ही राजपूत नाम चला ।

लेकिन राजा के कुल मे तो कितने ही लोग और जातियां पैदा हुई है सभी को राजपूत कहा जाता ।

यह राजपूत शब्द राजकुल मे पैदा होने से नही बल्कि राजा जैसा बाना रखने और राजा जैसा धर्म “सर्व जन हिताय, सर्व जन सुखाय” का रखने से राजपूत शब्द की उत्पत्ति हुयी ।

राजपूतों के साढ़े तीन कुल

राजपूतों के छत्तीस कुल गिनाये गए हैं । परन्तु क्यामखानी चौहान जान कवि ने सत्रहवीं शताब्दी में उनको केवल साढ़े तीन कुलों में समेट दिया है । जान कवि के अनुसार बादशाह अकबर ने बीरबल से कहा था –

साढ़े तीन कुली कहैं, रजपूतन की जात । तोहि कहौं समझाइ कै, सुनि लें तिन की बात ।।

चाहुंवान तुंवर दुतीय, तीजों आहि पंवार । आधे में सगरे कुली, साढ़े तीन विचार ।।

जान को चौहानों को सर्वश्रेष्ठ बतलाना था, अतएव उसकी साक्षी कच्ची है । अकबर निश्चय ही शकशल्य सीसौदिया-वंश को भी खरा प्रथम राजपूत कुल

समझता होगा।

राजपूत और राजपूताना

वर्तमान राजस्थान या मुगलकालीन राजपूताने में तोमरों की राजधानी कभी नहीं रही। परन्तु यह उल्लेख है कि राजपूताना या राजस्थान से 'राजपूत' शब्द का सीधा सम्बन्ध नहीं है। भौगोलिक विभाग के रूप में 'राजपूताना' शब्द का उदगम मुगलों के समय में हुआ था, परन्तु 'राजपूत' शब्द का प्रयोग मुगलों के बहुत पहले होने लगा था। 'राजपूत' शब्द का उदगम 'राजपूताना' से नहीं है, इसके विपरीत 'राजपूताना' नाम 'राजपूत' से उत्पन्न हुआ है। क्षत्रिय राजाओं के लिए 'राजपुत्र' शब्द सन 1318 ईसवी में लिखी गयी ठक्कुर फेरु की 'द्रव्यपरीक्षा' में मिलता है, सन 1397 ईसवी में लिखी गयी 'चन्दायन' में 'राजपूत' शब्द प्रयुक्त हुआ है और सन 1455 ईसवी में रचित राजा शेष रह गये थे और मुगलों के राजपूत सामंतों के ठिकाने भी वहीं पर थे, अतएव उस प्रदेश को 'राजपूताना' अभिधान दिया गया। प्रादेशिक नाम ' राजपूताना' मुग़ल-काल की देन है, 'राजपूत' शब्द उससे प्राचीन है जो राजकुल, राजपुत्र आदि की परम्परा में विकसित हुआ है।

25

गुर्जर वंश

गुर्जर वंश

तोमर – गुर्जर -

तोमर या तंवर उत्तर पश्चिम भारत के एक गुर्जर वंश था । तोमरों का मानना है कि वे चंद्रवंशी थे । थानेश्वर में भी इनका राज्य था । उस समय उत्तर भारत में कान्यकुब्ज के गुर्जर - प्रतिहार राजवंश का साम्राज्य था । उन्ही के सामंत के रूप में दक्षिण की ओर अग्रसर होना आरम्भ किया । तंवर गुर्जरों के 12 गाव दिल्ली फतेहपुर के आस - पास है ।

गुर्जर जाति के व्यक्ति हिन्दू, सिख और मुसलमान तीनों होते हैं । गुर्जरों के आराध्य देव - देव नारायण हैं ।

गुर्जर समाज, प्राचीन एवं प्रतिष्ठित समाज में से एक है। यह समुदाय जो पहले गोचर, गुज्जर, गूजर, गोजर, आजादी के बाद से गुर्जर, गूर्जर और वीर गुर्जर नाम से भी जाना जाता है। गुर्जर मुख्यत: उत्तर भारत, पाकिस्तान और अफ़ग़ानिस्तान में बसे हैं। इस जाति का नाम अफ़ग़ानिस्तान के राष्ट्रगान में भी आता है। गुर्जरों के ऐतिहासिक प्रभाव के कारण उत्तर भारत और पाकिस्तान के बहुत से स्थान गुर्जर जाति के नाम पर रखे गए हैं, जैसे कि भारत का गुजरात राज्य, पाकिस्तानी पंजाब का गुजरात ज़िला और गुजराँवाला ज़िला और रावलपिंडी ज़िले का गूजर खान शहर।

आधुनिक स्थिति

प्राचीन काल में दूधिया में निपुण रहे गुर्जर मुख्य रूप से खेती और पशुपालन के व्यवसाय से जुड़े हुए हैं। गुर्जर अच्छे पशुपालन माने जाते थे और इसीलिए भारतीय सेना में अभी भी इनकी अच्छी ख़ासी संख्या है । गुर्जर महाराष्ट्र

(जलगाँव जिला), दिल्ली, राजस्थान, हरियाणा, मध्य प्रदेश, उत्तर प्रदेश, हिमाचल प्रदेश, जम्मू कश्मीर जैसे राज्यों में फैले हुए हैं। राजस्थान में सारे गुर्जर हिंदू हैं। सामान्यतः गुर्जर हिन्दू, सिख, मुस्लिम आदि सभी धर्मों में देखे जा सकते हैं। मुस्लिम तथा सिख गुर्जर, हिन्दू गुर्जरो से ही परिवर्तित हुए थे। पाकिस्तान में गुजरावालां, फैसलाबाद और लाहौर के आसपास इनकी अच्छी ख़ासी संख्या है।

उत्पत्ति

गुर्जर अभिलेखो के हिसाब से ये सूर्यवंशी या रघुवंशी हैं। प्राचीन महाकवि राजशेखर ने गुर्जरों को 'रघुकुल-तिलक' तथा 'रघुग्रामिणी' कहा है। 7 वी से 10 वी शतब्दी के गुर्जर शिलालेखो पर सुर्यदेव की कलाकृतियाँ भी इनके सुर्यवंशी होने की पुष्टि करती हैं। राजस्थान में आज भी गुर्जरों को सम्मान से 'मिहिर' बोलते हैं, जिसका अर्थ 'सूर्य' होता है, कुछ इतिहासकारों के अनुसार गुर्जर मध्य एशिया के कॉकस क्षेत्र (अभी के आर्मेनिया और जॉर्जिया) से आए आर्य योद्धा थे। कुछ विद्वान इन्हे विदेशी भी बताते हैं क्योंकि गुर्जरों का नाम एक अभिलेख में हूणों के साथ मिलता है, परन्तु इसका कोई एतिहासिक प्रमाण नहीं है।

संस्कृत के विद्वानों के अनुसार, गुर्जर शुद्ध संस्कृत शब्द है, जिसका अर्थ 'शत्रु का नाश करने वाला' अर्थात 'शत्रु विनाशक' होता है। प्राचीन महाकवि राजशेखर ने गुर्जर नरेश महिपाल को अपने महाकाव्य में दहाड़ता गुर्जर कह कर सम्बोधित किया है।

कुछ इतिहासकार कुषाणों को गुर्जर बताते हैं तथा कनिष्क के रबातक शिलालेख पर अंकित 'गुसुर' को गुर्जर का ही एक रूप बताते हैं। उनका मानना है कि गुशुर या गुर्जर लोग विजेता के रूप में भारत में आये क्योंकि गुशुर का अर्थ 'उच्च कुलीन' होता है।

गुर्जर साम्राज्य

इतिहास के अनुसार वी सदी में भीनमाल गुर्जर सम्राज्य की राजधानी थी तथा इसकी स्थापना गुर्जरो ने की थी। भरुच का सम्राज्य भी गुर्जरो के अधीन था। चीनी यात्री ह्वेन्सान्ग अपने लेखो में गुर्जर सम्राज्य का उल्लेख करता है तथा इसे 'kiu-che-lo' बोलता है। छठी से 12वीं सदी में गुर्जर कई जगह सत्ता में थे। गुर्जर प्रतिहार राजवंश की सत्ता कन्नौज से लेकर बिहार, उत्तर प्रदेश, महाराष्ट्र और गुजरात तक फैली थी। मिहिरभोज को गुर्जर-प्रतिहार वंश का बड़ा शासक माना जाता है और इनकी लड़ाई बंगाल के पाल वंश और दक्षिण-भारत के राष्ट्रकूट शासकों से होती रहती थी। 12वीं सदी के पहले ही प्रतिहार वंश का पतन होना शुरू हुआ और ये कई राजवंशों में बँट गए जैसे कि (चौहान वंश, सोलंकी वंश, चंदीला

और परमार वंश) । अरब आक्रान्तो ने गुर्जरों की शक्ति तथा प्रशासन की अपने अभिलेखों में पूरी-पूरी प्रशंसा की है। इतिहासकार बताते हैं कि मुगल काल से पहले तक लगभग पूरा राजस्थान तथा गुजरात, 'गुर्जरत्रा' (गुर्जरो से रक्षित देश) या गुर्जर-भूमि के नाम से जाना जाता था।अरब लेखकों के अनुसार गुर्जर उनके सबसे भयंकर शत्रु थे। उन्होंने ये भी कहा है कि अगर गुर्जर नहीं होते तो वो भारत पर 12वीं सदी से पहले ही अधिकार कर लेते। 18 वी सदी में भी गुर्जरो के कुछ छोटे छोटे राज्य थे। दादरी के गुर्जर राजा, दरगाही सिंह के अधीन 133 ग्राम थे। मेरठ का राजा गुर्जर नैन सिंह था तथा उन्होंने परिक्शित गढ का पुन्रनिर्माण करवाया था। भारत गजीटेयर के अनुसार 1857 का प्रथम भारतीय स्वतंत्रता संग्राम मे गुर्जर ब्रिटिश के बहुत बुरे दुश्मन साबित हुए। गुर्जरो का 1857 की क्रान्ति में भी अहम योगदान रहा है। कोतवाल धन सिंह गुर्जर 1857 की क्रान्ति के शहीद थे। पन्ना धाय जैसी वीरांगना पैदा हुई, जिसने अपने बेटे चन्दन का बलिदान देकर उदय सिंह के प्राण बचाए| बिशलदेव गुर्जर बैसला (अजमेर शहर के संस्थापक) जैसे राजा हुए जिन्होने संभवतः 8 वीं शताब्दी में अजमेर पर शासन किया था और साथ ही अरब घुसपैठ का सफलतापूर्वक प्रतिरोध किया और तोमर वंश के गुर्जरों को दिल्ली पर नियंत्रण पाने में मदद की।, देवनारायण चौहान राजवंश के नाग वंशीय क्षत्रिय गुर्जर जैसे राजा हुए जिनका मूल स्थान वर्तमान में अजमेर के निकट नाग पहाड़ था।, विजय सिंह पथिक जैसे क्रांतिकारी नेता हुए जो राजा-महाराजा किसानो को लूटा करते थे, उनके खिलाफ आँदोलन चलाकर उन्होंने किसानो को मजबूत किया। मोतीराम बैसला जैसे पराक्रमि हुए जिन्होने मुगलो को आगरा में ही रोक दिया। धन सिंह जी कोतवाल हुए, जिन्होंने सबसे पहले मेरठ में अंग्रेजों से लड़ने का विगुल बजाया, सरदार वल्लभ भाई पटेल जैसा महापुरुष पैदा हुआ, जिन्होंने पूरे देश के राजा-महाराजो की विरासत को एक करके नवभारत का निर्माण किया। इस देश की रक्षा के लिए इस वीर गुर्जर जाति ने लाखो बच्चो की कुर्बानियाँ दी थी, अंग्रेजों की नाक में नकेल कसने वाले गुर्जरों को अंग्रेजों ने क्रिमिनल ट्राइब (यानी बदमाश समुदाय) कह कर पुकारा था। इसलिए उस वक़्त अंग्रेज़ों की सरकार ने गुर्जरों को बागी घोषित कर दिया था, इसी वजह से गुर्जर जंगलों और पहाड़ों में रहने लगे और इसी वजह गुर्जर पढाई-लिखाई से वंचित रह गये।

गुर्जर अभिलेखो के हिसाब से ये सूर्यवंशी या रघुवंशी हैं। प्राचीन महाकवि राजशेखर ने गुर्जरों को 'रघुकुल-तिलक' तथा 'रघुग्रामिणी' कहा है। 7 वी से 10 वी शतब्दी के गुर्जर शिलालेखो पर सुर्यदेव की कलाकृतियाँ भी इनके सुर्यवंशी होने की

पुष्टि करती हैं।

गुर्जर ह्यूमन रिसोर्सेज मैनेजमेंट एंड सोशल सर्विस के सचिव एडवोकेट रणपाल अवाना के अनुसार जिले में 65 से 70 गोत्र के गुर्जर रहते हैं। इनमें भाटी और नागर गोत्र के गुर्जर सबसे अधिक हैं। नोएडा-ग्रेनो एरिया में भाटी, नागर, अधाना, चपराना, बैसला, चावड़ा, चंदेल, चंदीला, डहालिया, मावी, तोंगड, कसाना, भड़ाना, अवाना, अंबावता, बैसोया, बिधूड़ी, बोकन, बट्‌ट, बड्डी, चेची, छाबरा, छोकर, चौहान, छापा, डेढ़ा, दहिया, धामा, गेहलौत, पटेल, गोगला, हूण, खारी, कपासिया, खोखर, तंवर, लोहिया, लोहमोड़, पोसवाल, पंवार और तोमर गोत्र के गुर्जर रह रहे हैं।

26

गोत्र

गोत्र

गोत्र मोटे तौर पर उन लोगों के समूह को कहते हैं जिनका वंश एक मूल पुरुष पूर्वज से अटूट क्रम में जुड़ा है। व्याकरण के प्रयोजनों के लिये पाणिनि में गोत्र की परिभाषा है 'अपात्यम पौत्रप्रभ्रति गोत्रम्' (४.१.१६२), अर्थात 'गोत्र शब्द का अर्थ है बेटे के बेटे के साथ शुरू होने वाली (एक साधु की) संतान । गोत्र, कुल या वंश की संज्ञा है जो उसके किसी मूल पुरुष के अनुसार होती है। गोत्र को हिन्दू लोग लाखो हजारो वर्ष पहले पैदा हुए पूर्वजो के नाम से ही अपना गोत्र चला रहे है। जिससे वैवाहिक जटिलताएं उतपन्न नहीं हो रही हैं।

गोत्र - वैसे गोत्र का अर्थ, गौ, गोरक्षा और गोरक्षक से भी संबंध रखता है । शायद जब इसकी शुरुआत हुई होगी तो सभी वो ऋषि, जिनके लिए गाय का विशेष महत्व रहा होगा और जो उनकी रक्षा करते रहे होंगे, उनके गोत्र से जोड़कर अलग खास पहचान देने की कोशिश कई गई होगी ।

गोत्र -- यह शब्द बड़ा ही रोचक इतिहास समेटे हुए है ।

गोत्र का अर्थ है — गोशाला (cowshed)

त्र प्रत्यय (अन्त्यलग्न/suffix) का प्रधान अर्थ है — रक्षक ।

अत: गोत्र का अर्थ हुआ — गोरक्षक

जिसका तद्‌भव है — गोरखा ।

गो के तीन अभिप्राय हैं —

१. गाय की कोई विशेष प्रजाति (नस्ल/breed) । २. गेहूँ (गोधूम) की कोई विशेष प्रजाति। (गोमेध = गोवत्स-बधियाकरण व गेहूँ की खेती) ३. वेद की कोई विशेष शाखा।

भारत में पिता-पुत्र-क्रम (male lineage) को गोत्र संज्ञा प्रदान की गई थी और प्रत्येक पिता-पुत्र-क्रम गो के उपर्युक्त तीनों रूपों की रक्षा कर रहा था। अब ऐसा नहीं हो रहा है !

इसी कारण गाय व गेहूँ की प्रजातियाँ नष्टप्राय हैं तथा वेद-वेदांगों का ज्ञान भी क्षीण हो गया।

हिन्दू संस्कृति के मूलाधार

१.जाति, २. स्मृति, ३. श्रुति

संस्कृति-कोई समूह अपने सदस्यों के लिए जो "प्राप्तव्य" मानता है, उनकी प्राप्ति हेतु जो "मूल्य" स्थापित करता है एवं जो "जीवन-पद्धति" निर्धारित करता है; उनकी समष्टि उस समूह की "संस्कृति" होती है।

प्राप्तव्य- इन्हें "पुरुषार्थ" भी कहते हैं। धर्म, अर्थ, काम, मोक्ष - ये चार पुरुषार्थ कहे गए हैं।

धर्म-समस्त कर्तव्यों की समष्टि "धर्म" है। इसका मूल है- "पारस्परिक समादर"।

महाभारतानुसार-

श्रूयतां धर्मसर्वस्वं श्रुत्वा चाप्यवधार्यताम्।
आत्मनः प्रतिकूलानि परेषां न समाचरेत्॥

अर्थ-आहार,निद्रा एवं सुरक्षा की समष्टि "अर्थ"।

काम-दूसरे का साथ एवं मनोतुष्टि "काम" है।

मोक्ष-मानसिक दासता का अन्त एवं स्वयं से ही सन्तुष्टि "मोक्ष" है। इसका मूल है-वैयक्तिक स्वातन्त्र्य (individual freedom) अर्थात् कोई भी व्यक्ति किसी अन्य व्यक्ति अथवा समूह द्वारा साधन की भाँति उपयोग में नहीं लाया जा सकता।

हिन्दू संस्कृति धर्मप्रधान है अर्थात् हिन्दू संस्कृति के अनुसार धर्म को साथ लिए बिना अर्थ,काम व मोक्ष में से किसी की भी प्राप्ति की चेष्टा आत्मघाती एवं विनाशकारी सिद्ध होती है।

जाति-किसी व्यक्ति की समस्त जीन-सम्पदा (genetic inheritance) उसकी "जाति" है। इसमें कुल,वंश,गोत्र आदि भी अन्तर्निहित। इसकी रक्षा हेतु जातिधर्म, कुलधर्म आदि निर्धारित हैं। जिनमें इतिहास भी अन्तर्निहित होता है। जाति प्राचीन एवं मौलिक है, जबकि चातुर्वर्ण्य (ब्राह्मण,क्षत्रिय,वैश्य व शूद्र) केवल नवीन आयोजन मात्र था, जो अब विलीन हो चुका है। प्रत्येक वर्ण में अनेक जातियाँ होती थीं। जो परस्पर विवाह से बचने का प्रयास करती थीं। भारत

में बाहर से आने वाला कोई समूह किसी वर्ण में स्वीकृत होने पर अपना पृथक् अस्तित्व नहीं खोता था। इतना ही नहीं,एक जाति जिस वर्ण की सदस्य होती थी। कालान्तर में उससे इतर वर्ण में भी स्थान पा सकती थी। यद्‌यपि अपवादस्वरूप वैयक्तिकरूपेण कतिपय व्यक्तियों को इतर जाति में ले लिया गया किन्तु ऐसे उदाहरण अतिन्यून एवं नगण्य हैं, साथ ही उनके नाम से पृथक् गोत्र भी चलाया गया। यथा- राजर्षि कौशिक के जाति-परिवर्तन से उनका ब्रह्मर्षि बन जाना। किसी जाति की सामाजिक उच्चता अथवा निम्नता पूर्णतया स्थायी नहीं है। स्वजाति को उठाने हेतु उद्‌योग करना चाहिए हीनभावना अथवा सम्मान के लोभ से छलपूर्वक अन्य जाति में प्रविष्ट होने की कुचेष्टा स्वजातिद्रोह,स्वपूर्वजद्रोह एवं आत्मद्रोह है,विश्वासघात है।

स्मृति-वे गीत,अनुष्ठान,उत्सव,परम्परा आदि "स्मृति" हैं। जिन में निहित ज्ञान व इतिहास सुविज्ञात है। स्मृति-आधारित कर्तव्य "स्मार्त-धर्म" कहलाता है। स्मृति अरक्षित होने पर श्रुति बन जाती है अथवा नष्ट हो जाती है

श्रुति-वे गीत,अनुष्ठान,उत्सव,परम्परा आदि "श्रुति" हैं जिनमें निहित ज्ञान व इतिहास विस्मृत अथवा अस्पष्ट हो चुका है। श्रुति-आधारित कर्तव्य "श्रौत-धर्म" कहलाता है। श्रुति में श्रम करने वाले के लिए श्रुति समय-समय पर अपने रहस्यों को उद्‌घाटित करती रहती है।

जाति, स्मृति व श्रुति की रक्षा हेतु निर्धारित धर्म (कर्तव्य-समष्टि) का पालन करने वाले "हिन्दू" हैं। इन तीनों की रक्षा वस्तुतः निज इतिहास एवं अस्तित्व की ही रक्षा है!!

""धर्मो रक्षति रक्षितः! यतो धर्मस्ततो जयः !!"

गोत्र और वर्ण अलग क्यों हैं -

गोत्र पहले आया फिर कर्म के अनुसार वर्ण व्यवस्था तय हुई. वर्णव्यवस्था में जिसने गुण-कर्म-योग्यता के आधार पर जिस वर्ण का चयन किया, वे उस वर्ण के कहलाने लगे। बाद में विभिन्न कारणों के आधार पर उनका ऊंचा-नीचा वर्ण बदलता रहा। किसी क्षेत्र में किसी गोत्र-विशेष का व्यक्ति ब्राह्मण वर्ण में रह गया, तो कहीं क्षत्रिय, तो कहीं शूद्र कहलाया। बाद में जन्म के आधार पर जाति स्थिर हो गयी।

यही वजह है कि सभी गोत्र सभी जातियों और वर्णों में हैं। कौशिक ब्राह्मण भी हैं, क्षत्रिय भी। कश्यप गोत्रीय ब्राह्मण भी हैं, राजपूत भी, पिछड़ी जाति वाले भी। वशिष्ठ ब्राह्मण भी हैं, दलित भी। दलितों में राजपूतों और जाटों के अनेक गोत्र हैं। सिंहल-गोत्रीय क्षत्रिय भी हैं, बनिए भी। राणा, तंवर, गहलोत-गोत्रीय जाट हैं,

राजपूत भी। राठी-गोत्रीय जन जाट भी हैं, बनिये भी।

गोत्र का इस्तेमाल किन कामों में होता है -

गोत्र का इस्तेमाल आमतौर पर विवाह संबंधों और धार्मिक कार्यों में होता है। माना जाता है कि एक ही गोत्र में विवाह नहीं किया जाना चाहिए। क्योंकि मान्यतानुसार इसके सारे सदस्य एक ही मिथकीय पूर्वज की संतान होते हैं। हालांकि मौजूदा दौर में ये शर्त और परंपरा शिथिल हुई है लेकिन कई जातियां अब भी इसका कड़ाई से पालन करती हैं। गोत्र को एक तरह से रक्त संबंध भी माना जाता है।

कैसे शुरू हुआ गोत्र

गोत्र मूल रूप से ब्राह्मणों के उन सात वंशों से संबंधित होता है, जो अपनी उत्पति सात ऋषियों से मानते हैं। ये सात ऋषि थे- 1.अत्रि, 2. भारद्वाज, 3. भृगु, 4. गौतम, 5.कश्यप, 6. वशिष्ठ, 7.विश्वामित्र.

बाद में इसमें एक आठवां गोत्र अगस्त्य भी जोड़ा गया और गोत्रों की संख्या बढ़ती चली गई। जैन ग्रंथों में 7 गोत्रों का उल्लेख है- कश्यप, गौतम, वत्स्य, कुत्स, कौशिक, मंडव्य और वशिष्ठ. लेकिन छोटे स्तर पर साधुओं से जोड़कर हमारे देश में कुल 115 गोत्र पाए जाते हैं।

११५ ऋषियों के नाम,जो कि हमारा गोत्र भी है...

चलन के अनुसार एक गोत्र मे हिन्दुओ की शादी वर्जित है।

गोत्र ज्ञान...

१.अत्रि गोत्र,

२.भृगुगोत्र,

३.आंगिरस गोत्र,

४.मुद्गल गोत्र,

५.पातंजलि गोत्र,

६.कौशिक गोत्र,

७.मरीच गोत्र,

८.च्यवन गोत्र,

९.पुलह गोत्र,

१०.आष्टिषेण गोत्र,

११.उत्पत्ति शाखा,

१२.गौतम गोत्र,

१३.वशिष्ठ और संतान (क)पर वशिष्ठ गोत्र, (ख)अपर वशिष्ठ गोत्र, (ग)उत्तर वशिष्ठ गोत्र, (घ)

पूर्व वशिष्ठ गोत्र, (ड)दिवा वशिष्ठ गोत्र !!!

१४.वात्स्यायन गोत्र,

१५.बुधायन गोत्र,

१६.माध्यन्दिनी गोत्र,

१७.अज गोत्र,

१८.वामदेव गोत्र,

१९.शांकृत्य गोत्र,

२०.आप्लवान गोत्र,

२१.सौकालीन गोत्र,

२२.सोपायन गोत्र,

२३.गर्ग गोत्र,

२४.सोपर्णि गोत्र,

२५.शाखा,

२६.मैत्रेय गोत्र,

२७.पराशर गोत्र,

२८.अंगिरा गोत्र,

२९.क्रतु गोत्र,

३०.अधमर्षण गोत्र,

३१.बुधायन गोत्र,

३२.आष्टायन कौशिक गोत्र,

३३.अग्निवेष भारद्वाज गोत्र, ३४.कौण्डिन्य गोत्र,

३५.मित्रवरुण गोत्र,

३६.कपिल गोत्र,

३७.शक्ति गोत्र,

३८.पौलस्त्य गोत्र,

३९.दक्ष गोत्र,

४०.सांख्यायन कौशिक गोत्र, ४१.जमदग्नि गोत्र,

४२.कृष्णात्रेय गोत्र,

४३.भार्गव गोत्र,

४४.हारीत गोत्र,

४५.धनञ्जय गोत्र,
४६.पाराशर गोत्र,
४७.आत्रेय गोत्र,
४८.पुलस्त्य गोत्र,
४९.भारद्वाज गोत्र,
५०.कुत्स गोत्र,
५१.शांडिल्य गोत्र,
५२.भरद्वाज गोत्र,
५३.कौत्स गोत्र,
५४.कर्दम गोत्र,
५५.पाणिनि गोत्र,
५६.वत्स गोत्र,
५७.विश्वामित्र गोत्र,
५८.अगस्त्य गोत्र,
५९.कुश गोत्र,
६०.जमदग्नि कौशिक गोत्र, ६१.कुशिक गोत्र,
६२. देवराज गोत्र,
६३.धृत कौशिक गोत्र,
६४.किंडव गोत्र,
६५.कर्ण गोत्र,
६६.जातुकर्ण गोत्र,
६७.काश्यप गोत्र,
६८.गोभिल गोत्र,
६९.कश्यप गोत्र,
७०.सुनक गोत्र,
७१.शाखाएं गोत्र,
७२.कल्पिष गोत्र,
७३.मनु गोत्र,
७४.माण्डब्य गोत्र,
७५.अम्बरीष गोत्र,
७६.उपलभ्य गोत्र,
७७.व्याघ्रपाद गोत्र,

७८.जावाल गोत्र,
७९.धौम्य गोत्र,
८०.यागवल्क्य गोत्र,
८१.और्व गोत्र,
८२.दृढ़ गोत्र,
८३.उद्‌वाह गोत्र,
८४.रोहित गोत्र,
८५.सुपर्ण गोत्र,
८६.गालिब गोत्र,
८७.वशिष्ठ गोत्र,
८८.मार्कण्डेय गोत्र,
८९.अनावृक गोत्र,
९०.आपस्तम्ब गोत्र,
९१.उत्पति शाखा गोत्र,
९२.यास्क गोत्र,
९३.वीतहब्य गोत्र,
९४.वासुकि गोत्र,
९५.दालभ्य गोत्र,
९६.आयास्य गोत्र,
९७.लौंगाक्षि गोत्र,
९८.चित्र गोत्र,
९९.विष्णु गोत्र,
१००.शौनक गोत्र,
१०१.पंचशाखा गोत्र,
१०२.सावर्णि गोत्र,
१०३.कात्यायन गोत्र,
१०४.कंचन गोत्र,
१०५.अलम्पायन गोत्र,
१०६.अव्यय गोत्र,
१०७.विल्च गोत्र,
१०८.शांकल्य गोत्र,
१०९.उद्‌दालक गोत्र,

११०.जैमिनी गोत्र,

१११.उपमन्यु गोत्र,

११२.उतथ्य गोत्र,

११३.आसुरि गोत्र,

११४.अनूप गोत्र,

११५.आश्वलायन गोत्र

कुल संख्या १०८ ही है,लेकिन इनकी छोटी-छोटी ७ शाखा और हुई है।इस प्रकार कुल मिलाकर इनकी पुरी संख्या ११५ है।।

क्या सारे गोत्र एक ही समय पैदा हुए

एक समय और एक स्थान पर गोत्रों की उत्पत्ति नहीं हुई है । महाभारत के शान्तिपर्व (296 -17, 18) में वर्णन है कि मूल चार गोत्र थे- अंग्रिश, कश्यप, वशिष्ठ तथा भृगु. बाद में आठ हो गए जब जमदन्गि, अत्रि, विश्वामित्र तथा अगस्त्य के नाम जुड़ गए । गोत्रों की प्रमुखता उस समय और बढ़ गई जब जाति व्यवस्था कठोर हो गई । लोगों को यह विश्वास हो गया कि सभी ऋषि ब्राह्मण थे ।

गोत्रों में वैवाहिक स्थिति

एक ही गोत्र के सदस्यों के बीच विवाह निषेध का उद्देश्य निहित दोषों को दूर रखने के अलावा ये भी था कि अन्य प्रभावशाली गोत्रों के साथ संबंध स्थापित कर अपना प्रभाव बढ़ा सकें ।

बाद में ग़ैर ब्राह्मण समुदायों ने भी इसी प्रथा को अपनाया । बाद में क्षत्रियों और वैश्यों ने भी इसे अपनाया । इसके लिए उन्होंने अपने निकट के ब्राह्मणों या अपने गुरुओं के गोत्रों को अपना गोत्र बना लिया ।

विवाह में आमतौर पर गोत्र को किस तरह देखा जाता है

एक लड़का-लड़की की शादी के लिए सिर्फ विवाह के लायक लड़के-लड़की का गोत्र ही नहीं मिलाया जाता, बल्कि मां और दादी का भी गोत्र मिलाते हैं । इसका अर्थ है कि तीन पीढ़ियों में कोई भी गोत्र समान नहीं होना चाहिए तभी शादी तय की जाती है ।

यदि गोत्र समान हैं तो विवाह न करने की सलाह दी जाती है । हिन्दू शास्त्रों में एक गोत्र में विवाह करने पर प्रतिबंध इसलिए लगाया गया क्योंकि यह मान्यता है कि एक ही गोत्र या कुल में विवाह होने पर दंपत्ति की संतान अनुवांशिक दोष के साथ उत्पन्न होती है । ऐसे दंपत्तियों की संतान में एक सी विचारधारा, पसंद, व्यवहार आदि में कोई नयापन नहीं होता ।

हिंदू धर्म में एक ही **गोत्र में शादी करने** की अनुमति नहीं दी जाती है। एक ही **गोत्र** के होने के कारण गुण सूत्र एक जैसे **होते** हैं। समान गुण सूत्र होने के कारण **शादी करने** से कई तरह ही समस्याएं पैदा हो सकती हैं। इस तरह के विवाह से पैदा हुए संतान में कई तरह के रोग और कई तरह के अवगुण पाए जाते हैं।

क्या गोत्र हमेशा एक ही रहता है

मनुस्मृति के अनुसार, सात पीढ़ी बाद सगापन खत्म हो जाता है अर्थात सात पीढ़ी बाद गोत्र का मान बदल जाता है । आठवी पीढ़ी के पुरुष के नाम से नया गोत्र शुरू होता है । लेकिन गोत्र की सही गणना का पता न होने के कारण हिंदू लोग लाखों हजारो वर्ष पहले पैदा हुए पूर्वजों के नाम से अपना गोत्र चला रहे हैं, जिससे वैवाहिक जटिलताएं भी पैदा हो रही हैं ।

गोत्र पहले आया फिर कर्म के अनुसार वर्ण व्यवस्था हुई ।

अलग–अलग जातियों में भी एक गोत्र होते हैं ।

छोटे स्तर पर साधुओं से जोड़कर कुल 115 गोत्र हैं ।

गुण, कर्म, योग्यता के आधार पर जिस वर्ण का चयन किया गया वे उस वर्ण के कहलाने लगे ।

जिनके गोत्र ज्ञात न हों उन्हें काश्यप गोत्रीय माना जाता है।

गोत्रस्य त्वपरिज्ञाने काश्यपं गोत्रमुच्यते।
यस्मादाह श्रुतिस्सर्वाः प्रजाः कश्यपसंभवाः।। (हेमाद्रि चन्द्रिका)

27

जाट तोमर तथ्य

जाट तोमर तथ्य

जाट शब्द देव सहिंता, महर्षि पाणिनि के अष्टाध्यायी, महाभारत में आता है जो अपनी प्राचीनता को स्वयं सिद्ध करते हैं ।

तोमर शब्द का उपयोग रामचरित मानस, महाभारत, पुराणों में भी आया है ।

राजपूत और गुर्जर शब्द इन ग्रंथों में नहीं है जो यह स्पष्ट रूप से दर्शाते हैं कि इन दोनों शब्दों (राजपूत और गुर्जर) का उपयोग जाट और तोमर शब्द के बहुत बाद का है ।

कुछ इस प्रकार के तथ्य निम्नानुसार हैं जो यह प्रदर्शित करते हैं कि जाट और तोमर शब्द पहले से हैं तथा राजपूत और गुर्जर शब्द बहुत बाद में आए हैं ।

हैरोडोटस 484 ईस्वी पूर्व यूनान में पैदा हुआ । इसको इतिहास का पिता कहा जाता है। यूनान के हैरोडोटस और अन्य इतिहासकारों के कथन अनुसार जाटों में जब भी एकता हुई तब संसार की कोई जाति बहादुरी में इनका मुकाबला नहीं कर सकी।

महान यूनानी इतिहासकार थूसिडीडियस ने घोषणा की थी कि एशिया अथवा यूरोप में कोई भी जाति (राष्ट्र) नहीं थी जो क्षत्रिय जाटों के मकाबले में खड़ी रह सके ।

एक प्रसिद्द प्राचीन इतिहासज्ञ पोम्पोनियस मेला ने जाटों के विषय में लिखा है कि वे युद्ध तथा शत्रु की हत्या से प्यार करते है| यह जाटों के क्षत्रिय होने का सब से बड़ा प्रमाण है ।

कर्नल जेम्स टॉड के शब्दों में - “जाट उन्हीं प्रचण्ड वीरों के वशंज हैं जिन्होनें एक समय आधे एशिया और यूरोप को दहला दिया था।”

तैमूर ने कहा था कि - "जाट एक अत्यन्त मजबूत जाति है। देखने में वे दैत्य जैसे, चींटी और टिड्डियों की तरह बहुत संख्या वाले और शत्रुओं के लिए सच्ची महामारी हैं।

बाबर ने लिखा है कि जब मैंने हिन्दुस्तान में प्रवेश किया है। भारतवर्ष के जितने क्षेत्रों में युद्ध किये या सैन्य कार्यवाहियां की, लगभग उन सभी स्थानों पर जाटों ने मेरा सामना किया ।

अहमदशाह अब्दाली ने कहा है । कि जितनी बार भी मैंने भारत पर हमला किये, पंजाब के दुर्दान्त जाटों ने हमारी फौज का मुकाबला किया । लड़ाई के समय पर हर बार वे निडर दिखाई दिये ।

ठाकुर देशराज जी के अनुसार जाटों को मुगलों ने परखा, पठानों ने उनकी चासनी ली; अंग्रेजों ने पैंतरे देखे। उन्होंने भी देहली, काबुल, भरतपुर, पुष्कर, पानीपत और जर्मनी तथा फ्रांस की भूमि पर अपने गर्म-गर्म लहूकी स्याही और कटार रूपी कलम से सिद्ध किया है| कि जाट क्षत्रिय हैं।

लेखक कालिका रंजन कानूनगो जाटों के विषय में लिखते हैं -

"वे खेती करने और तलवार चलाने में एक बराबर दिलचस्पी रखते हैं" और यहां तक उन्नति की है कि मेहनत और साहस में हिन्दुस्तान की कोई अन्य जाति इनके मुकाबले में नहीं है। जाट शुद्ध क्षत्रिय हैं ।

सी. वी. वैद्य जैसों ने कहा है। काबुल के पठानों की निगाह में कोई भारतीय क्षत्रिय कौम खटकी थी तो यही जाट थे।

नवाब समसामुद्दौला शाहनवाज खां जाटों के राजनैतिक क्रियाकलापों के आधार पर लिखता है - "यह पाषाण हृदय तथा लटूमार में दत्तचित्त रहते हैं।" वास्तविकता यह है कि इनकी वीरता का भय व्याप्त रहता है ।

आधुनिक समय में भारतीय सेना में जाट रेजिमेंट, सिख रेजिमेंट अपनी वीरता के लिए प्रसिद्द है।

जाटों के क्षत्रिय गुणों के कारण ही भारतीय राष्ट्रपति की सुरक्षा में गार्ड नियुक्त करते समय कुल 150 पदों में से 100 पद सिर्फ हिन्दू जाट (50 पद) और सिख जाट (50 पद) से भरे जाते है। यह उनकी वीरता की निशानी है। भारतवर्ष में 3 हजार से भी ज्यादा जातियां होते हुए सिर्फ जाटों को इस योग्य समझा जाता है। कि वे देश के प्रथम नागरिक राष्ट्रपति की रक्षा कर सकते हैं ।

ब्रह्म पुराण में भी तोमरो के लिये कहा गया कि वे उत्तरी भारत के निवासी थे -

तोमरा हन्समार्गाश्रच काशमीराः करुणास्तथा

शुलिका कुहकाश्र्चेव मागधाश्रच तथैव च

मत्स्य पुराण के प्रथम खंड में उल्लेखित है –

तोमरो के देश में से गंगा नदी प्रवाहित होती थी तोमरो का मूल निवास उत्तर भारत ही था |

तोमरां प्लावयन्ति चहं सभागनी सप्तहुकान |
पुर्वान्देशाश्च सेवंती नित्वासा बहुधा गिरिस ||
कण प्रावरणान प्राप्य गता साश्वमुखा नपि |
सिक्तया पर्वतमेरु सागत्वा विधाधरानशी||

अर्थ – गंगा के द्वारा जो सात स्त्रोतों का विसर्जन कर दिया गया था | उनमे से वह सरिता सररता का स्त्रोत जो उन सात स्त्रोतों में से एक थी, जो तोमर देशो का प्लावन जरती हुई हंस मार्ग, सम्हूहाको एवं पूर्व देशो का देवन करती हुई वह प्राय: गिरियों का भेदन करके कर्ण पावरनों में चली गयी

गणतन्त्र क्या है -

अर्जुनायन कौन्तेय गणराज्य (संस्कृत से ; "गण": जनता, "राज्य":रियासत/देश) एक ऐसा देश होता था| जहां के शासनतन्त्र में सैद्धान्तिक रूप से देश का सवोच्च पद पर पांडवो के वंश में से कोई भी व्यक्ति पदासीन हो सकता था। तोमर लोग सदा से समान नागरिक अधिकारों पर विश्वास करते है|

महाभारत के शान्तिपर्व (अध्याय १०७) में गणराज्यों की विशिष्टता और लक्षणों का वर्णन है। जो किसी के अधीन न थे, न उन्हें कोई पराजित कर सका। भीष्म ने उनके गुण-दोषों की चर्चा की है। भीष्म में बताया है कि लोभ और ईर्ष्या ही गणों के अंदर, जैसे कुल में, दुश्मनी उत्पन्न करते हैं। यह विनाश की जड़ है। भेद एवं द्वेष गण के पतन का कारण बनते हैं। जो अच्छे गण हैं वहाँ ज्ञान वृद्धि परस्पर सुख सख का संचार करते हैं उन्होंने शास्त्रों के अनुसार धर्मानिष्ठायुक्त क़ानून की व्यवस्था की है। वे गण उन्नति करते हैं, क्योंकि उन्होंने अपने पुत्रों और भाइयों (नागरिकों) को अनुशासन सिखाया है, उन्हें प्रशिक्षित किया है। वे कहते हैं, क्योंकि उनके यहाँ सदा सम्मेलन होते रहते हैं। उनमें जो धनवान, वीर, ज्ञानी हैं और शस्त्र-शास्त्र में प्रवीण हैं, वे अपने असहाय बंधुओं की सदा सहायता करते हैं। भय, क्रोध, विभेद, परस्पर विश्वास का अभाव, अत्याचार और आपस की हिंसा होने पर ही वे शत्रु के चंगुल में फँसते हैं। इनके लिए आन्तरिक संकट ही सबसे बड़ा है। उसके सामने बाह्य संकट नगण्य है।

गण में सर्वव्यापी समता (सद्दशता) होती है, जन्म से तथा कुल से। इस कारण गण किसी प्रकार तोड़े नहीं जा सकते, न शौर्य से या चालाकी से, न रूप के जाल से। शत्रु केवल भेद उत्पन्न कर फूट डालने से जीत सकते हैं। इसलिए उनकी सुरक्षा

राज्य संघो में है।

जाटों की खाप (पाल) भी इसी गणतंत्र प्रणाली का सबसे बड़ा उदाहरण है| जिनका अस्तित्व वर्तमान में भी मौजदू है | 300 ईस्वी पूर्व से लेकर 500 ईस्वी तक इन अर्जुनायन कौन्तेय जाटों के साथ और भी जाटों ने गणतंत्र प्रणाली से शासन किया जैसे मालव, यौधेय, मद्र, नाग, आदि

इन नागाओ से प्रारम्भ में कौन्तेयों का युद्ध अनवरत चलता रहता था| जो वैवाहिक संबंधो के कारण मित्रता में बदल गया, नागो ने अर्जुनायन की सहायता से पंजाब को कुषाणों से मुक्त करवाया था| विजय उत्सव के रूप में बनारस में घाट का निर्माण करवाया था|

दशरथ शर्मा के अनुसार अर्जुनायन और यौधेयो ने मालवा लोगो से मिलकर कुषाणों से संघर्ष किया और उनको पराजित करने में सफलता पाई |

आधुनिक आगरा, मथुरा, बागपत, मेरठ, हापुड़, शामली, नोएडा, दिल्ली, मेवात, पलवल, फरीदाबाद और अलवर और भरतपुर जिलों के अधिकांश भूभाग जयपुर के विशेष में विशाल अर्जुनायन गणतंत्र था, जिसकी राजधानी इंद्रप्रस्थ थी|

इनकी सीमा उत्तर में यौधेय जाटों से पश्चिम मालव और नाग जाटों से मिलती थी| यौधयों का शासन बहावलपुर और वर्तमान हरियाणा, हनुमानगढ़, बीकानेर क्षेत्र तक थी। इन यौधयों को कर्नल टॉड ने जाट लिखा है पंजाब में मद्रक जाटों का गणतंत्र राज्य था जिसकी राजधानी स्यालकोट थी|

थानेश्वर के शासक हर्षवर्धन बैंस (606ई.-647ई.) के समय में अर्जुनायन अपनी वीरता के लिए जाने जाते थे | उस समय तक यह लोग कौन्तेय कुंतल शब्द भी पहचान के रूप में काम में लेते थे| महाराजा प्रभाकर वर्धन बैंस की पुत्री राजश्री गृह वर्मा की रानी थी| गौड़ राजा ने गृह वर्मा की हत्या कर राजश्री को कैद कर लिया सवादक नामक दूत ने यह सन्देश महाराजा प्रभाकर वर्धन बैंस के बड़े पुत्र राजवर्धन बैंस दिया । राज्य वर्धन सेना लेकर युद्ध करने गया लेकिन वह धोखे से मारा गया । इन्द्रप्रस्थ से युद्ध में गए कुंतल/अर्जुनायनों के अश्वरोही सैनिक ने यह संदेश थानेश्वर में हर्षवर्धन को दिया हर्षवर्धन ने सभी जाट खापो की पंचायत की जिसमे अश्वसेना का प्रधान वहृदेश्वर कुंतल इन्द्रप्रस्थ को बनाया गया । हर्षवर्धन के दरबारी कवि बाण ने इस बात का उल्लेख किया है। रागेय राघव के अनुसार हर्षवर्धन के पिता ने जब साम्राज्य की स्थापना की । उसी समय से इन्द्रप्रस्थ के गणतत्रं की अर्जुनायन कुंतल (तोमर) जाट उनकी सेना के प्रधान बनते हुए आये है| तोमर जाट मलू रूप से पांडव वंशी सिद्ध होते है |

तोमर मूल रूप से जाट थे ।

इतिहासकार जून और डॉ महक देव सिंह के प्रमाणों के आधार पर पुष्टि होती है कि तोमर मलू रूप से जाट थे | किसी भी अन्य जातियों में जो तोमर मिलते है| वे मूल रूप से जाट ही थे|

• तोमरो के जाट मूल होने का प्रमाण यह भी है कि वो वर्तमान में भी पांडव, कौन्तेय जैसे अपने मूल नाम से भी पहचाने जाते है| जो उनकी उत्पत्ति के दौर से उनके द्वारा काम में लिए जा रहे है| जबकि दूसरी अन्य सभी जातियों में वो केवल तोमर लिखते है| जो जाति बाद में बनी होती है| उस में मूल नाम का अभाव दृष्टि गोचर होता है | जैसा कि जाटों के अतिरिक्त किसी भी अन्य जाति में तोमर गोत्र के लोग आज अपने मूल गोत्र कौन्तेय, पांडव का प्रयोग नहीं करते है |

• सुर्जन चरित्र में दिल्ली के तोमर राजाओ को कुन्तलेश्वर कहकर सम्बोश्धित किया गया (श्लोक १-१०) वर्तमान में भी मथुरा के तोमर खुद को कुंतल कहलाना ज्यादा पसदं करते है|

• पृथ्वीराज रासो और कुमारपाल जैसे तोमर कालीन ग्रंथों में जिन 36 क्षत्रिय कुलो का उल्लेख किया गया है| उन में तोमरो को पथृक से स्थान नहीं देकर जाटों में ही सम्मिलित किया गया है| अर्थात – तोमरो को 36 कुलो में अलग से स्थान नहीं दिया गया है| तोमरो को एक साथ जाटों में स्थान दिया गया है|

•कैप्टन दिलीप सिंह पृष्ठ 457 पर लिखते है| विक्रमी सवंत 1337 (सन1280) का एक शिलालेख गांव बोहर जिला रोहतक में मिला है जिस पर लिखा हुआ है| कि हरियाणा देश व देहली पर पहले तोमरों (तंवर जाट) ने राज्य किया, फिर चौहानों ने, उसके बाद गोरी सुल्तान ने। (S. No. 598, op. cit, Journal of Asiatic Society of Bengal, Vol. 1, XLII, Pt. VI; P. 108)। इस बोहर ग्राम की स्थापना नादल सिंह तोमर ने की थी उसके वंशज आज नादल जाट कहलाते है|

• मथुरा गजटियेर पृष्ठ 336 के अनुसार दिल्ली के जाट राजा अनंगपाल तोमर ने दिल्ली से आकर सौंख को बसाया उसके वंशज जाट जाति के रूप में यहाँ निवास करते है|

• राजा अनगंपाल के पूर्व पुरुष पांडव वंशी जाट थे जो पंजाब से देहली आये। (इतिहास इंगलिश, पृष्ठ 136 लेखक लेफ्टिनेंट जून)

• इतिहासकार दिलीप सिंह के अनुसार राजपूतों के तोमर जाटू गोत्रों का निकास जाटों से हुआ है| राजपतू तोमरो को हरियाणा और पाटण विशेष में भी जाटू बोला जाता है जो उनको जाट मूल के होने का ठोस प्रमाण है | वर्तमान में इस विशेष में जाटू खाप की चौधर जाटों के पास है|

• हिन्दू ग्रन्थ देव संहिता में जाटों की उत्पत्ति भगवान शिव से बताई गयी है| जाटों का वर्णन शिव के गण नंदी के रूप में भी किया गया है| दिल्ली के तोमर राजाओ के सिक्को के एक तरफ नन्दी का चित्रण होना नंदी (गौ बच्छा) का उनके राज्य चिह्न के रूप में होना उनके जाट मूल के होने की तरफ इशारा करता है|

•दिल्ली के तोमर जाट राजाओ के अन्य जाट वंशो में रिश्तेदारी थी| जो उनको जाट प्रमाणित करती है| जैसे बैंस (थानेश्वर), वरिक, बमरोलिया, बालियान, ढिल्लों, सरोहा जाट में तोमर जाट राजाओ की बेटियों और बेटो के विवाह होने के प्रमाण मौजदू है| जैसे दिल्लीपति सलकपाल तोमर का विवाह देशवाल खाप के मुखिया बेटी से हुआ तो अनंगपाल देव की बेटी गढी बैराठ के विरमदेव बमरोलिया को ब्याही थी| इस विवाह के बाद उपहार मे उस को तोमर साम्राज्य के सबसे महत्वपूर्ण स्थान तुहनगढ की सुरक्षा का दायित्व सौंपा अनंगपाल तोमर की द्ववतीय रानी हरको देवी यदुवंशी जाटनी थी|

•आई.सारा एक कनाडाई शोध छात्रा ने अपने शोध में बताया कि यूक्रेन में जाट लगभग 32 हजार की जनसंख्या में है उनकी देसी बोली को जाटली कहा जाता है इनमें तोमर गोत्र है यूक्रेन में आज जाट जाति के 70 गोत्र है| वर्तमान जनसंख्या लाख के करीब है | उज़्बेकिस्तान में भी जाट जाति निवास करती है उनकी भाषा बोली में आज भी ब्रज भाषा के शब्दों अधिकतम समावेश है| उनके गोत्र भी ब्रज के जाटों से मिलते दिलीप सिंह अहलावत ने 1991 में इस पर एक लेख प्रकाशित किया था |जबकि भारत से बाहर तोमर जाटों का मिलना उनकी प्राचीनता को सिद्ध करता है कि तोमर मूल रूप से जाट थे|

•वाकआत पञ्च हजारा (1898) में इंद्रप्रस्थ (दिल्ली) के पांडव वंशी तोमर राजाओ को जाट लिखा गया है |

•पंडित दयानन्द सरस्वती ने दिल्ली के पांड वंशी राजाओ को जाट ही माना है| इसका वर्णन सत्यार्थ प्रकाश में भी किया है|

•फारस (ईरान) की प्रसिद्ध तवारीख सैरउलमुखताखरीन में इंद्रप्रस्थ के पाण्डववंशी तोमर राजाओ को जाट लिखा गया है|

पुस्तक में विक्रमादित्य की पूरी वंशावली का ईरान के समकालीन राजाओ के नाम के साथ दी गयी है|

•कनिघम के अनुसार दिल्ली के जाट राजा पीपलदेव तोमर की एक मुद्रा पर एक तरफ कुंतलमान, कुतमान सामतं देव लिखा हुआ है| यह इस बात को प्रमाणित करती है की दिल्ली के तोमर भी मूल रूप से पांडव वंशी कुंतल जाट थे|

•इतिहासकार ठाकुर देशराज जी 1964 में प्रकाशित पुस्तक बीकानेरीय जागृति के अग्रदूत के पेज 9 पर लिखते है कि जब दिल्ली से तोमरो का राज्य चला गया तब कुछ तोमरो ने राजपूत सघं में दीक्षा लेली और जो राजपूत सघं में दीक्षित नहीं हुये वे जाट ही रहे।

•ब्रज की लोक संस्कृति का साहित्य नामक पुस्तक के लेखक माधवप्रसाद चौबे (चतुर्वेदी) जी लिखते है दिल्ली के राजा अनंगपाल तोमर जाट थे |

•इतिहासकार परमेश शर्मा के अनुसार तोमर जाटों से ही तोमर राजपूतों की उत्पत्ति हुई है वो लिखते है अनगं पाल तोमर जाट सम्राट था|

• वर्तमान समय में दिल्ली में राजपूत तोमर का कोई गाँव नहीं है| जबकि जाट तोमरो के 12 गाँव (मोहम्मदपर, डाबरी, तिरखेवाला, तोमरपुर) मौजूद है| साथ ही तोमर वंशी अन्य जाट (सहराव और जाटू राणा) के 30 से ज्यादा गाँव मौजूद है| पांडवो को मिले 5 गाँव इंद्रप्रस्थ, तिलपत (फरीदाबाद, पलवल), व्याघ्रप्रस्थ (बागपत), स्वर्णप्रस्थ (सोनीपत), पानीपत आज भी वर्तमान में पाण्डव वंशी तोमर जाट बाहुल्य क्षेत्र है | इतिहास में तंवरहिन्द तोमर हिन्द नाम से प्रसिद्ध रहा सरहिन्द (पंजाब) में भी तोमर जाटों के 25 गाँव आज भी है |

•इतिहासकार ठाकुर देशराज सिंह, हुकुम सिंह पंवार और दिलीप सिंह, रतनलाल वर्मा जैसे इतिहासकारो ने लिखा है तोमर राजपूत ही तोमर जाटों से निकले है|

निष्कासित राज पत्र होने के कारण तोमर जाट से राजपूत हो गए (पुस्तक राजपूतों की उत्पत्ति का इतिहास) जाट शब्द राजपूत शब्द से कई शताब्दियों पहले का है| राजपूत शब्द को कोई भी इतिहासकार आठवी शताब्दी से पहले का नहीं बतलाता। जबकि वर्तमान की राजपूत जाति आठवी सदी के बाद हुए आबूयज्ञ से अस्तित्व में आयी । लेकिन जाट शब्द जो कि पाणिनि के धातुपाठ व चन्द्र के व्याकरण में क्रमशः ईसा से एक हजार वर्ष पूर्व और ईसा से चारसौ वर्ष पीछे का लिखा हुआ मिलता है इस बात का प्रमाण है कि वह राजपूत शब्द से प्राचीन है। चाहे राजा किसी भी जाति का हो क्षत्रिय कहलाता था | उसका पुत्र राजपुत्र कहलाता था |

प्रो.हेतसिंह बघेला “उत्तरी भारत का इतिहास” नामक पुस्तक मे लिखते है कि मुस्लिम विजताओ ने पराजित राजाओ को राजपूतों की संज्ञा दी |

• राजपूत इतिहासकार जगदीश सिंह गहलोत राजपूतों का इतिहास पृष्ठ 8 पर लिखते है कि मुस्लिमों के आने के बाद ही शासको की जातियों के लिए राजपूत शब्द प्रयोग में आने लगा जबकि तोमरो पांडवो और जाटों का इतिहास आठवी

शताब्दी से पहले भी अस्तित्व में था |

•भारतीय संस्कृति के रक्षक पुस्तक में रतनलाल वर्मा लिखते है| मुस्लिम काल आने से पहले राजपूत जाति का अस्तित्व सिद्ध करना असंभव है | जबकि तोमरो पांडवो और जाटों का इतिहास आठवी शताब्दी से पहले भी अस्तित्व में था |

•इतिहासकार विलियम स्मिथ के अनुसार राजपूत प्राचीन जाट, अहीर, गुजर, मीणा जाति के वंशज है|

•इतिहासकार अली हसन चौहान लिखते है मुस्लिम काल में जिस किसी भी स्थानीय व्यक्ति को विदेशी मुस्लिम बादशाहो ने जागीरे दी उसको उन्होंने राजपूत कहा इसलिए वर्तमान राजपूत जाति भिन्न भिन्न जातियों का मिश्रण है |

•इतिहासकार ओझा भी स्वीकार करते है कि राजपूत जाति मुग़ल काल में अस्तित्व में आयी

•मि.आर.जी लेथम के 'एथनोलोजी ऑफ इंडिया' पृष्ठ के एक नोट से जाट-राजपूत के सम्बन्ध में इस तरह प्रकाश पड़ता है - एक राजपूत प्राचीन धर्म पालन करने वाला एक जाट हो सकता है।

•हिस्टोरियन आर एस जून के अनुसार जाट गोत्र चौहान, सोलकी (सोरौत), ग्रेवाल, तनवर (तोमर) के कुछ लोग 12 वीं सदी के आसपास नवीन बने राजपूत संघ में सम्मिलित हो गए ।

•तोमर/कुंतल जाटों के जागाओ की पोथी में वंशावली और सर्व खाप इतिहास में कुछ उदहारण ऐसे आते है । जब तोमर जाट (History of the jat 1938 Page-140) किसी कारण वश राजपूत संघ में शामिल हो गए । इन में से कुछ का वर्णन क्षत्रियों का इतिहास (1978) लेखक परमेश शर्मा और जाट इतिहास लेखक महेंद्र शास्त्री (1991) ने भी अपनी किताबो में किया है| जैसे बागपत जिले के किशनपुर बिराल के जाट जगदीश तोमर को पंचायत ने बहिष्कृत कर दिया उसने मुजफ्फरनगर जिले में जगदीशपुर बिराल गाँव बसाया और राजपूत जाति में शामिल हो गया | दूसरा उदाहरण महेंद्र कुमार शास्त्री और सर्व खाप इतिहास के अनुसार गोपालपुर (बागपत जिले) के तोमर जाटों का एक समूह बुंदेलखंड में चला गया उन्होंने वहां शावपुर (शिवपुर) की जागीर बनाई और राजपूतों में विवाह करके राजपूत संघ में शामिल हो गया उसके वंशज आज तक व्राघप्रस्त (बागपत का प्राचीन नाम) तोमर कहलाते है|

•इब्राहिमपुर के नम्बरदार के अनुसार पथृला ग्राम (पलवल जिला हरियाणा) के दो सगे जाट भाई आवे (आदे – अजयपाल) और बावे (बादे – विजयपाल) थे| जो किसी कारणवश पथृला को छोड़ कर आधुनिक अलीगढ जिले की खैर (वर्तमान-गभाना) तहसील में आ बसे और पिसावा रियासत की स्थापना की। कुछ समय बाद में छोटा भाई बादे (विजयपाल) गंगा पार चला गया और एक अलग राज बनाया उसके वंशज बदायूं जिले में राजपूत तोमर बोले जाते है| उनके बारह गांव है वहाँ जबकि अपने मूल गांव पथृला और पिसावा के आसपास वो आज भी जाट ही है|

•आज भी यह कहावत प्रचलित है कि दिल्ली तो जाटों की बहु है दूसरी कहावत भी जाटों को दिल्ली से जोड़ती है।

दिल्ली है बहादुर जाटों की, बाकी कहानियाँ भाटों की

यह कहावते इस बात के ठोस प्रमाण है कि दिल्ली पर जाटों का शासन रहा है दिल्ली के तोमर/तंवर राजवंश जिसको अर्जुनायन और कुंतल कौन्तेय भी बोला गया है यह एक प्रसिद्ध जाट राजवंश था|

कुल देवी

पांडवो की कुल देवी मन्शा देवी है| जिसका वास्तविक नाम योगमाया है | मनोकामना पूर्ण करने से यही योगमाया माँ मनसा देवी कहलाती है | दिल्ली के तोमर राजाओ ने अपनी कुल देवी योगमाया का मंदिर दिल्ली के योगनीपुर में बनवाया था| मनसादेवी के वर्तमान में तोमर राजाओ द्वारा निर्मित मुख्यत: तीन प्राचीन मंदिर अभी भी मौजूद हैं | इन मंदिरों का निर्माण दिल्ली के राजा रहते हुए तोमर जाट राजाओ ने करवाया था | एक मंदिर मथुरा जिले के गोपालपुर में है| जिसका निर्माण अनंगपाल तोमर ने फाल्गुन सोमवार 1074 करवाया दूसरा मंदिर तोमर देश (बागपत जिले) में बड़ा गाँव में स्थित है |

दोनों क्षेत्र पाण्डववंशी तोमर/कुंतल बाहुल्य है| बागपत के पांडववंशी तोमर/कुंतल आर्यसमाजी होने से मंदिर पूजा नहीं करते है| योगनीपर में भी तोमरो द्वारा निर्मित प्राचीन मंदिर था|मुस्लिम राज्य के दौरान इस मंदिर को नष्ट कर दिया गया वर्तमान में इन तोमर जाटों की बिजरानिया उपगोत्र शाखा ने अपनी कुल मनसा देवी के प्राचीन मंदिर का पुन: निर्माण लडानागढ के पास करवाया है | यह तीसरा मुख्य प्राचीन मंदिर था |

तोमरो और अर्जुनायनों के सिक्को पर एक देवी की प्रतिमा भी प्राप्त होती है| कुछ इतिहासकार बिना प्रमाण के उसको धन की देवी लक्ष्मी मान लेते है| परन्तु यह तोमर वशं की कुल देवी मनसा देवी का चित्र का अंकन है |

कुल देव

पांडव वंशी जाटों ने अपना कुल देव भगवान शिव को माना है| परन्तु महाभारत युद्ध में भगवान श्री कृष्ण ने अर्जुन का साथ दिया उसके बाद से शिव और कृष्ण दोनों ही इनके कुल देवता है|अर्जुनायन (तोमरो) ने अपने सिक्को पर शिव के नंदी का चित्र का अंकन करवाया है | महाराजा अनंगपाल देव तोमर तो भगवान श्री कृष्ण का परम भक्त थे उनके सिक्को पर श्री माधव नाम लिखा मिलता है |

शमी वृक्ष (छोंकरा) की पूजा –

जाटों में खेजड़ी (जांटी) छोंकडा की पूजा होती है। खेजड़ी की पूजा करने का कारण उनकी तरफ से यह बताया जाता है कि बभ्रूवाहन का सिर जिससे कि पाण्डवों की सेना को हानि होने की संभावना थी, भगवान कृष्ण ने खेजड़ी पर टांगा था। दूसरी बात यह भी कहते हैं कि जब पाण्डव अज्ञातवास में रहे थे, तब उन्होंने अपने शस्त्र इसी वृक्ष पर रखे थे। इसलिए आज भी जाटों में यह वृक्ष पवित्र माना जाता है|

दिल्ली पर जाटों का शासन

दिल्ली पर जाटों का शासन विभिन्न अभिलेखों अनुसार

तीस वर्ष बाद

दिल्ली पर जाटों का शासन

दिल्ली पर जाटों का शासन - विभिन्न अभिलेखानुसार

List of Tomar rulers according to various sources

#	Abul-Fazl's Ain-i-Akbari / Bikarner manuscript	Gwalior manuscript of Khadag Rai	Kumaon-Garwal Manuscript	Year in CE (according to Gwalior manuscript)	Years	Months	Days
1	Ananga Pala		Bilan Dev	736	18	0	0
2	Vasu Dev			754	19	1	18
3	Gangya		Ganggeva	773	21	3	28
4	Prithivi Pala (or Prhtivi Malla)	Prathama	Mahi Pala	794	19	6	19
5	Jaya Deva	Saha Deva	Jadu Pala	814	20	7	28
6	Nira Pala or Hira Pala	Indrajita (I)	Nai Pala	834	14	4	9
7	Udiraj (or Adereh)	Nara Pala	Jaya Deva Pala	849	26	7	11
8	Vijaya (or Vacha)	Indrajita (II)	Chamra Pala	875	21	2	13
9	Biksha (or Anek)	Vacha Raja	Bibasa Pala	897	22	3	16
10	Riksha Pala	Vira Pala	Sukla Pala	919	21	6	5
11	Sukh Pala (or Nek Pala)	Go-Pala	Teja Pala	940	20	4	4
12	Go-Pala	Tillan Dev	Mahi Pala	961	18	3	15
13	Sallakshana Pala	Suvari	Sursen	979	25	10	10
14	Jaya Pala	Osa Pala	Jaik Pala	1005	16	4	3
15	Kunwar		Kumara	1021	29	9	18

विभिन्न स्रोतों से तोमर शासकों की सूची (स्रोत - सेमीनार ऑन किंग्सपी.डी.एफ.)

	pala	Pala					
16	Ananga Pala (or Anek Pala)	Ananga Pala	Anek Pala	1051	29	6	18
17	Vijaya Pala (or Vijaya Sah)	Teja Pala	Teja Pala	1081	24	1	6
18	Mahi Pala (or Mahatsal)	Mahi Pala	Jyun Pala	1105	25	2	23
19	Akr Pala (or Akhsal)	Mukund Paa	Ane Pala	1130	21	2	15
Prithivi Raja							

विभिन्न स्रोतों से तोमर शासकों की सूची (स्रोत - सेमीनार ऑऩ किंग्सपी.डी.एफ.)

जाट राजा कौन्तेय बिल्हण देव तोमर(जाट पांडव वंशज)

जाट राजा कौन्तेय बिल्हण देव तोमर /तँवर **1**

राजा बिल्हण देव का विवाह यदुवंशी सिनसिनवार जाटों में हुआ इतिहासकार पंडित राधेश्याम भी इसी बात पर मोहर लगते है की दिल्ली की स्थापना निकट जाट भूमि हरियाणा के तोमर वंश ने की थी जिनका शासन बारहवीं सदी के उत्तर्राद्ध तक रहा जो सातवीं शताब्दी से पहले अर्जुनायन और कौन्तेय (कुंतल) ही कहलाते थे कर्नल टॉड ने इनका राजतिलक का समय सन 791 ईस्वी दिया राजतरंगनी में इसका सन 791 ईस्वी दिया गया है जबकि प्रामाणिक समय 736 ईस्वी माना गया है हेमचन्द्र राय और कनिंघम ने भी दिल्ली की स्थापना और राजतिलक का समय 736 ईस्वी माना है अल्लाउदीन खिलजी के दरबारी कवि आमिर खुसरो ने लिखा है दिल्ली पर 800 ईस्वी के लगभग तंवर वश के शक्ति शाली राजा अनंगपाल का शासन था जब इन्होने यहां शासन स्थापित किया था यह क्षेत्र वंशधरो दुवारा गणतंत्र प्रणाली से शासित था यह किसी राज्य का अंग नहीं था इसलिए इन्होने अन +अंग क्षेत्र के पालन करता उपाधि धारण की इसलिए इस कुंतल तोमर वंश के जाट राजाओ में तीन मुख्य राजाओ को

कुंतल तोमर वंश के जाट राजाओ में तीन मुख्य राजाओ को अनंगपाल बोला जाता है इस पदवी को धारण करने वाले प्रथम शासक बिल्हण देव हुए बिल्हण देव अनंगपाल तोमर प्रथम के नाम से जाना जाता है इनके बाद 21 कुंतल तोमर जाट दिल्ली की गद्दी पर बैठे उन्होंने 754 ईस्वी तक शासन किया इनके कई पुत्र हुए जिन में से
तेजा ,इंद्रादेव ,रणराज ,अचलराज ,द्रुपद शिशुपाल ,भूमिपाल, वासुदेव हुए इनके राज्य की सीमा लौर / लोहार वंशी कश्मीरी नरेश ललितादित्य मुक्तापिण्ड से ,कन्नौज के जाट राजा यशोवर्मन से बयाना के सिनसिनवार जाट राजाओ से लगती थी इनके राज्य में वर्तमान का दिल्ली ,सम्पूर्ण हरियणा प्रदेश और बागपत, मेरठ ,मुज़फ्फरनगर ,मथुरा ,अलीगढ ,आगरा से लेकर कन्नौज तक राजस्थान का अलवर और भरतपुर जिलों का उत्तरी भाग सम्मलित था । **2**

बिल्हण देव की मुद्रा प्राप्त हुई है उसपर श्री जा +जाउल लिखा हुआ है इनके बाद इनके पुत्र वासुदेव गद्दी पर बैठे इनके पुत्र द्रुपद ने असीगढ वर्तमान के हांसी की स्थापना की यहाँ पर इन्होने शस्त्रागार स्थापित किया और एक दुर्ग का निर्माण भी करवाया इनके पुत्र अचलराज को अछनेरा की जागीरी मिली सिकंदर लोधी के समय अचलराज के वंशज छत्तीसगढ़ के जंगलो में चले गए उनको वर्तमान में अगरिया चौधरी बोला जाता है राजा बिल्हण देव ने अनंगपुर धाम की स्थापना की जो तोमर वंश की राजधानी भी रही इनके समय पर रणथम्भौर पर नागिल /नाग जाटों का था जो दिल्ली के राजा बिल्हण देव के निकट रिश्तेदार थे भाटो के अनुसार इनका राजा रणमल सिंह वीर था उसके साथ बिल्हण देव ने अपनी पुत्री का विवाह किया इन्होने मौर जाट को कचौरा की जागीरी प्रदान की। **3**

लौह स्तम्भ पर अंकित सन्देश

बिल्हण देव तोमर

राजसिंहासन पर विराजमान महाराज अनंगपाल द्वितीय (कलाकार की कल्पना) (स्रोत - सेमीनार ऑन किंग्स पी.डी. एफ.)

अश्वारुढ़ महाराज अनंगपाल द्‌वितीय (कलाकार की कल्पना) (स्रोत - सेमीनार ऑन किंग्स पी.डी.एफ.)

तोमर-खूंटैला :पांडव वंश की गाथा

तोमर-खूंटैला :पांडव वंश की गाथा

पांडव वंश का शंखाचार पांडव गाथा पुस्तक से लिया गया है।

(मानवेन्द्रसिंह व चमनसिंह)

प्रथम मैं सुमरुं शारदा, ध्याऊँ देव गणेश। कोटि विघ्न टाले सदां, सुखदायक महेश।।

चंद्रवंश की महिमा, उज्ज्वल चंद्र समान। किरण धरा फैलती, जानत सकल जहान।।

पुरुवंश पुरुरवा से, है जानत विश्व महान। दुष्यंत सुत भरत से, भारत कौ बढ़्यौ मान।।

भरत नाम से मिली, भारत को पहचान। भरत वंश आगे भयौ, पाण्डववंश महान।।

पाण्डु नृपति के पांच सुत, बली भये अधिकाय। विजय वीरता की रही, चहुँ दिशि में यश छाय।।

पाण्डु सुत अर्जुन भये, इंद्र देव अवतार। महाभारत के युद्ध मे, सबै दिखाई हार।।

अर्जुन सुत अतिशय बली, अभिमन्यु विख्यात। जाकी अमर वीरता के, किस्सा सबईयै ज्ञात।।

अभिमन्यु बधू उत्तरा, दियौ वीर सुत जाय। जो परीक्षित नाम से प्रसिद्ध हुए नृपराय।।

ऋषि श्राप के वश भये, विधि से परै न पार। ता सुत जनमजेय भये, इंद्रप्रस्थ दरबार।।

दाब बाण कौ जिन लियो, नाग यज्ञ कू साज। जनमेजय के सुत भये, शतानीक सरताज।।

पीढ़ी इकहत्तरहवी भये, नृप अनंगपाल महान। इंद्रप्रस्थ अधिकार लियौ, तेजवीर बलवान।।

अनंगपाल पाछै चल्यौ, तोमर-खुटैल वंश। सोहनपाल, जुरारदेव पिता अनंगपाल के अंश।।

अनंगपाल के आठ पौत्र, पाण्डववंश महान। आठ खेड़ों में बसा दिए, आठों किए समान।।

गढ़ मगोर्रा बसायौ, मेघसिंह बलवान। जामै चार थोक हैं, जो खूब रहें धनवान।।

सोनपाल ने सोनोठगढ़, धन सौ कियौ निहाल।। फौन्दा ने फोंडर गढ़ में, शासन कियौ कमाल।।

गुनसारा गढ़ गन्नेशा ने, समुचित दियो बसायै। अजयसिंह राजा भये, गढ़ अजान में जायै।।

सूखा से शोभित भयौ, गढ़ कौ सौंख समाज। सुख, संपन्नता बनी रही, जब तक कियौ राज।

बसायो वीर चेतराम ने, गढ़ एक चेतोखेरा। गिरी परिक्रमा दै, कियौ सेना सहित बसेरा।।

सुत महाबली बत्सराज ने, बच्छगांव बसायो।। नौंवी पीढ़ी प्रह्लाद, जाने ख़िलजी मार भगायौ।

सौंखगढ़ भये हठी सिंह, मुगल दिये पछाड़। हिन्दुओ की रक्षा कर, राज कियौ दहाड़।।

दिल्ली में किल्ली गाड़ी, पाखरिया दियौ बलिदान।। गाथा पांडव कौंतेय वंश की, कहां तक कहूं बखान।।

खूंटा गाढ़ प्रसिद्ध भयौ, तोमर खुंटेल वंश। 384 गाँव बसें, राजा अनंगपाल के अंश।।

गाथा पांडव वंश की, संक्षिप्त कह सुनाई। तोमर-खूंटैला एक रक्त, रिश्ते में खास भाई।।

दिल्लीनामा

दिल्लीनामा

दोहा

संवत छः सै अठहत्तरा दिली बसायो थाम । अनंगपाल तुंवर भयौ प्रथम भूप अभिराम ।।1।।

बरस तिहत्तर राजियो फिरी अखंडत आन । कीली गाडी क़ुतुब में लाट बनाई जान ।।2।।।

सात सै इकावन अधिक जसरथ तुंवरराज । दूजौ नृप छप्पन बरस बैठ्यौ हुक्म समाज ।।3।।

संवत आठ सै नौ अधिक जसलखपाल प्रवीन । तीजौ नृप तुंवर भयौ बरस तरेपनकीं ।।4।।

साठ अधिक अठसौ भये विजैपाल तुंवरान । चौथौ नृप छत्तीस बरस फिरू अखंडित आन ।।5।।

संवत अठसौ छियानवे तेजपाल तुंवरान । पंचम नृप सैंतीस बरस हुकम चलायाऊ जान ।।6।।

नो सौ तैंतीस अधिक जसलखपाल तुंवरान । छटौ नृप तीसै बरस बैठ्यौ छत्र सिरतान ।।7।।

संवत नव सै तरेसठा तेजपाल तुंवरान । सातवां नृप चौवन बरस महाबली बलवान ।।8।।

तेगपाल को भानिजौ पृथ्वीराज चौहान । इक हजार सत्तरह अधिक बैठ्यो छत्र सिरतान ।।9।।

सात प्रसत तुंवर भये आठवां चौहान । पृथ्वीराज पच्चीस बरस राजपुत्र नृपजान ।।10।।

अढिल्ल –

इक हजार ब्यालीस जानौ सहाबुद्दीन गौरी पठानौ ।
पृथ्वीराज को पकड़ा तान बाईस बरस अखंडित आन ।।11।।
संवत इक हजार चौंवन जान समसुद्दीन गौरी फिरौ आन ।
तीन बरस दसमो सुलतान मौजदीन हुरमजी पठान ।।12।।
सात बरस ग्यारवां जानौ बारवाँ सैय्यद चिलार प्रमानौ ।
च्यार बरस इन फेरी आन इक हजार अड़सठि संवत जान ।।13।।

तैरवां निजामुद्दीन सुलतान दस बरस तिन नै फेरी आन ।
चौधवां मौजदीन सुल्तान पांच बरस बैठ्यौ छत्रतान ।।14।।
इक हजार तिरासी ठये पन्द्रहवें जलालुद्दीन भये ।
षटू बरस फिरी अखंडित आन सोलहवां गयासुद्दीन सुल्तान ।।15।।
सात बरस सोलहवे को भए सुलतान सिकन्दर सुनार लये ।
सत्तरहवाँ अठ बरस छत्रतान दस अठ पिरोजस्याह प्ररानी जान ।।16।।
अठारहवां चार बरस प्रवान उन्नीसवां महमूद खूनी जान ।
षट बरस छत्र सिर बैठा तान बीसवां फतेखां सुलतान ।।17।।
बरस इक्कीस हुक्म चलायो ग्यारहसौ पैंतीसो आयो ।
इक्कीसवां नसुरुद्दीन पठान बाईस बरस तिह फेरी आन ।।18।।
बाईसवां गयासुद्दीन बलबंड पंचबरस तिन लीना डंड ।
तेईसवां कोकलतुसारीन छत्र फिराय तीन बरस कीन ।।19।।
ग्यारह सै पैंसठ संवतान चौबीसम रुकमुद्दीन जान ।
तीन बरस कीनी फेरी आन ग्यारह सै अड़सठि संवत जान ।।20।।
पच्चीसवां अला अलावद्दीन गढ़ रणथम्भौर फते कीन ।
अठावन बरस चित्तौड़ह जाय रतनसिंघ को दिल्ली ले आय ।।21।।
छब्बीसवां कुतबद्दीन जरीन पंच पातस्याही कीन ।
सत्ताईसवां खुरेसी सुलतान च्यार बरस छत्र लीना तान ।।22।।
अट्ठाईसवाँ तुकलकस्याह नाम बरस नौ तुगलकाबाद तिह ठाम ।
उनतीसवां महमद खुरेसीन सत्ताईस बरस तखत बैठीन ।।23।।
संवत बारस सै इकहत्तर जान पिरोजस्याह खतमतीस प्रधान ।
छत्तीस बरस छत्रपति फेरि आन रमने लाठि ढई आब जान ।।24।।
संवत तेरह सै सात प्रमाण इकतीसवां अदह महमद जान ।
नौ बरस गज सिका चलाया बत्तीसवां मल्मुल कह आया ।।25।।
दस बरस ताबरती आनौ तैतीसवां खिदारिखुरेसी जानो ।
सात बरस हुकम दिली चलाया चौतीसवां मुमारजखां आया ।।26।।
ग्यारह बरस छत्र फिराया सिद्धपाल छत्री ने मार गिराया ।
पैंतीसवां सिद्धपाल नरेस आठ बरष दिल्ली राज कारेस ।।27।।
छत्तीसवाँ अनमति खां आन दौय बरस लौं फेरी आन ।
सैंतीसवाँ महमद मोनदीन दस बरस इकछत्र पातस्याही कीन ।।28।।
संवत तैरह सौ चौसठा जान अड़तीसवां बिहलोल पठान ।
बाईस बरस हुकम चलायो उनतालीसम बचकर आयो ।।29।।

षट बरस छत्रपति फेरी आन चालीसम अलावद्दीन से खान ।
पंच बरस तिहि पुरे लये इकतालीसम बिहलोल लोधी भये ।।30।।
पैंतीस बरष अखंडत आन ब्यालीसम सिकंदर लोधान ।
उनतीस बरष छत्र सिरतान तैंतालीसम इब्राहिम खान ।।31।।
संवत चौदह सौ इकसठ जान पंच बरषइब्राहिम लोधी आन ।
चबालीसम उम्र सुलतान पैंतीस बरस बैठो छत्रतान ।।32।।
संवत पन्द्रह सै इक जान तैमूर स्याह आये सुलतान ।
लौनी सहर कतल तिलकीना गरीब-गुरबा को दुःख दीना ।।33।।
तैमूर स्याह विलायत गये पैंतालीसम बाबर भये ।
छबालीसम डांवाडोली जान पंच बरस साह बाबर आन ।।34।।
संवत पन्द्रह सौ पंचास स्याह हुमायूं छत्रपति जास ।
दस बरस फिरी अखंडित आन छियालीसम हुमाऊं सुल्तान ।।35।।
साठि अधिक पन्द्रह सै गए सैन्तालीसम सेरस्याह भए ।
पंच बरष छत्र सिरतान जान अड़तालीसम सलेमसाह पठान ।।36।।
उनचासम पिरोज सलेम पठान कोटला बनाया दो वर्ष आन ।
पंचासम अदल महमद खान दोय बरष लौ फेरी आन ।।37।।
इक्यावना हेमू ढून्सर जानि च्यारि बरषबनिए फेरी आनि ।
संवत सोलह सौ पूरे भये हेमू मारि हुमाऊं अये ।।38।।
दोहा
स्याह हुमाऊं छत्रपति चौगता सुलतान ।
हेमू ढून्सर मारिकै दोइ बरष फिरो आन ।।39।।
सौलह सौ दोय अधिक अकबर जलालुद्दीन ।
च्यारो चक सब जीति कै बैठ्यो छत्र सिरकीन ।।40।।
पूरब पच्छम बस किए उत्तर दक्खन जीत ।
स्याहनसाह कहाइयौ सेर-बकरी जल पीत ।।41।।
कवित्त –

सात समुद्र वार-पार सात द्वीप के मझार होहि न जलालुद्दीन स्याह अकबर से ।

गंग से न गुनी तानसेन से न ताना रागी वचन से न करनौ गोय दाता बीरबर से ।

खाना से न खानाखान राजा से न राजा मान होहि न उजीर कहूं टंडन टोडर से ।

दीली से न तखत बखत न मुग़ल के से देखे न सुने कहू आगरा नगर से ।।42।।

दोहा –

बावन वरष पूरी करी अकबर जलालुद्दीन ।
सोलह सौ पचपन अधिक जहांगीर छत्र लीं ।।43।।
जहाँगीर भये छत्रपति स्याहनसाह कहाय ।
रैयत पाखी अदल सों सब दिल लीनी जाय ।।44।।

कवित्त –

चीतन के मंदर में बैठ्यो मृग न्याय करै, लोमड़ी करत तेज सुआनन सी बात है ।
चूहे की छठी को बिलैया जाय गीत गावै, मोरन के सेस भेस येक सेस खात है ।
चिड़िया के बालक की बाज रखवाली करै, मछली के बालक को बगुली पतियात है ।
स्याहन के ग्यारह पातिस्याह जहांगीर बली, तैरे राज गायन घर सिंध नित जात है ।।45।।

दोहा –

बाईस बरष छत्र फिरयौ जहांगीर सुलतान ।
सौलह सौ सत्तहत्तर अधिक साहिबसाहि किरान ।।46।।
साहिजहां भयै छत्रपति चहुँचक में आन ।
चार पुत्र सोभा धरें दारा स्याहब ज्ञान ।। 47।।
आलमगीर दूसरे स्याह मुरादह जान ।
स्याह सुजा चौथो भयो च्यारों पुत्र बलवान ।।48।।
च्यारों आपस में लरें जीत्यों आलमगीर ।
बाप नजरबंधि राखियो भाई मारे वीर ।।49।।
बत्तीस बरस पुरे करी साहिब स्याह किरान ।
संवत सत्रह सौ नौ अधिक आलमगीर छत्रतान ।।50।।
इक्यावन नृप छत्रपति दिल्ली तखत बैठान।
षट चौगते जानिए सतावन छत्रप्रवान ।।51।।
बरष तरेपन राज्यों आलमगीर छत्रान ।
सत्ररह सौ त्रैसठ अधिक भयो काल-बस जानि ।।52।।

अढिल्ल –

सातवां स्याह बहादुर भये च्यार वर्ष षट मास अधिक लये ।

सतरह सौ अड़सठेला सौरान फिर च्यारों लड़ीये सुलतान ।।53।।
आठवां मौजुद्दीन सुलतान त्रैभाई जीति दसमास आन ।
नौवां फरकसेर सुलतान षट बरस छ मास फेरी आन ।।54।।
संवत सत्तरह सौ पिचहत्तरान सईदो फरकसेर मारा तान ।
दसमौ रफील दरजात जानि आठ मास गजसिका फिरी आन ।।55।।
ग्यारहवां रफीलदौला जान सात मास फिरी ताकी आन ।
दोनों स्याह सईदों कीनै तीजे महमद स्याह सिर छत्र देने ।।56।।
दुवादसम नीकौ सैर आगरान सईदो ताकौ पकड़ो जान ।
मुगलौ मिलकै येका कीया हसन अली मारिकै लिया ।।57।।
तेरहवां महमद स्याह सुलतान इततै चढ़े अबदुल्लाखान ।
चौदहवां इब्राहिम सुलतान दोनों दल भयो सुनही आन ।।58।।
डेढ़ पहर लों लरिए जान अबदुल्ला खां इब्राहीम पकड़ान ।
संवत सत्रह से सतहत्तरान महमद स्याह छत्र बैठे तान ।।59।।
खुद अंकितार महमद स्याह भये सत्तरह बरष और भी गए ।
सत्ररह सै चौरानवां जान नादिर स्याह आये सुलतान ।।60।।
खान दौरा मुजफर खां लड़े सहादत खां फिर दिल्ली बढे ।
निजामनमुलक देखैं खड़े छोटे उमराव जूझि कै पड़े ।।61।।
समेत उमराव कीना कैद बैराक ले आया अंद ।
फागुन सुदि नौमी को आया बारस अंत कतल फ़रमाया ।।62।।
तीन पहर लौं अनर्थ जानौं नर-नारी जीव परलौ प्रमानौ ।
माल लूट बांध भी करै ताकौ लेह ता सिर धरि घर भरे ।।63।।
काहू त्रिया बहन पुत्री मारी काहू भुजा भावसी सिंधारी ।
कई कूप में परिये जाईं कई मन में डरें जहर खाई ।।64।।
कई अगिन में परिए धाई कई बंध पकरे मरि जाई ।
छत्रपति रैयत के क्रोड़ों लए पूरब करम उदै दुःख भये ।।65।।
दोय महीने दिल्ली रहे जान बैसाख सुदी नौमी भयो पयान ।
महमद स्याह बैठे छत्रतान भागी रैयत आई निदान ।।66।।
संवत सत्तरह सौ पिच्याणवान महमद स्याह दस वर्ष फिरौ आन ।
अट्ठारह सौ पांच संवत जान आयो अहमद दुर्रानि पठान ।।67।।
मनसूर अली कमुरुद्दीखान इसरसिंध अहमद सुलतान ।
सीहनंद गये लड़ाई भई कमरुद्दीन भुवै इसर भगि गई ।।68।।
अहमद दुर्रानी भाग्यौ जान मीरमनू नाम फते प्रमान ।

अहमद स्याह दिल्ली में आये मीरमनू लाहौर पठाये ।।69।।
संवत अठारह सै पांच जान महमद स्याह मरि गए निदान ।
बैसाख सुदी नौमी छत्र धरे मनसूर अलीखां उजीर करे ।।70।।
अहमद स्याह बैठे सुलतान नवा बहादुर खोजा बढान ।
षट बरष पातास्याही प्रमान मनसूरह खोजा मारया तान ।।71।।
नबाव बहादुर मारे परे तब मनसूर नै जोरे करे ।
गाजुद्दीन ने नजीब बुलाया दोय महीने जंग मचाया ।।72।।
पुरानी दिल्ली लूटै जाट रयैत सब हुई आठौं बाट ।
मनसूर अली सूबे गये निजामुद्दोला उजीर भए ।।73।।
गाजुद्दीखां गनीम सौ मिलान अहमद स्याह चले आगरान ।
सिकन्दरे साथ बेगम गईं आप भागे बेगमें लुटईं ।।74।।
पूत लगा गनीम गाजुद्दीन आय अहमद स्याह को पकड़े धाय ।
माल मुलक जबत सब कीया आलमगीर सिर छत्र दीया ।।75।।
संवत अठारह सै ग्यारह जान जेठ सुदी बारस ऐतवान ।
दोय बरष आठ मास छत्र ठये फिर अहमद खां दुर्रानी अये ।।76।।
संवत अठारह सै तेरह भये आलमगीर मिलन को गये ।
निजाम गाजुद्दीन दोनों साथ गाजुद्दीन पकड़े निजाम बाथ ।।77।।
आलमगीर को खिलका दीया खानखाना उजीर कीया ।
माह बदी तेरसि किले मिलान पार बैठे जिहानखा जान ।।78।।
सत्ताईस दिन किले में बास नितप्रति लूटे देहि त्रास ।
मथुरा जाय कतल सब कीया बंधकीनी माल भी लिया ।।79।।
दोय महीने बहु दुःख दीया फेर कूच लाहौर कीया ।
संवत अठारह सै चौदह भये अहमद लूटलाट उतन गये ।।80।।
गाजुद्दीन खां दिल्ली आये खानखाना कैद फरमाये ।
अली गौहर को दिल्ली बुलाया कैद करने को डोल लाया ।।81।।
अली गौहर पुरबही गया संवत अठारह सौ सोलह भया ।
मगसिर सुदी दशमी जुमैरात आलमगीर की कीनी घात ।।82।।
स्याह मारा जुमैरात को जोरू सौंपी है जाट को ।
मामू को मारा रात को साबास है तेरी जात को ।।83।।
तू तो बड़ा बेपीर है चौगतों को जहर का तीर है ।
रैयत के नसीब गुनहगीर है बेइनसाफ तू सरीर है ।।84।।
स्याह जिहान चौंगता जानो गाजुद्दीनखां ने छतरी ठानों ।

माह बदी आठैं जुमैरातौ अहमद दुर्रानी मदमातौ ।।85।।
गाजुद्दीजनकूं नाजर मलान छोटे मोटे भागे निदान ।
लुटे मारे बंध भी करी नगदी लीनी पोट सिर धरी ।।86।।
ग्यारह दिवस लूट ही रही और विपरीत जाय नहीं कही ।
फिर गनीम का पीछा कीया जैनगर ताईं खेद दीया ।।87।।
फिर दिल्ली आय पार ही गये आकूबअलीखां सूबे भये ।
संवत अठारह सौ सत्तरह जान सावन सुदी अष्टमी प्रमान ।।88।।
गनीम गाजुद्दी जाट आये दिल्ली लूटी धूम मचाये ।
घेरा किला लड़ाई ठानी नदी चढी हारि ही मानी ।।89।।
दिली बंध वसत गनीम कीया अली गौहर पुत्र को छत्र दीया ।
भाऊ जन को मल्हार गनीम हुकुम चलाया जौरावर भीम ।।90।।
चौमासे में फैरी आन कुंजपुरे का मारा पठान ।
नगदी ले तो परवाना लीया करनाल बरे डेरा दिया ।।91।।
च्यारौं तरफ तोपें धरी जान दिली नारौसंकर बिठान ।
स्याह नजीब सु जाय दौलान नदी उतरी आया सुलतान ।।92।।
उत गनीम इत चढ़ा सुलतान दोनों फौजें सन्मुख प्रमान ।
दोय महीने लड़ाई रही तोप बन्दूक बान छूटे सही ।।93।।
पौह सुदी अष्टम बुधवार जान गाउदी इत भिड़े पठान ।
मोरचे मोरचे लगी मार बाजन लाग्यो सार सौ सार ।।94।।
तीन दिवस लौं विग्रह हुवा हजारौं डील जूझि के मुवा ।
गनीम शिकस्त खाई निदान लसकर में परलें हुई जान ।।95।।
लाखों क्रौड़ों लुटिये दाम कपड़ा हाथी घोड़े ठाम ।
राव रंक रंक राव भये उबरे प्राणि भागि सो गये ।।96।।
अनरथ को नहीं वारापार रैयत व्यापारी भये खुवार ।
माह बड़ी नौमी बिसपतवार बैठे स्याह किले मंझार ।।97।।
अहमद दुर्रानी कोट ठानौ सुजायतदौला हबेलि जानौ ।
नजीब खां खिदराबादह रहै फागुन बदी बात साँची कहै ।।98।।

दोहा –

अठारह सौ सत्तरह अधिक फागुन बारस पाय ।
दिल्ली के भूपति भये वरने साहिबराय ।।99।।
दसकत साहिबराय टाक कौम सिरीमाल ।
चैतवदी येकम हुती बार सनीचरवार ।।100।।

अहमद स्याह पठान के डेरे सालेमार ।
दोय मुकाम किये तिहां फिर फुरमायौ कूच ।
अलीगौहर पुत्र छात्र दें आप उतन पहुँच ।।101।।
अठारह सौ उन्नीस ही संवत पहुंचो आय ।
लाहौर पठानह लई जाट आगरे ठाय ।।102।।

अढिल्ल –

लाहौर तखत स्याह ने लिया आगरा कबजे जाट ने किया ।
दिल्ली नजीब खान जोर हैं अली गौहर पूरब कहैं ।।103।।
आषाढ़ बदी सप्तमी जानौ जाट पठान द्वै सन्मुख ठानौ ।
छः सात कोस मुकाबला रही हार जीत विधना जिह चहे ।।104।।

दोहा –

अठारह से उन्नीस ही मगसर पंचम पाई ।
नजीब खां लाहौर दिस जावत खां दिल्ली ठाई ।।105।।
अठारह सौ बीस अधिक माह बदी बारस जान ।
जाट रूहेला भिड़ गये सूरजमल तजे प्रान ।।106।।
अठारह सौ इक्कीस अधिक कार्तिक मास प्रमान ।
जाट गनीम सडास मिल दिल्ली घेरी आन ।।107।।
दोनों दल सन्मुख भये गोला छूटे बान ।
रैयत को दुःख ऊपज्यौ पति राखै भगवान ।।108।।
दोय मास लड़ते भये जीति हारि नहीं होय ।
स्याहदरा सब लुटग या दुखी मानस लोय ।।109।।

मगसिरसुदी दसमी सोमवार दसकत साहिबराय टाक । आलमगीर ने पांच वरष छः पातसाही कीनी । सन 1816 मगसिर सुदी 10 मारे गए । पातस्याह कामबक्स का पोता पातस्याह हुवा मिती मगसिर सुदी 10 वार बिसपतवार । आगे होयगा सो लिखेंगे दसकत साहिबराय टाक ।

जाट रेस मूल

जाट रेस मूल

जाट रेस मूल

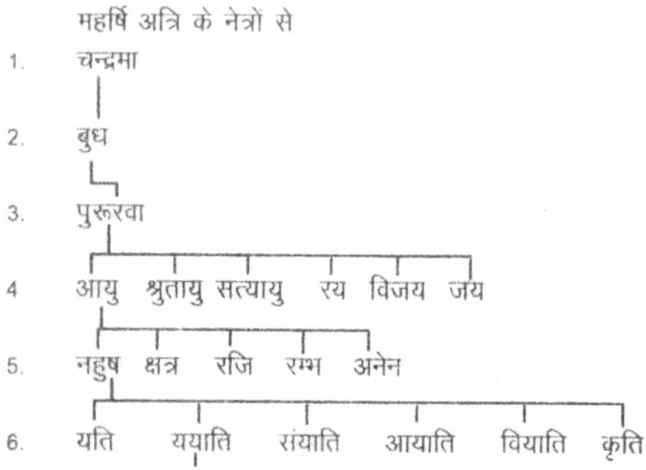
महर्षि अत्रि के नेत्रों से
1. चन्द्रमा
2. बुध
3. पुरूरवा
4 आयु श्रुतायु सत्यायु रय विजय जय
5. नहुष क्षत्र रजि रम्भ अनेन
6. यति ययाति संयाति आयाति वियाति कृति

चन्द्र वंश

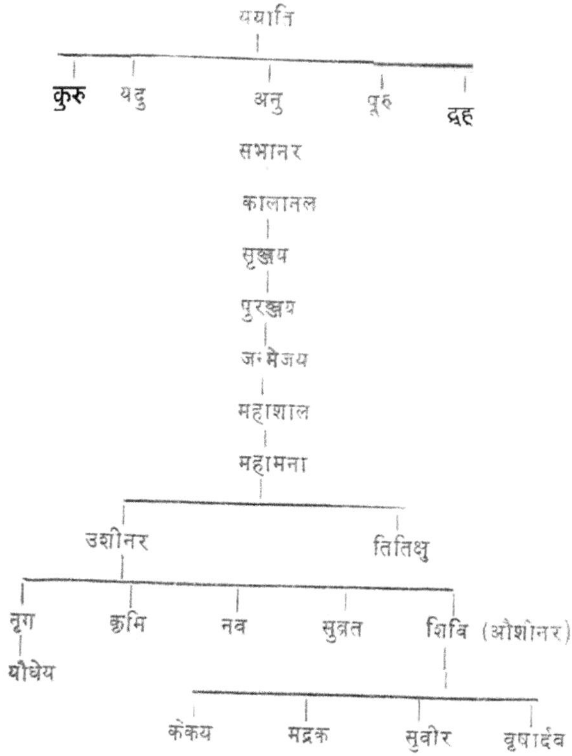
ययाति
कुरु
यदु
अनु
पूरु
द्रुह
सभानर
कालानल
सृञ्जय
पुरञ्जय
जनमेजय
महाशाल
महामना
उशीनर
तितिक्षु
नृग
कृमि
नव
सुव्रत
शिवि (औशीनर)
यौधेय
केकय
मद्रक
सुवीर
वृषार्दव

ययाति वंश

तृतीय अध्याय

इक्ष्वाकु राजवंशावली (सूर्यवंश)

1. परात्पर विष्णु
|
ब्रह्मा (नाभि से)
|
मरीचिः (मन से)
|
कश्यप + अदिति (दक्ष कन्या)

2. विवस्वान् (सूर्य) + संज्ञा (विश्वकर्मा की पुत्री)

मनु + श्रद्धा

(1) इक्ष्वाकु 100 पुत्र
(2) नृग
(3) शर्याति
(4) विष्ट
(5) धृष्ट
(6) करुष
(7) नरिष्यत
(8) पृषध्नं
(9) नभ
(10) कवि(प्रांशु–अ०पु०)

3. कुक्षि (रा)

4. विकुक्षि   निमि   दण्डक

5. बाण

6. ककुत्स (पुरञ्जय या इन्द्रावाहोर्भा)

7. अनेना (अनरण्य या सुयोधन (अ०पु०)

8. पृथु

9. विश्वरन्धि (विश्वगश्व–अ०पु०, वि०पु०)

10. चन्द्र (आयु–अ०पु०) (इन्दु–म०पु०) (आर्द्र–वि०पु०)

11. युवनाश्व-1

12. शाश्वत (श्रावन्त–अ०प्र०) (वत्सक)
(श्रावस्त म०पु०, वि०पु०, ह०पु०)

13. बृहदाश्व

133

इक्ष्वाकु राज वंशावली (सूर्य वंश)

जाटों के भिन्न देशों में पुकारे जाने वाले नाम एवं कहावत

जाटों के भिन्न देशों में पुकारे जाने वाले नाम

1. जाट, जट, जट्ट – भारत, पाकिस्तान, अफगानिस्तान
2. जाट, जिट, जुट, जट – ईरान और रूस
3. जट्ठ – मिश्र, तुर्की
4. जोत, जोद, जत – अरब देश
5. जट्टे, जट्टेह - मंगोलों में (मंगोलिया देश) मध्य एशिया
6. गोट, गोथ स्वीडन, गाटलैंड (बाल्टिक सागर)
7. गाथ, गेटे, गेटी, जेटी, जेटा – जर्मनी और यूरोप
8. जूटो - सुमेरयंज
9. गेटा, जेटा, गिट, गाथ – यूनान, लेटिन, थ्रेश मध्य एशिया
10. गाथ, गात, गाथ – रोम (इटली), गाट्लैंड (स्वीडन)
11. जट्टी – पालिनी और पटोलेमी (इतिहासकार)
12. ज्याती – फरोह्स ऑफ़ इजिप्ट (फरोह्स मिश्र)
13. यूची, यूति, जुट्टी – चीन
14. जुट, जूट – जुटलैंड (डेनमार्क)
15. गुट, गेट, जिट – कई अन्य देशों में

कहावतों में जाट –

1. " जाट " सोई जो पाँचों झटकै; खासी मन स्यों निशदिन अटकै ।"

(अर्थात जो पाँचों इन्द्रियों का दमन करके, बुरे संकल्पों से दूर रहकर भगवद भक्ति करे, वास्तव में जाट है ।) - संत कवि गरीबदास (हरियाणा)

1. " हुई मसल मशहूर विश्व में, आठ फिरंगी नौ गोरा । लड़ें, किले की दीवारों पर, खड़े जाट के दो छोरा । "- प्रसिद्ध मसल
2. " यही भरतपुर दुर्ग है, दुसह दीह भयकार । जहं जट्टन के छोहरे-दिए सुभट्ट पछार ।। " - कवि वियोगी हरि
3. " यह कौम कीर्तिमान है, विशाल है, महान है ।

बहादुरी की शान है, असीम शक्तिमान है ।
यह विश्व दीर्घपाट है, विशाल है, विराट है ।
जहाँ भी एक जाट है, यह कौम विद्‌यमान है । "
– फीजी के राष्ट्र कवि पंडित कमला प्रसाद मिश्र

महाराज अनंगपाल द्‌वितीय -एक रेखाचित्र (कलाकार की कल्पना) (स्रोत - सेमिनार ऑन किंग्स पी.डी. एफ.)

जाट वीरों के नाम पर देश-विदेश में प्रचलित संवत, आदि की सूची

जाट वीरों के नाम पर देश-विदेश में प्रचलित संवत, महाद्वीप, देश, प्रदेश, क्षेत्र, नगर, गांव, दुर्ग, पर्वत, सागर, झील, नदी आदि की सूची

क्रमांक, विषय, जिन जाटों के नाम पर प्रचलित हुए –

1. युधिष्ठरी संवत – महाराजा युधिष्ठर
2. विक्रम संवत विक्रमादित्य (भर्तरहरि का भाई)
3. शक संवत – सम्राट कनिष्क
4. गुप्त वंश सम्राट चन्द्र गुप्त प्रथम
5. आंध्रालय या आस्ट्रेलिया – आन्ध्र जाट वंश
6. आन्ध्र प्रदेश भारत में – आन्ध्र जाट वंश
7. यूरोप (इसका नाम कारुपथ तथा अंगदियापुरी – लक्ष्मण ने आबाद किया
8. अंगदेश (आज हंगरी) – लक्ष्मण के पुत्र अंगद के नाम पर
9. सीथिया देश – शक जाट वंश
10. तुर्किस्तान एवं टर्की - तंवर या तोमर जाट वंश
11. सरिन्दिया-उपरला हिन्द (यह चीनी तुर्किस्तान का बड़ा भूभाग था) – ऋषिक व तुषार वंश
12. तुखारिस्तान प्रदेश (भारत और ईरान के बीच था) – तुषार जाट वंश
13. एलावर्त देश (आज मंगोलिया) – अहलावत जाट वंश
14. एलनज (लघु एशिया में) – अहलावत जाट वंश
15. पार्थिया प्रदेश (मध्य एशिया) – पल्हव जाट वंश
16. खोतान प्रान्त (चीनी तुर्किस्तान में) – मौर्य-मोर जाटों ने बसाया
17. लघु एशिया (एशिया माइनर) यदु वंश जाटों ने बसाया
18. वर्क देश (आज सुमेरिया देश जो लघु एशिया में है) – वर्क–वारिक जाट वंश
19. वाल्हीक देश (आज बल्ख या बैक्ट्रिया) – वर्क-वारिक या वाल्हीक जाट वंश
20. दहिस्तान देश (मध्य एशिया में था, वहां दहिस्तान जिला आज भी है) - दहिया जाट वंश
21. कालकूट देश (चीनी तुर्किस्तान में था) – कालखंडे-कालीधामन जाट वंश
22. कुरुक्षेत्र (हरियाणा में)और उत्तरी कुरु (साइबेरिया में) - कुरु जाट वंश
23. कुरु देश (लघु एशिया में था) कुर, नदी – कुरु जाट वंश

24. स्कैंडेनेविया (स्वीडन, डेनमार्क, नार्वे) – जाटों ने आबाद किया
25. जटलैंड (यह डेनमार्क में एक प्रांत है) – जाटों के नाम पर
26. गौथ लैंड (गोटलैंड – स्वीडन देश का एक द्वीप है) – जाटों के नाम पर
27. इंग्लैण्ड – एंगल्स जाटों के नाम पर
28. नोरमंडी प्रान्त (फ्रांस में) – नोरमन जाटों के नाम पर
29. थ्रेश देश (आधुनिक बुगारिया) - बल या बालान जाट वंश
30. शक या शाक द्वीप (आधुनिक ईरान) – शक जाटों के नाम पर
31. असीरिया प्रदेश (आधुनिक कुर्दिस्तान) – असि-असियाग जाट वंश
32. लाहियान जिला (कुर्दिस्तान प्रान्त में) – लोहियां जाट वंश
33. जाटाली प्रान्त (ईरान में) – जाटों के नाम पर
34. हिरात प्रदेश (एक अफगानिस्तान में, दूसरा पाकिस्तान में है) – जाटों के नाम पर
35. हिसार नगर (ईरान में, अब उजाड़ पडा है) - जाटों के नाम पर
36. बाला हिसार (अफगानिस्तान में) – बालान-बालियान जाट वंश
37. मुन्दाहिसार (अफगानिस्तान में) – मूंद जाट वंश
38. जिला हिसार (हरियाणा में) – जाटों का गढ़
39. जिला शिवी (अफगानिस्तान में) – शिवि जाट वंश
40. जिला कुर्रम (अफगानिस्तान में) – कृमि जाट
41. शिव स्थान देश (आधुनिक सीस्तान, ईरान में) – शिवि जाट वंश
42. गातई क्षेत्र (अफगानिस्तान में) - श्री कृष्ण के पुत्र गात्रवान के नाम पर
43. जबुलिस्तान देश (आधुनिक अफगानिस्तान) – जोहिल-जौहल – जाट वंश
44. जुहला किला (पेशावर के निकट है) - जोहिल-जौहल – जाट वंश
45. कोदन क्षेत्र (बलोचिस्तान में) - कादियान जाट वंश
46. गजनी (अफगानिस्तान में) - यदुवंशी जाट राजा गज के नाम पर
47. बेबीलोन (सीरिया की प्राचीन राजधानी थी) – यदुवंशी जाट राजा बाहुबल के नाम पर
48. बेबीलोनिया का झूलता हुआ बाग़ (लघु-एशिया में)(हेंगिंग गार्डनऑफ़ बेबीलोनिया) – मांडा जाट गोत्र की राजकुमारी अमिथिया के नाम पर
49. अबारानियम देश (लघु एशिया में था) - अबरा-अबारा जाट वंश
50. दरदिस्तान (गिलगित क्षेत्र में है) – दरद जाट वंश
51. जटोती टापू तथा ज्युटी द्वीप (यूनान में) – जाटों के नाम पर
52. मौर्या बस्ती (यूनान में) – मौर्या- मौर जाट वंश

53. बंग देश – बंग जाट वंश
54. दूसरा बंग देश (सुमात्रा में आज बांका नाम से है) – बंग जाट वंश
55. चम्पा देश (यव द्वीप या जावा में) जिसकी राजधानी इन्द्रपुरऔर वहां की बड़ी नदी का नाम सरयुनदी है। - अंग जाट वंश
56. अंग देश (भारत वर्ष में) जिसकी राजधानी चम्पानगर (वर्तमान भागलपुर) थी। हिन्द चीन में चम्पा उपनिवेश - अंग जाट वंश
57. भारतवर्ष (पहले शुरू का नाम आर्यावर्त) – पुरुवंशी जाट चक्रवर्ती सम्राट भरत (दुष्यंत-शकुंतला पुत्र) के नाम पर
58. नव राष्ट्र (गुड़गांव व मथुरा के मध्य जो आज नूह कहलाता है) खोतान देश (मध्य एशिया) में आज भी नूह झील है) – नव या नौवार जाट वंश
59. जोहियावार प्रदेश (पाकिस्तान में बहावलपुर क्षेत्र) आज भी कहलाता है – यौधेय या जोहिया जाटों के नाम पर
60. ककस्थान क्षेत्र (सिंध पाकिस्तान) आज भी है – काकुस्थ या काक जाट वंश
61. मालवा प्रदेश (एक मध्य भारत में, दूसरा पंजाब में) – मल्ल या मालव जाट वंश
62. मालव देश (उत्तरी भारत में रामायण काल में था) – मल्ल या मालव जाट वंश
63. भटनेर क्षेत्र (बीकानेर का भाग था, एवं भटनेर दुर्ग – भाटी जाट वंश
64. पौण्ड्र देश (दक्षिणी भारत में था) – ययाति वंशज जाट राजा पौण्ड्र के नाम पर
65. मगध साम्राज्य की नींव एवं इस की राजधानी राजगृह या राजगिरी (जो बाद में पाटलीपुत्र (आधुनिक पटना) कहलाई – बृहद्रथ ने स्थापना की
66. पाटली पुत्र नवीन नगर – जाट साम्राज्य अजातशत्रु ने स्थापना की थी
67. उशीनर कोट वनगर (पंजाब में वर्तमान शेर कोट) – जाट सम्राट उशीनर के नाम पर
68. हस्तिनापुर नगर (उत्तर प्रदेश में) – पुरु वंश जाट सम्राट हस्ती के नाम पर
69. तक्षशिला नगर (पाकिस्तान में) – भरत पुत्र तक्ष के नाम पर
70. लवपुर (लाहौर नगर) – श्रीरामचन्द्र के पुत्र लव के नाम पर
71. कुशावती या कुशस्थली नगर (आधुनिक द्वारिका) श्रीरामचन्द्र जी के पुत्र कुश के नाम पर
72. मथुरा नगर - श्रीरामचन्द्र के भाई शत्रुघ्न ने बसाया
73. पुष्कलावती नगरी (अफागानिस्तान में आधुनिक चारसद्दा) – भरत पुत्र पुष्कल के नाम पर
74. चन्द्रकान्ता नगरी (उत्तर प्रदेश में मल्ल देश में थी) – लक्ष्मण पुत्र चंद्रकेतु के

नाम पर

75. द्वारिका (प्राचीन कुशवती) – श्री कृष्ण जी ने बसाई
76. मोहन जोदोड़ो नगर (पाकिस्तान में) – अर्जुन ने बसाया
77. शालिवाहनपुर (शालपुर पंजाब में) – जाट राजा शालिवाहन के नाम पर
78. समरकन्द, ताशकन्द, यारकन्द नगर (मध्य एशिया) – शक जातों के नाम पर
79. कुंडू नगर (पामीर पठार पर है) – कुंडू जाटों के नाम पर
80. कुंसतुनतुनिया नगर (तुर्की की राजधानी) – यदु वंशज जाटों ने बसाया
81. एकबताना नगर (ईरान में आधुनिक हमादानगर) – मांडागोत्री जाटों ने बसाया
82. असिगढ़ नगर (मालवा मध्य प्रदेश में) – असि गोत्री जाटों ने स्थापित किया
83. असिगढ़ नगर (स्कैंडेनेविया में) - असि गोत्री जाटों ने स्थापित किया
84. जैसलमेर नगर (नीदरलैंड में) यह राजथान में जैसलमेर नाम के तुल्य है – जाटों ने स्थापित किया
85. कनिष्कपुर नगर (कश्मीर में था) – जाट सम्राट कनिष्क के नाम पर
86. हुष्कपुर नगर (कश्मीर में था) - कनिष्क पुत्र हुविष्क के नाम पर
87. इन्द्रप्रस्थ - पुरु वंशज जाट पांडवों ने बनाया एवं आबाद किया
88. दिल्ली (इन्द्रप्रस्थ का नाम) – ढिल्लो गोत्री जाट दिल्लू के नाम पर
89. लोहे की कीली (लौह स्तम्भ) विष्णु पद पहाडी पर स्थापित थी – धारण गोत्री जाट सम्राट चन्द्रगुप्त द्वितीय (विक्रमादित्य) ने स्थापित की
90. दिल्ली में लोहे की कीली (महरौली की लाट)महाराजा अनंगपाल तोमर जाट ने
91. सारनाथ का स्तम्भ (बिहार प्रांत में है) – मौर्य-मौर जाट सम्राट अशोक ने बनवाया
92. चित्तौड़ (चित्रकूट) राजस्थान में – मौर्य-मौर जाट राजा चित्रांगद के नाम पर
93. चित्तौड़ के पास मानसरोवर एवं तालाब - मौर्य-मौर जाट राजा चित्रांगद के नाम पर
94. बिजनौर (उत्तर प्रदेश में) – खौबे मौर्य जाटों ने स्थापित किया
95. जालौर का किला (राजस्थान में है) – दहिया जाट राजाओं ने बसाया
96. डेरा इस्माइल खान, डेरा गजी खान, डेरा फतहा खान (पाकिस्तान में) – पूनिया गोत्र के जाट राजा जसवंत सिंह ने अपने तीन पुत्रों के नाम पर बनवाये
97. गौराया नगर (पंजाब में) – गौर वंशज जाटों के नाम पर

98. गौरुया देश और गोराया नगर (मध्य एशिया में था) – गौर वंशज जाटों के नाम पर
99. गौरीर गाँव (शेखावटी- राजस्थान में)मान गोत्री जाट राजा बीजल सिंह की रानी गौरादेवी के नाम पर
100. महादाया नगर (आधुनिक कान्यकुब्ज या कन्नौज उत्तर प्रादेश में) – पुरु वंशज जाट राजा कुश ने बसाया
101. थानेश्वर (थानेसर हरियाणा में) – वसाति गोत्री जाट राजा पुष्यभूतिने बसाया
102. टोंकरा (टोंक) नगर और आज टोंक जिला (राजस्थान) - खोजा जाट गोत्र के जाट राजा रामसिंह ने आबाद किया
103. रणथम्भौर नगर व किला (राजस्थान में) – जाट राजा रणमल के नाम पर
104. लैहड़ी नगर (आज लीडी ग्राम, जिला अजमेर में) – सांगवानगोत्र के जाट राजा लैहरया लहरी ने बसाया
105. धारा नगरी में किला, भोपाल का प्रसिद्द ताल, कश्मीर का पापसूदन कुंद, केदार, रामेश्वर, सोमनाथ और उज्जैन के सुन्दर मन्दिर – पंवार या परमार गोत्र के जाट राजा भोज ने बनवाये
106. उदयपुर (जिला ग्वालियर में) – पंवार गोत्री जाट राजा उदयादित्य ने बसाया
107. विजय मन्दिर गढ़ (बयाना नगर से तीन मील पर) – यदुवंशी जाट महाराजा विजयपाल ने बनवाया
108. शिवि नगर (पाकिस्तान जिला झंग में शिवि जिला अफगानिस्तान में) – शिवि जाटों के नाम पर
109. भरतपुर दुर्ग एवं नगर की स्थापना, डींग, कुम्हेर, वैर के किले और भवन निर्माण – जाट राजा बदन सिंह तथा उनके पुत्र महाराजा सूरजमल ने बनवाये
110. धौलपुर नगर - धौला गोत्र के जाटों ने बसाया
111. धौलगढ़ (जिला अलवर में) - धौला गोत्र के जाटों ने बसाया
112. अस्थल बोहर मठ (हरियाणा के जिला रोहतक में) – सिन्धु गोत्र के जाट पूरण भगत ने स्थापित किया
113. गिलगित नगर एवं गिलगित पर्वत – गिल जाटों के नाम पर
114. लोहर कोट (कश्मीर में पीरपंजाल पहाडी पर) – लोहर-लोहित–क्षत्रिय जाटों के नाम पर
115. मंडौर किला (जिस पर जोधपुर नगर बसाया) – कांक वंशी जाटों ने बनवाया
116. टांग या तांग पार्वतामाला (मानसरोवर से आगे) – तंगण जाटों के नाम पर
117. हिन्दू पहाड़ एवं हुन्गहूनदी चीन (चीन में) – हैगा जाटों के नाम पर

118. तुषार गिरी पर्वत (आधुनिक हिन्दुकुश) – तुषार जाटों के नाम पर
119. हाला पर्वत (आधुनिक सोमगिरि-बलोचिस्तान में) – हाला जाटों के नाम पर
120. नेहरा पहाड़ (राजस्थान के जिला झुंझुनू में) – नेहरा जाटों के नाम पर
121. मौड़ा या मौरा पहाड़ (राजस्थान के जिला झुंझुनू में) – मौर्य-मौर जाटों के नाम पर
122. कीरत सागर नामक सुन्दर झील (बुन्देलखंड में) – चंदेला गोत्री जाट राजा कीर्तिवर्मन ने खुदवाई
123. कैस्पियन सागर (रूस में) – कश्यप गोत्र के जाटों के नाम पर

फिर इसी सागर का नाम हिरकानियासागर हुआ – वर्क- वरिक गोत्र के जाटों के नाम पर

फिर इसी सागर का नाम दहाय सागर हुआ – दहिया गोत्र के जाटों के नाम पर

फिर इसी सागर का नाम बहार-अल-खजर हुआ - खजर (गुजर गोत्र के जाटों के नाम)

फिर कैस्पियन सागर कहा जाने लगा

124. वेन झील (रूस देश के प्रान्त आर्मानिया में है) - वेन गोत्र के जाटों के नाम पर

125.अकोदा गाँव (जिला जोधपुर) का कुआं - चौधरी हर्श्राम जी ने बनवाया

126. वोल्गा नदी (यह उत्तर की ओरसे आकर कैस्पियन सागर में गिरती है) – वारिक-वर्क जाटों के नाम पर

127. वर्क देश (लघु एशिया में था जो आधुनिक सुमेरिया है और वर्कानिक देश (रूस के याकुटस्क प्रांत में था) वहां विराकानिया पर्वत भी था - ये सब वर्क-वरिकजाटों के नाम पर थे

128. बाना नदी (ईरान में है) – बाना गोत्र के जाटों के नाम पर

129. करन नदी (ईरान में है) ईरान की खाड़ी में गिरती है – कुंती पुत्र कर्ण के नाम पर

130. अजरी नदी (ईरान में) –अंजना –आंजणाजाटों के नाम पर

131. दृषद्वती नदी (सरस्वती नदी) महाभारत काल में कुरुक्षेत्र की दक्षिणी सीमा बनाती थी, आजकल लोप है) – जाट सम्राट उशीनर की रानी दृषद्वती की नाम पर

132. जाट गंगा या नील गंगा (यह भैरों घाटी में भागीरथी गंगा के साथ मिलती है) – इस नदी को जाट खोदकर लाए थे उनके नाम पर

133, काशी का दशाश्वमेघ घाट – भारशिव – भराईच जाटों के नाम पर

134. नोवगोरोड रूस में लेनिनग्राड के दक्षिण में – स्लाव जाटों ने निर्माण कराया

135. दिल्ली स्थित बिड़ला मंदिर की नींव रखने वाला – जाट महाराजा उदयभान सिंह धौलपुर नरेश

136. कुर्रम जिला (अफगानिस्तान में) – कृमि जाटों के नाम पर

137. गढ़ मुक्तेश्वर (उत्तर प्रदेश) - गढ़वाल जाट गोत्र के सरदार मुक्तासिंह ने इसका निर्माण कराया

विश्व में जाट वीरों की समाधियां

सिंगापुर वार मेमोरियल 1939–1945 द्वितीय विश्व युद्ध में 47220 सैनिकों में 24346 सैनिक शहीद हुए। जिनमें 12086 भारतीय थे। जिसमें अकेली 6 जाट रेजीमेंट के 616 सैनिक थे। वायु सेना जल सेना के साथ-2 थल सेना की रेजीमेंटों में ज्यादातर बलिदानी जाट थे। सबके नाम यहां लिखे हैं।

The Basra Memorial, Iraq

33367 भारतीय शहीदों की यादगार में बना मेसोपोटामिया 1914–1918 विश्व युद्ध में भारतीय शहीदों की यादगार इराक के बसरा शहर में आज भी उनकी कुर्बानियों की याद ताजा करवाती है। इसलिए एक गोरे अफसर ने लिखा है कि Jat is One of the best regiment of the world

विश्व युद्ध जिसे कादर वॉर भी कहा गया है। फ्रांस में भारतीय सैनिकों की समाधि है जिनमें असंख्य जाटों को विक्टोरिया क्रास भी मिला। The Neuve-chapelle Memorial स्थल पर पहला 1914–1918 दूसरा 1939–1945 विश्वयुद्ध की शानदार यादगार समाधि जिसमें 50 फुट ऊंचा अशोक स्तम्भ भी है और यहां पर 11 नवम्बर को शहीदी दिवस आज भी मनाया जाता है।

इजिप्ट व पैलस्टाइन 1914–1919 के विश्व युद्ध में पोर्ट टीवफिक में विक्टोरिया क्रास जीतने वालों सहित 20632 भारतीय शहीदों के नाम उनकी समाधि सहित दर्ज हैं। इनमें भी अधिकतर जाट थे।

जाट रत्न

विश्व में जाट वीरों समाधियां

पांडव वंश के जाट राजा महिपाल तोमर द्वितीय

दिल्ली पर सब से जायदा शासन तोमर गोत्र के जाटों का ही रहा ।

जिसमें उनका सबसे जायदा सहयोग सहरावत गोत्र के जाटों ने किया था

2

Raja Mahipal Tomar II ruled Delhi from 1105 AD to 1130 AD. Raja Mahipal Dev also built a fort and dam in Mahipalpur. King Mahipala Dev had a son named Vijayapala, Sahra, Tuhgapala. The descendants of Sahara, the son of Mahipaladeva, are called Sahrao (Saharawat). In Delhi, 30 villages belong to the Tomar Vanshi Jats. Of which Mehrauli, Mahipalpur, Nangal, Mangalpur, Daryapur, Palam, Mahamnanagar, Kair, Bawana, Bajitpur, Bakarwara, are mainly villages of the Sahrawat Jats.

3

Dam of Mahipal: Mahipalpur was inhabited by Jat king Mahipal Singh Tomar II. His descendants still live here. They are currently called Saharawat. Mahipalpur constructed a dam by the king. It was constructed with unbroken stone. Firoz Shah. In the time of the irrigation was arranged from this dam, a hunting ground was also constructed here.

King Mahipal built a palace here, the remains of which are today. Bhoj Ferozeshah Tughlaq got it rebuilt and has three arch doors.

दिल्ली पर शासन

(जाट पांडव वंशज)

1105 से 1130 ईस्वी

(जिसमें सहरावत गोत्र के जाटों का बड़ा समर्थन रहा)

जाट राजा महिपाल तोमर द्वितीय

Jats of Delhi

History

महिपाल तोमर द्विवतीय

गणराज्य भारत के महामहिम राष्ट्रपति एवं

गणराज्य भारत के महामहिम राष्ट्रपति

1. डॉक्टर राजेन्द्र प्रसाद - 26 जनवरी 1950 से 13 मई 1962.
2. डॉक्टर सर्वपल्ली राधाकृष्णन - 13 मई 1962 से 13 मई 1967.
3. डॉक्टर जाकिर हुसैन - 13 मई 1967 से 3 मई 1969.

श्री वी. वी. गिरि (कार्यवाहक) - 3 मई 1969 से 20 जुलाई 1969.

श्री मोहम्मद हिदायतुल्लाह (कार्यवाहक) - 20 जुलाई 1969 से 24 अगस्त 1969.

4. श्री वी वी (वराहगिरि वेंकटगिरि) गिरि – 24 अगस्त 1969 से 24 अगस्त 1974.

5. श्री फखरुद्दीन अली अहमद – 24 अगस्त 1974 से 11 फरवरी 1977.

श्री बी.डी.(बासप्पा दानप्पा) जत्ती (कार्यवाहक) - 11 फरवरी 1977 से 25 जुलाई 1977.

6. श्री नीलम संजीव रेड्डी - 25 जुलाई 1977 से 25 जुलाई 1982.
7. श्री ज्ञानी जैलसिंह - 25 जुलाई 1982 से 25 जुलाई 1987.
8. श्री आर. (रामास्वामी) वेंकटरमण - 25 जुलाई 1987 से 25 जुलाई 1992.
9. डॉक्टर शंकर दयाल शर्मा - 25 जुलाई 1992 से 25 जुलाई 1997.
10. डॉक्टर के. आर.(कोचेरिल रमन) नारायणन - 25 जुलाई 1997 से 25 जुलाई 2002.
11. डॉक्टर ए.पी.जे.(अवुल पाकिर जैनुलाब्दीन) अब्दुल कलाम - 25 जुलाई 2002 से 25 जुलाई 2007.
12. श्रीमति प्रतिभा सिंह पाटिल - 25 जुलाई 2007 से 25 जुलाई 2012.
13. श्री प्रवण मुखर्जी - 25 जुलाई 2012 से 25 जुलाई 2017.
14. श्री रामनाथ कोविन्द - 25 जुलाई 2017 से 25 जुलाई 2022.
15. श्रीमति द्रोपदी मुर्मू - 25 जुलाई 2022 से

गणराज्य भारत के महामहिम उपराष्ट्रपति
(राज्य सभा के पदेन अध्यक्ष)

1. सर्वपल्ली राधाकृष्णन - 13 मई 1952 से 14 मई 1957
2. डॉक्टर जाकिर हुसैन - 13 मई 1962 से 12 मई 1967
3. श्री वी. वी.(वराहगिरि वेंकेटगिरि) गिरि - 13 मई 1967 से 3 मई 1969
4. श्री जी.एस. (गोपाल स्वरूप) पाठक - 31 मई 1969 से 30 अगस्त 1974
5. श्री बी. डी.(बासप्पा दानप्पा) जत्ती - 31 अगस्त 1974 से 30 अगस्त 1979
6. श्री मोहम्मद हिदायतुल्लाह - 31 अगस्त 1979 से 30 अगस्त 1984
7. श्री आर (रामास्वामी) वेंकटरमण – 31 अगस्त 1984 से 27 जुलाई 1987
8. डॉक्टर शंकर दयाल शर्मा – 3 सितम्बर 1987 से 24 जुलाई 1992
9. श्री के. आर. (कोचेरिल रमन) नारायणन - 21 अगस्त 1992 से 24 जुलाई 1997
10. श्री कृष्णकान्त - 21 अगस्त 1997 से 27 जुलाई 2002
11. श्री भैरोंसिंह शेखावत - 19 अगस्त 2002 से 21 जुलाई 2007
12. श्री मोहम्मद हामिद अंसारी - 11 अगस्त 2007 से 19 जुलाई 2017
13. श्री (मुप्पावारापु) वेंकैया नायडू – 8 अगस्त 2017 से 10 अगस्त 2022.
14. श्री जगदीप धनखड़ – 10 अगस्त 2022 से

गणराज्य भारत के प्रधानमंत्री, उपप्रधानमंत्री एवं लोकसभा अध्यक्ष (स्पीकर)

गणराज्य भारत के प्रधानमंत्री

1. श्री जवाहरलाल नेहरू – 15 अगस्त 1947 से 27 मई 1964
2. श्री गुलजारीलाल नंदा (कार्यवाहक) – 27 मई 1964 से 9 जून 1964
3. श्री लाल बहादुर शास्त्री – 9 जून 1964 से 11 जनवरी 1966 , श्री गुलजारीलाल नंदा (कार्यवाहक) – 11 जनवरी 1966 से 24 जनवरी 1966
4. श्रीमति इंदिरा गांधी - 24 जनवरी 1966 से 24 मार्च 1977
5. श्री मोरारजी देसाई - 24 मार्च 1977 से 28 जुलाई 1979
6. श्री चौधरी चरणसिंह - 28 जुलाई 1979 से 14 जनवरी 1980
7. श्रीमति इंदिरा गांधी - 14 जनवरी 1980 से 31 अक्टूबर 1984
8. श्री राजीव गांधी - 31 अक्टूबर 1984 से 2 दिसंबर 1989
9. श्री वी. पी. (विश्वनाथ प्रताप) सिंह – 2 दिसंबर 1989 से 10 नवम्बर 1990
10. श्री चंद्रशेखर - 10 नवम्बर 1990 से 21 जून 1991
11. श्री पी.वी.(पमुलपर्ति वेंकट) नरसिम्हा राव – 21 जून 1991 से 16 मई 1996
12. श्री अटल विहारी वाजपेयी - 16 मई 1996 से 1 जून 1996
13. श्री एच. डी.(हरदनहल्ली डोडेगौडा) देवगोड़ा – 1 जून 1996 से 21 अप्रैल 1977
14. श्री इंद्रकुमार गुजराल – 21 अप्रैल 1977 से 19 मार्च 1998
15. श्री अटल विहारी वाजपेयी – 19 मार्च 1998 से 13 अक्टूबर 1999
16. श्री अटल विहारी वाजपेयी - 13 अक्टूबर 1999 से 22 मई 2004
17. श्री मनमोहन सिंह – 22 मई 2004 से 22 मई 2009
18. श्री मनमोहन सिंह - 22 मई 2009 से 26 मई 2014
19. श्री नरेन्द्र दामोदर मोदी – 26 मई 2014 से 26 मई 2019
20. श्री नरेन्द्र दामोदर मोदी – 26 मई 2019 से

गणराज्य भारत के उप-प्रधानमंत्री

(संवैधानिक दृष्टि से उप-प्रधानमंत्री और मंत्रिमंडल के किसी अन्य सदस्य की स्थिति में कोई अन्तर नहीं होता है। परन्तु व्यवहार में उप-प्रधानमंत्री सरकार में प्रधानमंत्री के बाद दूसरे स्थान पर होता है। प्रधानमंत्री की अनुपस्थिति में वह

प्रधानमंत्री के समस्त दायित्वों का निर्वहन करता है ।)

1. सरदार वल्लभ भाई पटेल - (15 अगस्त 1947 से 15 दिसंबर 1950)
2. मोरारजी देसाई - (13 मार्च 1967 से 19 जुलाई 1969)
3. चौधरी चरण सिंह - (24 जनवरी 1979 से 28 जुलाई 1979)
4. जगजीवनराम - (24 जनवरी 1979 से 28 जुलाई 1979)
5. वाई. वी. चव्हाण - (28 जुलाई 1979 से 14 जनवरी 1980)
6. चौधरी देवीलाल - (2 दिसम्बर 1989 से 1 अगस्त 1990)
7. चौधरी देवीलाल - (10 नवम्बर 1990 से 21 जून 1991)
8. लालकृष्ण आडवानी (29 जून 2002 से 22 मई 2004)

भारत लोकसभा अध्यक्ष (स्पीकर)

1. श्री जी. वी. (गणेश वासुदेव) मावलंकर
2. श्री एम.ए.(मदभुशी अनंथासयानम) आयंगर
3. श्री सरदार हुकुम सिंह
4. श्री नीलम संजीव रेड्डी
5. श्री गुरु दयाल सिंह ढिल्लों
6. श्री बलिराम भगत
7. श्री नीलम संजीव रेड्डी
8. श्री के.एस.(कोव्दूर सदानन्दा) हेगड़े
9. श्री बलराम जाखड़
10. श्री रविराय
11. श्री शिवराज पाटिल
12. श्री पी.ए.(पूर्णो अगितोक) संगमा
13. श्री जी. एम.सी. (गंती मोहना चन्द्र) बालयोगी
14. श्री मनोहर जोशी
15. श्री सोमनाथ चटर्जी
16. श्रीमति मीरा कुमार
17. श्रीमति सुमित्रा महाजन
18. श्री ओम बिड़ला

मुख्य मंत्री दिल्ली एवं विधान सभा अध्यक्ष (स्पीकर)

मुख्य मंत्री दिल्ली सरकार कार्यकाल

1. श्री चौधरी ब्रह्म प्रकाश नांगलोई (17 मार्च 1952 से 12 फरवरी 1955)
2. श्री गुरुमुख निहाल सिंह दरियागंज (12 फरवरी 1955 से 1 नवम्बर 1956)

मुख्य मंत्री पद समाप्त 1956 से 1993 तक

1. श्री मदनलाल खुराना मोती नगर (2 दिसंबर 1993 से 26 फरवरी 1996)
2. श्री साहिब सिंह वर्मा शालीमार बाग़ (26 फरवरी 1996 से 12 अक्टूबर1998)
3. श्रीमति सुषमा स्वराज (12 अक्टूबर 1998 से 3 दिसम्बर 1998)
4. श्रीमति शीला दीक्षित नई दिल्ली (3 दिसम्बर 1998 से 28 दिसम्बर 2013)
5. श्री अरविन्द केजरीवाल नई दिल्ली (28 दिसंबर 2013 से 14 फरवरी 2014)

राष्ट्रपति शासन (15 फरवरी 2014 से 13 फरवरी 2015)

8. श्री अरविन्द केजरीवाल नई दिल्ली (14 फरवरी 2015 से वर्तमान)

दिल्ली विधान सभा अध्यक्ष (स्पीकर)

1. श्री चरतीलाल गोयल मॉडल टाउन (16 दिसम्बर 1993 से 14 दिसम्बर 1998)
2. श्री चौधरी प्रेम सिंह अम्बेडकर नगरी (14 दिसम्बर 1998 से 17 जून 2003)
3. श्री सुभाष चोपड़ा कालकाजी (17 जून 2003 से 17 दिसम्बर 2003)
4. श्री अजय माखन राजौरी गार्डन (17 दिसम्बर 2003 से 28 मई 2004)
5. श्री चौधरी प्रेम सिंह अम्बेडकर नगरी (20 जुलाई 2004 से 15 दिसम्बर 2008)
6. श्री योगानन्द शास्त्री महरौली (19 दिसम्बर 2008 से 31 दिसम्बर 2013)
7. श्री मनिन्दर सिंह धीर जंगपुरा (3 जनवरी 2014 से 23 फरवरी 2015)
8. श्री राम निवास गोयल शाहदरा (23 फरवरी 2015 से 24 फरवरी 2020, एवं 24 फरवरी 2020 से वर्तमान)

पूर्व मुख्य मंत्री स्व. श्री साहिब सिंह वर्मा (जाट गोत्र - लाकड़ा चौहान)

भारतीय थल, नौ (जल) एवं वायु सेना अध्यक्ष

भारतीय थल सेना अध्यक्ष (चीफ ऑफ़ द आर्मी स्टाफ) कार्यकाल

(टिप्पणी – सन 1947-1948 में यह पद कमांडर-इन-चीफ इंडियन आर्मी था, सन ईसवी 1948-1955 तक चीफ ऑफ़ आर्मी स्टाफ एंड कमांडर-इन-चीफ इंडियन आर्मी था, तथा 1955 से यह पद चीफ ऑफ़ आर्मी स्टाफ कहलाता है)

1. जनरल सर रोबर्ट लोखार्ट - (15 अगस्त 1947 - 31 दिसम्बर 1947)
2. जनरल सर रॉय बुचेर - (01 जनवरी 1948 - 14 जनवरी 1949)
3. फील्ड मार्शल के. एम. करिअप्पा -(15 जनवरी 1949 - 14 जनवरी 1953)
4. जनरल के. एस. राजेंद्र सिंहजी - (15 जनवरी 1953 - 14 मई 1955)
5. जनरल एस. एम. श्रीनागेश – (15 मई 1955 - 7 मई 1957)
6. जनरल के. एस. थिमय्या – (8 मई 1957 - 7 मई 1961)
7. जनरल पी. एन. थापर – (8 मई 1961 - 19 नवम्बर 1962)
8. जनरल जे. एन. चौधरी – (20 नवम्बर 1962 - 7 जून 1966)
9. जनरल पी. पी. कुमारमंगलम – (8 जून 1966 - 7 जून 1969)
10. जनरल एस. एच. एफ. जे. मानेकशॉ – (8 जून 1969 - 14 जनवरी 1973)
11. जनरल जी. जी. बेवूर - (15 जनवरी 1973 - 31 मई 1975)
12. जनरल टी. एन. रैना - (1 जून 1975 - 31 मई 1978)
13. जनरल ओ. पी. मल्होत्रा - (1 जून 1978 - 31 मई 1981)
14. जनरल के. वी. कृष्णा राव - (1 जून 1981 - 31 जुलाई 1983)
15. जनरल ए. एस. वैद्य - (1 अगस्त 1983 - 31 जनवरी 1986)
16. जनरल के. सुन्दरजी - (1 फरवरी 1986 - 30 अप्रैल 1988)
17. जनरल वी. एन. शर्मा - (1 मई 1988 - 30 जून 1990)
18. जनरल एस. ऍफ़. रोद्रिगुएस - (1 जुलाई 1990 - 30 जून 1993)
19. जनरल बी. सी. जोशी - (1 जुलाई 1993 - 18 नवम्बर 1994)
20. जनरल एस. रॉय चौधरी - (22 नवम्बर 1994 - 30 सितम्बर 1997)
21. जनरल वी. पी. मलिक - (1 अक्टूबर 1997 - 30 सितम्बर 2000)
22. जनरल एस. पद्मनाभन - (1 अक्टूबर 2000 - 31 दिसम्बर 2002)
23. जनरल एन. सी. विज - (1 जनवरी 2003 - 31 जनवरी 2005)
24. जनरल जे. जे. सिंह - (1 फरवरी 2005 - 30 सितम्बर 2007)

25. जनरल दीपक कपूर - (30 सितम्बर 2007 - 30 मार्च 2010)
26. जनरल वी. के. सिंह - (31 मार्च 2010 - 31 मई 2012)
27. जनरल बिक्रम सिंह - (1 जून 2012 - 31 जुलाई 2014)
28. जनरल दलबीर सिंह सुहाग - (31 जुलाई 2014 - 31 दिसम्बर 2016)
29. जनरल बिपिन रावत - (31 दिसम्बर 2016 - 31 दिसम्बर 2019)
30. जनरल मनोज मुकुन्द नरावने - (31 दिसम्बर 2019 -)

भारतीय नौ (जल) सेना अध्यक्ष (एडमिरल)

सन 1947 से अब तक रहे भारतीय नौसेना अध्यक्ष और उनके कार्यकाल की सूची:

1. रियर एडमिरल जे.टी.एस. हाल - 15 अगस्त 1947 से 14 अगस्त 1948 तक
2. एडमिरल सर एडवर्ड पैरी - 15 अगस्त 1948 से 13 अक्टूबर 1951 तक
3. एडमिरल सर मार्क पिजे -14 अक्टूबर 1951 से 21 जुलाई 1955 तक
4. वाइस एडमिरल सर स्टीफन कार्लिल - 22 जुलाई 1955 से 21 अप्रैल 1958 तक
5. वाइस एडमिरल आर.डी. कटारी - 22 अप्रैल 1958 से 4 जून 1962 तक
6. वाइस एडमिरल बी.एस. सोमन - 05 जून 1962 से 3 मार्च 1966 तक
7. एडमिरल ए.के. चटर्जी - 04 मार्च 1966 से 27 फरवरी 1970 तक
8. एडमिरल एस.एम. नंदा - 28 फरवरी 1970 से 28 फरवरी 1973 तक
9. एडमिरल एस.एन. कोहली - 01 मार्च 1973 से 28 फरवरी 1976 तक
10. एडमिरल जे.एल. कर्सेटजी - 01 मार्च 1976 से 28 फरवरी 1979 तक
11. एडमिरल आर.एल. परेरा - 01 मार्च 1979 से 28 फरवरी 1982 तक
12. एडमिरल ओ.एस. डॉसन - 01 मार्च 1982 से 30 नवंबर 1984 तक
13. एडमिरल आर.एच. तहिलियानी - 01 दिसंबर 1984 से 30 नवंबर 1987 तक
14. एडमिरल जे.जी. नाडकर्णी - 01 दिसंबर 1987 से 30 नवंबर 1990 तक
15. एडमिरल एल. रामदास - 01 दिसंबर 1990 से 30 सितंबर 1993 तक
16. एडमिरल वी.एस. शेखावत - 01 अक्टूबर 1993 से 30 सितंबर 1996 तक
17. एडमिरल विष्णु भागवत -31 दिसंबर 1998 से 29 दिसंबर 2001 तक
18. एडमिरल सुशील कुमार -31 दिसंबर 1998 से 29 दिसंबर 2001 तक
19. एडमिरल माधवेंद्र सिंह - 29 दिसंबर 2001 से 31 जुलाई 2004 तक
20. एडमिरल अरुण प्रकाश - 01 अगस्त 2004 से 30 अक्टूबर 2006 तक

21. एडमिरल सुरेश मेहता - 30 अक्टूबर 2006 से 31 अगस्त 2009 तक
22. एडमिरल निर्मल वर्मा - 31 अगस्त 2009 से 31 अगस्त 2012 तक
23. एडमिरल देवेन्द्र कुमार जोशी - 31 अगस्त 2012 से 26 फरवरी 2014 तक
24. वाइस एडमिरल आर के धोवन - 26 फरवरी 2014 से 31 मई 2016 तक
25. एडमिरल सुनील लांबा - 31 मई 2016 से 31 मई 2019 तक
26. एडमिरल करमबीर सिंह - 31 मई 2019 से **30 नवम्बर 2021**
27. **एडमिरल आर हरी कुमार – 30 नवम्बर 2021 से**

भारतीय वायु सेना अध्यक्ष (एयर चीफ मार्शल)

1. एयर मार्शल सर थॉमस एमहर्स्ट – 15 अगस्त 1947 से 21 फरवरी 1950
2. एयर मार्शल सर रोनाल्ड चैपमैन – 22 फरवरी 1950 से 9 दिसंबर 1951
3. एयर मार्शल सर जेराल्ड गिब्स – 10 दिसंबर 1951 से 31 मार्च 1954
4. एयर मार्शल एस. मुखर्जी – 1 अप्रैल 1954 से 8 नवम्बर 1960
5. एयर मार्शल ए. एम. इंजीनियर – 1 दिसम्बर 1960 से 31 जुलाई 1964
6. एयर चीफ मार्शल अर्जन सिंह – 1 अगस्त 1964 से 15 जुलाई 1969
7. एयर चीफ मार्शल पी. सी. लाल – 16 जुलाई 1969 से 15 जनवरी 1973
8. एयर चीफ मार्शल ओ. पी, मेहरा – 16 जनवरी 1973 से 31 जनवरी 1976
9. एयर चीफ मार्शल एच. मुलगांवकर – 1 जुलाई 1976 से 31 अगस्त 1978
10. एयर चीफ मार्शल आय. एच. लतीफ़ – 1 सितम्बर 1978 से 31 अगस्त 1981
11. एयर चीफ मार्शल दिलबाग सिंह – 1 सितम्बर 1981 से 3 सितम्बर 1984
12. एयर चीफ मार्शल एल. एम. कात्रे – 4 सितम्बर 1984 से 1 जुलाई 1985
13. एयर चीफ मार्शल डी. ए. ला. फोंतेन – 3 जुलाई 1985 से 31 जुलाई 1988
14. एयर चीफ मार्शल एस. के. मेहरा – 1 अगस्त 1988 से 31 जुलाई 1991
15. एयर चीफ मार्शल एन.सी. सूरी – 1 अगस्त 1991 से 31 जुलाई 1993
16. एयर चीफ मार्शल एस. के. कौल – 1 अगस्त 1993 से 31 दिसंबर 1995
17. एयर चीफ मार्शल एस. के. सरीन – 31 दिसम्बर 1995 से 31 दिसम्बर 1998
18. एयर चीफ मार्शल ए. वाई. टिपनिस – 31 दिसंबर 1998 से 31 दिसम्बर 2001
19. एयर चीफ मार्शल एस. कृष्णास्वामी – 31 दिसम्बर 2001 से 31 दिसंबर 2004
20. एयर चीफ मार्शल ए. पी. त्यागी – 31 दिसम्बर 2004[i] से 31 मार्च 2007
21. एयर चीफ मार्शल एफ. एच. मेजर – 31 मार्च 2007 से 31 मई 2009

22. एयर चीफ मार्शल प्रदीप वसंत नायक – 31 मई 2009 से 31 जुलाई 2011
23. एयर चीफ मार्शल नॉर्मन अनिल कुमार ब्राउन – 31 जुलाई 2011 से 31 दिसम्बर 2013
24. एयर चीफ मार्शल अरूप राहा – 31 दिसम्बर 2013 से 31 दिसम्बर 2016
25. एयर चीफ मार्शल बी एस धनोआ – 31 दिसंबर 2016 से 30 सितम्बर 2019
26. एयर चीफ मार्शल राकेश कुमार सिंह भदौरिया – 30 सितम्बर 2019 से 30 सितम्बर 2021
27. एयर चीफ मार्शल विवेक राम चौधरी – 30 सितम्बर 2021 से

जाट एहसान

जाट एहसान

एहसान मानो जाटो का । जाटो की ताकत का अंदाजा इस बात से लगाया जाता है कि मुगलो को इनके डर के मारे तीन राजधानी बदलनी पड़ी थी । फतेहपुर से भगाया तो आगरा बनायी, आगरा को तबाह किया तो मुगल दिल्ली भागे । पर जाटो ने पीछा नही छोड़ा । सबसे पहले दिल्ली को जाटो ने ही फतेह किया था । लोहागढ (भरतपुर) के किले मे लगा लाल किले का दरवाजा इस बात की गवाही देता है । सिकंदरा मे अकबर के मकबरे को तबाह करने वाले भी जाट थे । मुगलो के खिलाफ पहला विद्रोह ब्रज क्षेत्र मे वीर गोकुला जी महाराज के नेतृत्व मे हुआ था । अगर किसी को जाटो की ताकत पर शक हो तो शौरम मुजफ्फरनगर मे सर्व खाप पंचायत के मुख्यालय मे मुगल राजाओ की पगड़ी देख लो । जब यंहा भारत के राजा मुगलो के

रिश्तेदार थे तब मुगल खाप की चौखट पर माथा टेकते थे । मुगलो की छाती पर बल्लभगढ जैसी रियासत स्थापित करने वाले जाट ही थे । बात अंग्रेजो की करते है, अंग्रेजी फौज एक साल

लगातार लड़ाई मे भी लोहागढ (भरतपुर) फतेह नही कर पायी थी । पंजाब मे सिख जाट महाराजा रणजीत सिँह के जीते जी अंग्रेज आंख तक नही उठा पाये और ये भारत का सबसे आखरी राज्य था । 1857 मे अंग्रेजो के खिलाफ मेरठ, दिल्ली और पंजाब क्षेत्र मे जो विद्रोह हुआ उसके अगुवा भी जाट थे । डच फ्रांसिसियो की तो बात ही मत करो उनकी तो हिम्मत नही हुयी जाटलैंड की धरती पर कब्जा करने की । वैसे भी कैप्टन सैमुअल फ्रांसिस उर्फ समरू, कर्नल मेडक आदि फ्रांसिसी जाट दरबार मे नौकरी करते थे । अगर देश मे जाटो की टांग खीँचने वाले ना होते तो आज अफगानिस्तान भी जाटो के पास होता । पर ये लोग पहले भी जाटो से चिढते थे आज भी चिढते है ।

पर ये जाट है, मार्शल कौम है, सरकार किसी की रहे, हकूमत इनकी ही चलेगी । जलने वाले जलते रहो ।

वे जाट ही थे जिन्होंने सोमनाथ के मंदिर का ज्यादातर खजाना वापस लूट लिया था ।

वह जाट रामलाल खोखर ही था जिसने पृथ्वीराज चौहान के हत्यारे मोहम्मद गौरी को सिन्ध में मार डाला था ।

वह जाट महाराजा रणजीत सिंह ही था जिसने मुगलों को काबुल, कंधार में जा जाकर पीटा था।

वह जाट वीर गोकुला और माडु जाट ही थे जिन्होंने औरंगजेब की मरोड़ तोड़ कर रख दी थी।

(पुस्तक पढ़ने की रूचि ने अन्य पुस्तक जाटवीर गोकुला से सम्बंधित सम्बन्धित पढ़ीं - जिनसे मुख्य संक्षिप्त जानकारी यह मिलती है -**समरवीर गोकुला जाट**

प्राय: हल्दीघाटी युद्ध (18 जून 1576) और पानीपत की तीन लड़ाईयों (21 अप्रैल 1526, 5 नवम्बर 1556, और 14 जनवरी 1761) की चर्चा सुनने पढ़ने को मिलती हैं, लेकिन समरवीर गोकुला के विषय में कितने जानते हैं, चर्चा होती है, नहीं मालूम। हल्दी घाटी पर श्री श्यामनारायण पाण्डेय द्वारा हल्दी घाटी खण्ड काव्य लिखा गया है। उसी प्रकार समरवीर गोकुला पर प्रबन्ध काव्य श्री बलवीर सिंह "करुण" द्वारा लिखा जा चुका है। कवि के संक्षेप विचार -

हल्दी घाटी का समर विकट, कुछ ही घंटों में गया निपट।
ये तीन दिवस बाहर जूझे, तिलपट में जूझे तीन दिवस।।

(सन्दर्भ - समरवीर गोकुला - प्रबंध काव्य – पृष्ठ 103, षष्ठ सर्ग – संग्राम अनूठा तिलपत का)

अब लगे हाथ बतला ही दें, पानीपत के तीनों रण भी।
एकेक दिवस में निपट गये, देखा न दूसरा तो दिन भी।।

(सन्दर्भ - समरवीर गोकुला - प्रबंध काव्य – पृष्ठ 104, षष्ठ सर्ग – संग्राम अनूठा तिलपत का)

एक महत्वपूर्ण विवेचना यह भी हैं कि हल्दी घाटी और पानीपत की लड़ाई दो शासकों के मध्य थी, दोनों तरफ अपनी - अपनी सेनाएं थी। फिर भी ये युद्ध एक – एक दिन के थे। जबकि तिलपत का युद्ध एक तरफ एक शासक था, जिसके पास अपनी सैन्य शक्ति थी और दूसरी तरफ एक किसानों का प्रतिनिधि समूह, जो अन्याय के विरुद्ध था। अपने सादा हथियार लाठी, बल्लम, फरसे, कुल्हाड़ी, तलवार आदि ही थे, कोई प्रशिक्षित सेना नहीं थी। तब ऐसी परिस्थितियों में उनका युद्ध 6 दिन तक चला।

गोकुल सिंह जिन्हें 'गोकुलराम' और 'गोकुला जाट' के नाम से भी जाना जाता है। भारतीय इतिहास के प्रसिद्ध व्यक्तियों में से एक हैं। वह सिनसिनी गांव का सरदार था। 10 मई, 1666 ईसवीं को जाटों और मुगल बादशाह औरंगजेब की सेना के मध्य तिलपत में लड़ाई हुई।

लड़ाई में जाटों की विजय हुई। पराजय के पश्चात मुगल शासक ने इस्लाम धर्म को बढ़ावा दिया और किसानों पर कर बढ़ा दिया। जाट गोकुल सिंह ने किसानों को संगठित किया और कर जमा करने से मना कर दिया। इस बार औरंगजेब ने पहले से अधिक शक्तिशाली सेना भेजी और गोकुल सिंह को बंदी बना लिया गया। 1 जनवरी, 1670 ईसवीं को आगरा के किले पर गोकुल सिंह को मौत के घाट उतार दिया गया। गोकुल सिंह के बलिदान ने मुगल साम्राज्य के खात्मे की शुरुआत कर दी।)

वह जाट चूड़ामण ही था जो जोधपुर के महाराज अजीत सिंह की पुत्री को फरुखसियर पठान से छुड़ाकर लाया था।

वह जाट राजा नाहर सिंह ही था जो देश के लिए 1857 में पहले शहीद हुए।

वह जाट महाराजा सूरजमल ही था जिसने घायल मराठों की मदद की और जिसके जीते जी किसी दुश्मन की भरतपुर की तरफ आँख उठाने की हिम्मत ना हुई। अगर उस समय वे महादजी सिंधिया परिवार की मदद न करते तो शायद सिंधिया परिवार ही नहीं बचता।

वह जाट राजा जवाहर सिंह ही था जो लाल किले के किवाड़ तक उतार लाया था जो आज भी लोहगढ़ (भरतपुर) के किले में चढ़े हैं।

वह जाट करतार सिंह ग्रेवाल ही था जो छोटी सी उम्र में देश के लिए फाँसी पर झूल गये।

वह जाट भगत सिंह संधू ही था जिसने देश को आजादी दिलाई।

वह जाट संत गंगादास ही थे जिन्होनें रानी के कहने पर ग्वालियर में रानी झांसी लक्ष्मीबाई का दाह संस्कार किया और अंग्रेज रानी का शव न ले सके थे।

वह जाट चौधरी छोटूराम ही था जिसने किसानों की जमीन की कुर्की बन्द करा दी।

वह जाट चौधरी सेठ छाजूराम ही था जिसने पूरे हरियाणा में जाट स्कूल और कालेजों को खड़ा कर दिया।

वह जाट चौधरी अमर सिंह ही थे जिन्होनें अपनी जमीन दान देकर लखावटी जिला बुलंदशहर में कृषि डिग्री कालेज की स्थापना की थी।

वह जाट ताऊ देवीलाल ही थे जिन्होंने गरीबों और किसानों की भलाई में अनेक कानून बनवाए।

अपने सिर से प्रधानमंत्री का ताज वीपी सिंह के सिर पर रखा।

वह जाट चौ. महेन्द्र सिंह टिकैत ही थे, जो राजनीति में न होते हुए भी सरकारों को हिला देते थे।

वह जाट मेजर शैतान सिंह, ब्रिगेडियर होशियार सिंह, कैप्टन सौरभ कालिया ही थे जिन्होंने कई लड़ाईयों में देश की आन बचाई ।

वह जाट सर सिकन्दर हयात खान चीमा (मुस्लिम जाट) ही थे जिन्होंने संयुक्त पंजाब में चौधरी सर छोटूराम के साथ मिलकर गरीबों और किसानों की भलाई में अनेक कानून बनवाए ।

वह जाट जग्गा डाकू ही था जो अमीरों का धन लूट कर गरीबों में बांट देता था ।

वह जाट हरफूल जाट जुलाणी ही था जिसने अंग्रेजों के राज में गऊ हत्थे तोड़े थे ।

वह जाट बाबा ज्याणी ही था, जिसने अदली खान की कैद से नार महकदे को छुड़ाया था ।

वे जाट बाबा शाहमल तोमर (जिला बागपत) ,आमानी सिंह ठकुरेला (लगसमा अलीगढ़), देवी सिंह राया जिला मथुरा और राजा नाहर सिंह बल्लभगढ़ ही थे जो 1857 में लडे थे ।

अन्य लाखों करोड़ों जाटों ने देश, कौम के लिए कुर्बानियां दी हैं ।

ऐसे बहादुर पूर्वजों पर मुझे गर्व है ।

जय जाट वंशावली ।

जाट – पाश्चात्य विद्वानों की दृष्टि में –

“ कुछ लेखकों का कहना है कि भारत पर सिथियनों के आक्रमण से काफी समय पहले जाट लोग सिंध प्रांत में आबाद थे और उनका सम्बन्ध महाभारत के योद्धाओं से किया है । ” – क्रुट्रयात्सेव.

“ जब भी जाटों में एकता हुई तब संसार की कोई भी जाति बहादुरी में इनका मुकाबला नहीं कर सकी । ” – हैरोडोटस.

“ रक्त में जाट परिवर्तन किए हुए राजपूत थे न अधिक हैं और न कम, किन्तु अदल – बदल हैं । राजपूत अगर प्राचीन धर्म का पालन करें तो जाट हो सकता है । ” – मि. आर्जलेंथम (एथोनोजी ऑफ़ इण्डिया).

“ प्राचीनकाल की रीति रिवाजों (आर्यों की) को मानने वाले जाट, नवीन हिन्दू धर्म के रिवाजों को मानने पर राजपूत है । जाटों से राजपूत बने हैं न कि राजपूतों से जाट । ” - जस्टिस कैम्पबैल.

“ जाटों में चालाकी और धूर्तता, योग्यता की अपेक्षा बहुत ही कम होती है । वे स्वामीभक्त और साहसी होते हैं । ” – डॉक्टर विटरेटन.

उत्तर और पश्चिम भारत के जाट बड़े परिश्रमी और साहसी होते हैं ।

" जाट " जाति के विषय में –

पार्वती के पूछने पर महादेव जी ने कहा, " ये जट्ट महाबली, अत्यन्त वीर्यवान एवं प्रचंड पराक्रमी हैं । सृष्टि के आरम्भ में क्षत्रियों में यही जाति सर्वप्रथम शासक हुई ।" - देव संहिता (श्लोक 15-16).

" जाट नामक जाति में कुछ बातें अभी तक प्राचीन चंद्रवंशी क्षत्रियों अर्थात कौरव-पांडवों से टक्कर खाती हैं । " – धर्म इतिहास रहस्य.

"जाट जाति के दो बड़े गुण हैं – एक तो वह किसी एक सत्ता को देर तक सिर झुका कर नहीं मान सकते और दूसरा यह है कि वह धार्मिक या सामाजिक रुढियों की अत्यंत दासता से घबराते हैं । इन्हीं गुणों का प्रभाव था कि वह सात सौ वर्षों तक मुसलमानों के शासन में रहे, परन्तु रहे प्रायः विद्रोही बनकर ही । यह एक वीर जाति के लक्षण हैं । इन दो गुणों के साथ एक दोष भी लगा हुआ है, जो शायद उपर्युक्त गुणों का भाई है । जाट लोगों में एक खुरदारापन है जो बिगड़ने पर परस्पर विरोध के रूप में परिणत हो जाता है । यदि यह दोष न होता तो दोनों के बल से जाट भारत के एक-छत्र राजा होते । "- पंडित इन्द्र विद्यावाचस्पति {जाट इतिहास की भूमिका से साभार (11-1-1974)}.

" अंत में, हम जाटों के सम्बन्ध में कुछ लिखना चाहते हैं कि उनके मानव तत्व अनुसंधान के लक्षण जैसा कि हम देख चुके हैं, साफतौर से आर्य हैं । वे सुन्दर, लम्बे और बड़ी-नाक वाले हैं । क्या इतिहास उन्हें अनार्य बताते हैं ? " – चिन्तामणि विनायक वैद्य

शूद्रक राजा एवं कवि

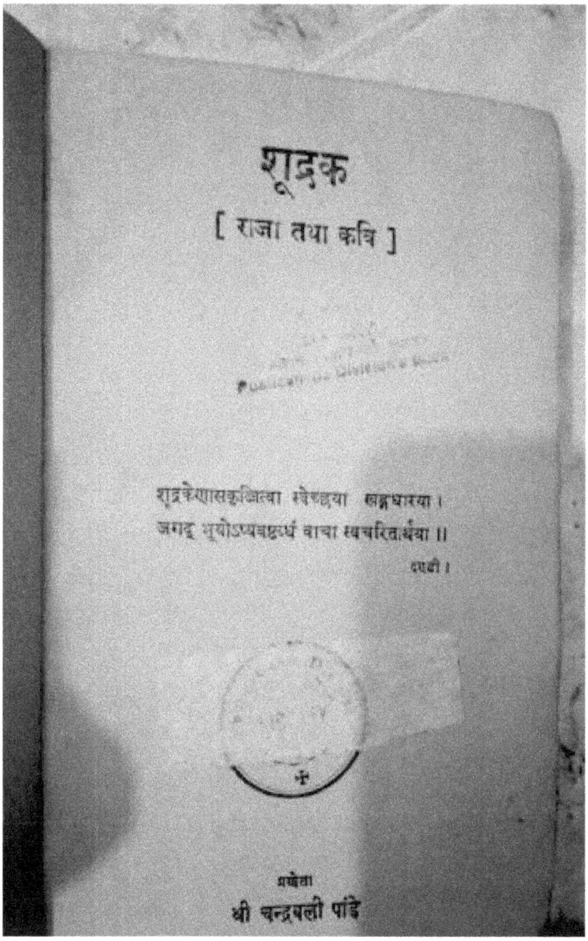

शूद्रक राजा एवं कवि

- इसी प्रकार शूद्रक एक राजा एवं कवि थे । कुछ लोग अज्ञान वश शूद्रक को शुद्र कहते है जो नितान्त अनुचित है - मृच्छ कटिक के श्लोक स्नादार्भ (1/4) के अनुसार -

ऋग्वेद सामवेद गणितमय कलां वैशिकी हस्तिशिक्षा ,

ज्ञात्वा शर्वप्रासादाद्वयपगत तिमिरे चक्षुषी चोपलभ्य ।
राजानं वीक्ष्य पुत्र परम सुदमेना श्र्वमेधेन चेष्टा ,
लब्ध्वा चायु शताब्दमदश दिन सहतं शूद्रकोअग्निं प्रविष्ट ।।
(मृच्छ्र कटिक के श्लोक स्नादार्भ (1/4) के अनुसार)

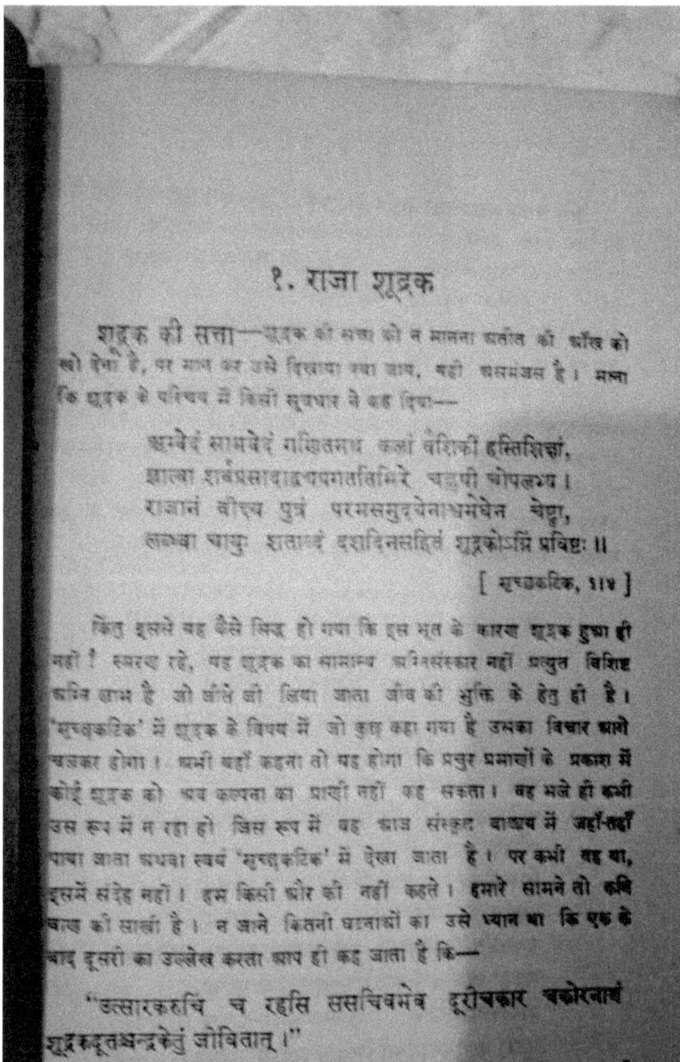

१. राजा शूद्रक

शूद्रक की सत्ता—शूद्रक की सत्ता को न मानना इतिहास की आँख को खो देना है, पर मान कर उसे दिखाया क्या जाय, यही असमंजस है। माना कि शूद्रक के परिचय में किसी सूत्रधार ने कह दिया—

ऋग्वेदं सामवेदं गणितमथ कलां वैशिकीं हस्तिशिक्षां,
ज्ञात्वा शर्वप्रसादाद्व्यपगततिमिरे चक्षुषी चोपलभ्य।
राजानं वीक्ष्य पुत्रं परमसमुदयेनाश्वमेधेन चेष्ट्वा,
लब्ध्वा चायुः शताब्दं दशदिनसहितं शूद्रकोऽग्निं प्रविष्टः॥

[मृच्छकटिक, १।४]

किंतु इससे यह कैसे सिद्ध हो गया कि इस मत के कारण शूद्रक हुआ ही नहीं! स्मरण रहे, यह शूद्रक का सामान्य अग्निसंस्कार नहीं प्रत्युत विशिष्ट अग्नि लाभ है जो जीते जी लिया जाता जीव की मुक्ति के हेतु ही है। 'मृच्छकटिक' में शूद्रक के विषय में जो कुछ कहा गया है उसका विचार आगे चलकर होगा। अभी यहाँ कहना तो यह होगा कि प्रचुर प्रमाणों के प्रकाश में कोई शूद्रक को अब कल्पना का प्राणी नहीं कह सकता। वह भले ही कभी उस रूप में न रहा हो जिस रूप में वह आज संस्कृत वाङ्मय में जहाँ-तहाँ पाया जाता अथवा स्वयं 'मृच्छकटिक' में देखा जाता है। पर कभी वह था, इसमें संदेह नहीं। हम किसी और की नहीं कहते। हमारे सामने तो कवि बाण की साक्षी है। न जाने कितनी घटनाओं का उसे ध्यान था कि एक के बाद दूसरी का उल्लेख करता आप ही कह जाता है कि—

"उत्सारकरुचिं च रहसि ससचिवमेव दूरीचकार चकोरनाथं शूद्रकदूतश्चन्द्रकेतुं जीवितात्।"

[हर्षचरित, षष्ठ उच्छ्वास का अंत]

राजा शूद्रक

नवल किशोर गोदारा जिला बाड़मेर राजस्थान, प्रवासी अफ्रीका –

नवल किशोर गोदारा

नवल किशोर गोदारा

धनवान होना ख़ास बात नहीं। धनवान व्यक्ति अग़र दानवान और मनवान हो तो उसकी बात ही कुछ अलग होती है। धन या बल, कद या पद के मद में मदमस्त इंसान अपना बड़प्पन क़ायम नहीं कर सकता। सिर्फ़ धन या पद या कद से बड़ा हो जाना ख़जूर के पेड़ की तरह हो जाना होता है। पंछी को छाया नहीं, फल लागे अति दूर। सच्चे अर्थों में बड़ा वही होता है, जिसका सोच बड़ा, जिसका दिल बड़ा। बड़े सोच व बड़े दिल वालों का काम भी बड़ा। जब काम बड़ा तो नाम भी बड़ा। हम यह बात कर रहे हैं थार के थपेड़ों को सहन करते हुए पले-बढ़े मालाणी के गुदड़ी के लाल श्री नवल जी गोदारा की, जिनके दान और काम की चर्चा आजकल हर जुबां पर है।

नवल जी की निराली जीवन कहानी: बाड़मेर जिले के गांव भिंयाड के मूल निवासी और फ़िलहाल दक्षिणी अफ्रीका में अपने व्यवसाय का परचम लहराने वाले नवल जी गोदारा की बात कुछ निराली है। फ़र्श से अर्श तक पहुंचे इस शख्श की

जीवन-यात्रा रोमांचक है। पारिवारिक परिस्थितियों के प्रहारों से प्रताड़ित नवल जी को आठवीं कक्षा में ही स्कूल छोड़कर काम-धंधे की तलाश करनी पड़ी। सन् 1987 में राजकोट और गांधीधाम (गुजरात) में नमक की फैक्टरी में 50 किलो के थैलों को नमक से भरना और उन्हें ट्रकों में लादना-- किशोरावस्था में इस कष्टसाध्य काम में खुद को झोंक दिया। कठोर परिश्रम, ईमानदारी और समझदारी से काम करते हुए फैक्टरी के मालिक का दिल जीत लिया।

यौवन की दलहीज़ पर कदम रखते ही नवल जी के सपनों के पंछी के पंख फड़फड़ाने लगे। जवानी की ओर बढ़ते कदमों के साथ हसरतें जवां हो चलीं। मंजिल का नज़ारा अब नज़रों के सामने नज़र आने लगा। नमक फैक्ट्री में चार साल काम करने के बाद नवल जी ने अफ्रीकी देश कांगों पहुंचने का जुगाड़ कर लिया। शरूआत में वहाँ एक व्यवसायी की कॉस्मेटिक्स की दुकान पर काम किया। दस साल बाद वहीं पर ख़ुद का कारोबार स्थापित कर दिखा दिया कि मन में हो संकल्प तो कोई काम नहीं मुश्किल। मेहनत, समझ और सावचेती के दम पर नवल जी ने वर्तमान में अफ्रीका, यूरोप एवं एशिया महाद्वीपों के देशों में कॉस्मेटिक्स, माइनिंग, कंस्ट्रक्शन, इलेक्ट्रॉनिक्स एवं सर्विस सेक्टर में अपना सफ़ल व्यवसाय स्थापित कर रखा है। नवल जी की कमाल की क़ामयाबी यह शेर बख़ूबी बयां करता है:

'अक़्सर वहाँ तूफ़ान भी हार जाते हैं, जहाँ कश्तियाँ जिद्द पर होती हैं।'

मालाणी के इस हीरे ने अपनी सफलता की चमक से देश-विदेश में सबको चमत्कृत कर रखा है। ज्यों-ज्यों इनके व्यवसाय के दायरे का विस्तार हो रहा है, त्यों-त्यों इनकी दानवीरता और विनम्रता का दायरा भी बढ़ता जा रहा है। ठीक वैसे ही जैसे कोई फलदार पेड़ फलों से लदकर धरती की ओर मुड़ता जाता है।

संवेदनशील और दानशील: दिल में संवेदनाओं का समंदर समेटे हुए नवल जी को वेदनाग्रस्त दिल की वेदना पढ़ना और उसे स्वानुभूति के स्तर पर महसूस कर उसकी हर संभव सहायता करना बख़ूबी आता है। सब जानते हैं कि वेदना की किताब पढ़ने के लिए डिग्री की नहीं बल्कि समानुभूति (empathy) की जरूरत होती है। जो ख़ुद को दूसरों के हालात में रखकर उनके दुःख-दर्द को महसूस करता हो, उसके लिए कोई भी पराया नहीं होता। उसके अपनेपन के भाव की परिधि में सभी समाए रहते हैं। एक लंबी फेहरिस्त है उन जरूरतमंद व्यक्तियों व संस्थाओं की जिनको नवल जी व उनके भाई टीकू जी ने उदारतापूर्वक आर्थिक सहयोग प्रदान कर मंजिल तक पहुंचाया है। शिक्षा, स्वास्थ्य, सामाजिक सरोकारों से संबंधित संस्थाओं को एवं जनोपयोगी राष्ट्रीय अभियानों में नवल जी गोदारा

अब तक 20 करोड़ रुपये की धनराशि का योगदान कर चुके हैं। सैल्यूट मालाणी के इस नामी दानी की दानवीरता को। धनलिप्सा के आज के जमाने में दानवीरता की मिसाल क़ायम करने वाले नवल जी जैसे दानी बिरले ही मिलेंगे, जो यह मानते हैं कि दान ही धन की श्रेष्ठतम गति है।

जन्मभूमि के प्रति प्रेम: नवल जी ने अपने पैतृक गांव भिंयाड में ग्रामीण विद्यार्थियों को क्वालिटी एजुकेशन प्रदान करने हेतु सन 2010 में सरस्वती विद्या मंदिर सीनियर सेकेंडरी स्कूल की स्थापना की, जिसमें दो हज़ार विद्यार्थी अध्ययनरत हैं। हालात से त्रस्त होकर ख़ुद उच्च शिक्षा प्राप्त करने से वंचित रहने के दंश को नवल जी ने झेला है। इसलिए जहाँ कहीं शिक्षा के प्रचार- प्रसार हेतु धनराशि की जरुरत होती है, वहाँ वे सहर्ष दान देते हैं।

भिंयाड, कानासर व उन्दू गांवों की सरकारी स्कूलों में आधारभूत संरचना विकास हेतु नवल जी ने 16 लाख 50 हज़ार रुपये की धनराशि प्रदान की है। इसके अतिरिक्त भिंयाड़ के राजकीय हॉस्पिटल में भी चार लाख रुपए की राशि से रोगियों के बेहतर इलाज़ से संबंधित आवश्यक संसाधन सुलभ करवाए हैं।

बालिका शिक्षा में योगदान: बालिका शिक्षा को बढ़ावा देने के लिए बाड़मेर जिला मुख्यालय पर ग्रामीण बालिकाओं के आवास हेतु स्थित किसान बालिका छात्रावास में नवल जी ने समस्त सुविधाओं से युक्त तीसरी मंजिल का निर्माण सन 2015 में 1 करोड़ 57 लाख रुपये की लागत से करवाया है।

जन सहयोग से प्राचीनतम जलस्रोत कारेली नाडी का उद्धार

जनहित के राष्ट्रीय अभियानों में अग्रणी भूमिका: स्वच्छ भारत मिशन और जल स्वावलंबन अभियान को बाड़मेर में परवान पर चढ़ाने हेतु बाड़मेर के **प्राचीनतम जलस्रोत कारेली नाडी** की समुचित साफ़-सफ़ाई करवाने एवं जलस्रोत का जीर्णोद्धार करवाने में नवल जी ने ख़ुद के स्तर पर समस्त आवश्यक संसाधन जुटाकर यह असम्भव-सा प्रतीत होने वाला व्यापक जनहित का कार्य न्यूनतम समय में पूरा करवाने का रिकॉर्ड क़ायम किया है। बता दें कि इस जलस्रोत में एवं इसके जल-भराव क्षेत्र में बाड़मेर शहर का कचरा वर्षों से डाले जाने के कारण यहाँ 35 हज़ार मेट्रिक टन कचरा संग्रहित हो चुका था। इस कचरे का जैविक निस्तारण करवाने तथा जल-स्रोत का समुचित जीर्णोद्धार का जनोपयोगी कार्य करवाने के फलस्वरूप नवल जी आमजन तथा जिलाप्रशासन की आँखों के तारे बन चुके हैं।

होनहार युवाओं के हिमायती: उदीयमान प्रतिभाओं, क्षमतावान खिलाड़ियों, कलाकारों आदि को आवश्यक संबल प्रदान करने में नवल जी अग्रणी रहते हैं।

नवल किशोरजी गोदारा द्वारा स्थापित लक्ष्मण लाइब्रेरी

समाज की जरूरतमंद होनहार प्रतिभाओं के मार्गदर्शन के उद्देश्य से तेजा फ़ौंउडेशन के तत्वावधान में 10 दिसंबर 2017 से आर.ए. एस. की भर्ती-परीक्षा की समुचित तैयारी करवाने के लिए जयपुर में शुरू की गई निःशुल्क कोचिंग हेतु कोचिंग-स्थल पर ही सुसज्जित लाइब्रेरी स्थापित करने एवं अन्य आवश्यक संसाधन जुटाने वास्ते नवल जी गोदारा ने ग्यारह लाख रुपए की धनराशि का योगदान देकर एक अनूठी मिसाल कायम की है। फिफ्टी विलेजर्स संस्थान, बाड़मेर के संस्थापक डॉ. भरत सारण के जरिए जब नवल जी को इस महत्वाकांक्षी प्रोजेक्ट की जानकारी मिली तो वे तत्काल इसमें अपना विशिष्ट योगदान देने के लिए राजी हो गए। उदारता का असली स्वरूप यही होता है।

फिफ्टी विलेजर्स संस्थान, बाड़मेर में नवल जी ने अपने पिता श्री की पावन स्मृति में 'लक्ष्मण हॉल' नाम से एक सुसज्जित सेमिनार हॉल का निर्माण करवाया है तथा अन्य आवश्यक सहयोग भी समय-समय पर प्रदान करते रहते हैं। शिक्षा से संबंधित प्रोजेक्ट तथा व्यापक जनहित के राष्ट्रीय अभियानों में नवल जी ने समुचित सहयोग प्रदान करने का वादा कर रखा है।

परहितकारी और सामाजिक सरोकारों में दानवीरता की अनूठी मिसाल क़ायम करने वाले मालाणी के माणिक-मोती नवल जी गोदारा एवं उनके भ्राता श्री **टीकूजी गोदारा** के उन्नत एवं यशस्वी जीवन की अनन्त शुभकामनाएं!!

खेताराम चौधरी को दस लाख रुपए का इनाम

खेताराम चौधरी और नवलकिशोर गोदारा

साउथ अफ्रीका में व्यवसाय कर रहे बाड़मेर मूल के अप्रवासी भारतीय नवलकिशोर गोदारा ने रियो ओलंपिक की मैराथन में भाग लेकर जिले का नाम रोशन करने वाले खेताराम चौधरी को दस लाख रुपए का इनाम दिया है। ताकि खेताराम के कदम नहीं रुके और वह आगे भी ओलंपिक और अन्य अंतरराष्ट्रीय प्रतियोगिताओं के लिए तैयारी कर सके। खेताराम अपने गांव खोखसरहुंचे तो उनके स्वागत को ग्रामीण एकत्रित हुए। भिंयाड गांव के मूल निवासी और साउथ अफ्रीका में व्यवसायी **नवलकिशोर गोदारा** भी यहां पहुंचे। गोदारा ने सियागो की ढाणी स्कूल में आयोजित कार्यक्रम में दस लाख रुपए के इनाम की घोषणा खेताराम के लिए की। गोदारा ने बताया कि वे चाहते हैं कि देश की यह प्रतिभा आर्थिक परेशानियों के चलते कभी भी पीछे मुड़कर नहीं देखे।

सामाजिक सरोकार हेतु किए गए कार्य एवं दान

समाज के भामाशाह श्री नवल किशोर गोदरा द्वारा सामाजिक सरकार हेतु किए गए कार्य एवं दान निम्नानुसार है:

1. श्री किसान बोर्डिंग हाउस संस्थान, बाड़मेर (कन्या छात्रावास भवन की तीसरी मंजिल का निर्माण) 1,00,00,000/-
2. श्री किसान बोर्डिंग हाउस संस्थान, बाड़मेर (किसान छात्रावास में भवन निर्माण हेतु).... 51,00,000/-
3. श्री किसान बोर्डिंग हाउस संस्थान, बाड़मेर (कन्या छात्रावास में शिलान्यास एवं कार्य आरंभ).... 15,00,000/-
4. श्री गोपाल गौशाला, बाड़मेर ... 54,48,500/-
5. करेली नाड़ी, बाड़मेर (स्वच्छ भारत अभियान).... 20,00,000/-
6. वीर तेजाजी विकास समिति, बालोतरा.. 24,00,000/-
7. वीर तेजाजी महिला शिक्षण एवं शोध संस्थान, मुंडवा.... 21,00,000/-
8. बाबा श्री रामदेवजी अवतार धाम मंदिर विकास संस्थान, रामदेरिया ... 19,51,000/-
9. जाट चैरिटेबल ट्रस्ट, बाड़मेर ,00,000/-
10. तेजा फ़ौंडेशन , जयपुर ...11,00,000 /-
11. बाल मंदिर संचालन समिति बाड़मेर 10,00,000/-
12. खेताराम चौधरी (ओलंपिक धावक) प्रोत्साहन राशि.... 10,00,000/-
13. नागणेच्या गौशाला, बाड़मेर बाड़मेर ... 7,50,000/-
14. फिफ्टी विलेजर्स सेवा संस्थान, बाड़मेर 7,50,000/-
15. राजकीय उच्च माध्यमिक विद्यालय, बायतु पनजी 6,00,000/-
16. शहीद धर्माराम शौर्य चक्र ... 5,00,000/-
17. जाट चैरिटेबल ट्रस्ट, अहमदाबाद 5,00,000/-
18. राजकीय उच्च माध्यमिक विद्यालय, भिंयाड (चारदीवारी हेतु).... 5,51,000/-
19. राजकीय उच्च माध्यमिक विद्यालय, भिंयाड (राजस्थान सरकार की भामाशाह योजना अंतर्गत).... 5,50,000/-
20. राजकीय माध्यमिक विद्यालय छीतर का पार 5,00,000/-
21. ग्रामीण विकास एवं चेतना संस्थान, बाड़मेर 4,01,000/-
22. राजकीय प्राथमिक स्वास्थ्य केंद्र, भिंयाड (राजस्थान सरकार की भामाशाह योजना अंतर्गत)....4,00,000/-
23. राजकीय माध्यमिक विद्यालय, उन्डू (राजस्थान सरकार की भामाशाह योजना अंतर्गत).... 3,50,000/-
24. राजकीय माध्यमिक विद्यालय कानासर गोलाई (राजस्थान सरकार की

भामाशाह योजना अंतर्गत).... 3,50,000/-

25. राजकीय माध्यमिक विद्यालय कानासर(राजस्थान सरकार की भामाशाह योजना अंतर्गत)....2,00,000/-
26. राजकीय बालिका उच्च प्राथमिक विद्यालय, भिंयाड (राजस्थान सरकार की भामाशाह योजना अंतर्गत).....2,00,000/-
27. जिला शिक्षा अधिकारी कार्यालय, बाड़मेर (वाटिका निर्माण हेतु) 2,00,000/-
28. श्री बलदेव राम मिर्धा शिक्षण संस्थान, चौहटन.... 1,51,000/-
29. गुलाब भारती गौशाला, परेऊ.... 1,50,000/-
30. चौपासनी शिक्षा समिति, जोधपुर ... 65,000/-
31. महिला पुलिस थाना, बाड़मेर 51,000/-
32. कामेश्वर महादेव जन हिताय संस्थान, भिंयाड (सात दिवसीय महाप्रसादी), 11 लाख श्रद्धालुओं को भोजन प्रसादी....
33. गुलाब भारती जी मठ समाधि स्थल, परेऊ (नौ दिवसीय महाप्रसादी), 5 लाख श्रदालुओं को भोजन प्रसादी....
34. तारातरा मठ,तारातरा, 1.25 लाख श्रद्धालुओं को भोजन प्रसादी....
35. धर्मपुरी जी का धूणा, पन्नानियों का तला, 35000 श्रद्धालुओं को भोजन प्रसादी....
36. तहसील कार्यालय, शिव(जिला स्तरीय राजस्व खेलकूद प्रतियोगिता),3000 लोगों के भोजन की व्यवस्था....।

गुप्त वंशीय (धारण गोत्र जाट राज वंश) चंदेरी के जाट राजा पूरणमल जी

गुप्त वंशीय (धारण गोत्र जाट राज वंश) चंदेरी के जाट राजा पूरणमल जी

चंदेरी का इतिहास

लेखक :मानवेन्द्र सिंह तोमर (कुंतल)

गुप्तवंशीय (धारण गोत्र का जाट राजवंश) चंदेरी के जाट राजा पूरणमल के वंशज चंदेरी, चंदेरिया, चंदोलिया कहलाते हैं।

राजा पूरणमल जाट मुगल काल और सूरी वंश के समय मे चंदेरी के शासक थे। राजा पूरणमल के पूर्वजों की जड़ें गुप्त वंश (धारण गोत्र) के जाटों में जाकर मिलती है।

चंदेरीका प्राचीन नाम चंद्रनगर था। गुप्त वंश के राजा चंद्रगुप्त विक्रमादित्य ने यहां पर किले का निर्माण करवाया था। उन्ही (चंद्रगुप्त विक्रमादित्य) के नाम से यह जगह चंद्रनगर (चंद्रपुर) नाम से जानी गई थी। चंद्रनगर से अपभ्रंश होकर यह नगर चंदेरी के नाम से प्रसिद्ध हुआ। गुप्त वंशी जाट चंदेरी के शासक होने के कारण चंदेरी के नाम पर चंदेरी (चंदेरिया/चंदेलिया) नाम से प्रसिद्ध है।गुप्त वंश की चंदेरी (चंदेरिया/चंदेलिया) शाखा मध्यप्रदेश, राजस्थान, पंजाब में निवास करती है।

चंदेरी किले के निर्माण पर कुछ दूसरे वंश भी दावा प्रस्तुत करते हैं। लेकिन सबसे ज्यादा प्रामाणिक दावा गुप्त वंश के जाट राजा चंद्रगुप्त विक्रमादित्य का ही सिद्ध होता है

चंदेरी के गुप्त वंश के पश्चात यह किला मालवा के जाट महाराजा यशोधर्मन के अधिकार में रहा था। यशोधर्मन के पश्चात चंदेरी का किला अलाउद्दीन ख़िलजी, तुगलक वंश , लोधी वंश, और मालवा के सुल्तान महमूद ख़िलजी के अधीन रहा था। 1527 ईस्वी में मैदिनी राय खंगार ने मालवा के सुल्तान के समय चंदेरी पर कब्ज़ा कर लिया था। लेकिन 1528 ईस्वी में बाबर ने मेदिनीराय खंगार को हराकर चंदेरी किले को जीत लिया था।

बाबर के समय मुगलिया अत्याचार से जब चंदेरी की जनता त्राहि त्राहि कर रही थी उस समय एक जाट यौद्धा पूरणमल चंदेरी का उद्धारक बनके उभरा था। मुगल सेना और पूरणमल के मध्य 1529 ईस्वी में भयंकर युद्ध हुआ जिसमें मुगलो ने जाटों के आगे युद्ध भूमि में घुटने टेक दिए इस तरह अविजित मुगलों ने प्रथम बार मध्य भारत में हार का स्वाद चखा था। भारत भूमि के पुत्र पूरणमल जाट ने मुगलों की रक्त सरिता में स्नान कर, भारत माता की आत्मा को तृप्त किया था।

चंदेरी के किले पर चंद्रगुप्त के वंशज राजा पूरणमल जाट का अधिकार हो गया था। जाटों ने चंदेरी का चौमुखी विकास किया था। चंदेरी के दुर्ग को सुरक्षित अभेद किले के रूप में परिवर्तित करने के लिए किले में नवीन निर्माण किए गए थे। पूरणमल जाट ने मुगलों के सेनायनक (पठान) को जिस जगह काटा था आज वो खूनी दरवाजा कहलाता है। बाद में चुन चुनकर मुगल तुर्कों को इस ही जगह (खूनी दरवाजे) पर मौत के घाट उतारा गया था। तब से इसी खुनी दरवाजे पर शत्रु के रक्त का अभिषेक किया जाता है।अर्थात शत्रुओ को खुनी दरवाजे पर मृत्यु दंड दिया जाता था।

दिल्ली के अफगान सुल्तान शेरशाह सूरी ने 1542 ईसवी के अंत मे चंदेरी पर आक्रमण किया था। बाबर के समय शेरशाह सूरी ने चंदेरी के 1528 ईस्वी के युद्ध मे एक सैनिक के रूप में भाग लिया था। शेरशाह ने सोचा कि पल भर में चंदेरी को जीत लेगा लेकिन भविष्य में शेरशाह का सामना उन जाट वीरों से होने वाला था जिन्होंने रण भूमि में वीरगति या विजय को अपना लक्ष्य बना रखा था। शीघ्र ही शेरशाह को पता चल गया कि उसका पाला सवा शेरों से पड़ गया है। चार महीने तक लाख प्रयत्न करने के बाद भी शेरशाह को युद्ध क्षेत्र में सिर्फ नाकामी हाथ लगी थी। रणक्षेत्र में हर बार विजयश्री का सेहरा जाट राजा पूरणमल के सिर पर ही बंधा था। जाटों ने अपनी युद्ध कौशलता वीरता,साहस के दम पर अफगानों को घुटने टेकने पर मजबूर कर दिया था जब युद्ध क्षेत्र में विजय की कोई भी आश शेष नही बची थी । तब अफगानी लोमड़ी शेरशाह ने छल कपट का सहारा लिया

शेरशाह ने अपना शाति दूत चंदेरी के राजा पूरणमल जाट के पास भेजा। दूत ने शेरशाह का संदेश राजा को सुनाते हुए बताया कि शेरशाह आपकी वीरता का मुरीद हो गया है अतः वो ऐसे वीर यौद्धा से युद्ध की जगह मित्रता (संधि) करना चाहता है। जाट राजा कुरान की सौगंध के साथ भेजे इस संदेश पर विश्वास करते हुए किले से बाहर आकर संधि वार्ता करने के लिए शेरशाह के कैम्प में आ गया था। लेकिन शेरशाह ने मित्रता की आड़ में निहत्थे राजा की पीठ में खंजर घोप कर उसकी हत्या कर दी जब यह खबर किले में पहुँची तो जाट महिलाओं और बच्चो को गुप्त रास्ते से सुरक्षित क्षेत्रों में भेज दिया गया था आज वो जाट लोग चंदेरी से आने के कारण चंदेरी(चंदेरिया/,चंदेलिया), गोत्र के जाट कहलाते हैं।

चंदेरी किले में शेष बचे सैनिकों और वीरांगनाओ ने कायर की तरह मरने के बजाए युद्ध भूमि में प्राणों का बलिदान देना अपना सनातन धर्म समझा इसके बाद भयंकर कत्ले आम हुआ था।

एक और भारतीय राजा अफगानों की छल का शिकार हुआ था।इसी के साथ भारत के एक स्वर्णिम अध्याय का दुखद अंत हुआ

गुप्त वंशीय (धारण गोत्र जाट राज वंश) चंदेरी के जाट राजा पूरणमल जी

दिल्लीपति जाट सम्राट अनंग पाल तोमर व कुंतल की मूर्ति

निर्माता-जाट सम्राट अनंग पाल तोमर

समय-1000 वर्ष पुरानी

स्थान-मथुरा

सम्राट अनंगपाल तोमर व कुंतल मूर्ति

तोमर जाट शासक मुद्राएं

तोमर जाट शासक मुद्राएं

मुद्राएं - अनंगपाल देव, सलक्षण पाल, मदनपाल

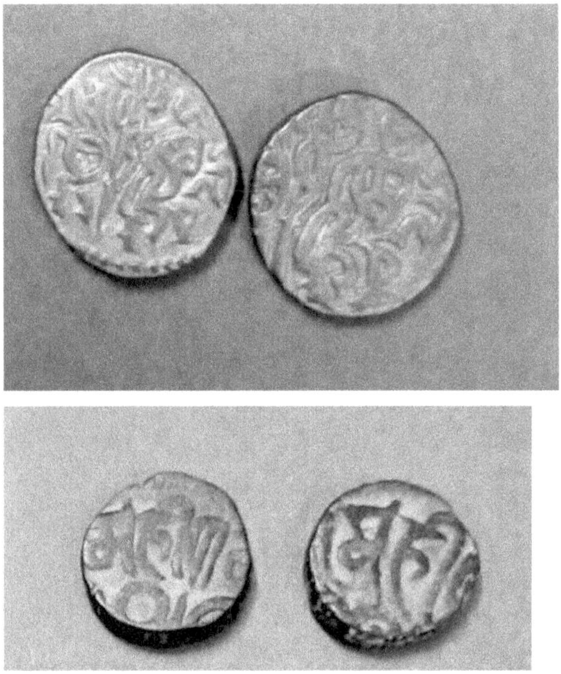

मुद्राएं - चाहड़ देव, महीपाल देव

मुद्राएं - देव

राजा महीपाल

Yaudheyas ancient tribal confederation

Coin of the Yaudheyas with depiction of Kartikeya

योधेय कालीन मुद्रा

एन सी ई आर टी

एन सी ई आर टी

एन सी ई आर टी (कक्षा 7) वर्ष 2014 से पहले यह नहीं था जो अब लिखा गया है।

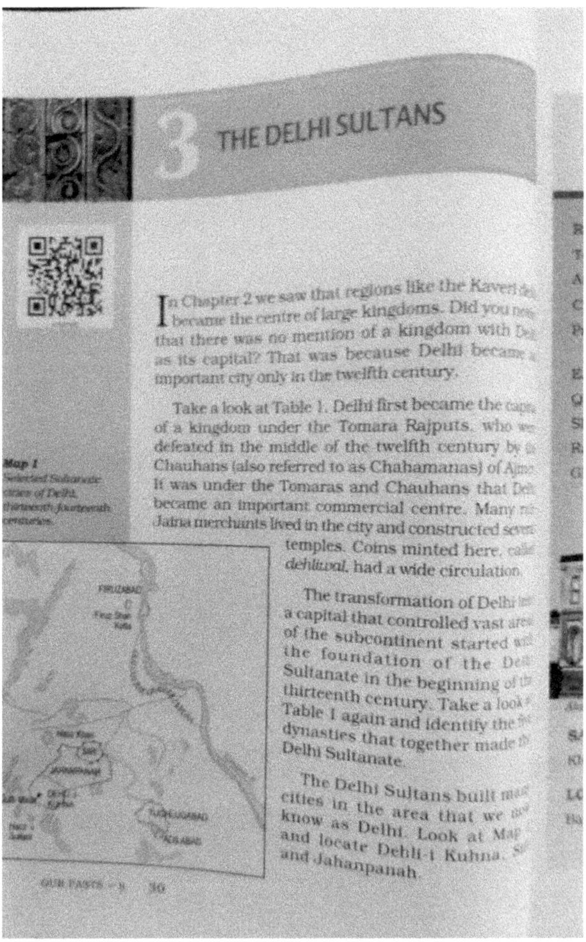
3 THE DELHI SULTANS

In Chapter 2 we saw that regions like the Kaveri de[lta] became the centre of large kingdoms. Did you no[tice] that there was no mention of a kingdom with De[lhi] as its capital? That was because Delhi became [an] important city only in the twelfth century.

Take a look at Table 1. Delhi first became the capi[tal] of a kingdom under the Tomara Rajputs, who we[re] defeated in the middle of the twelfth century by [the] Chauhans (also referred to as Chahamanas) of Ajm[er]. It was under the Tomaras and Chauhans that Delhi became an important commercial centre. Many ric[h] Jaina merchants lived in the city and constructed seve[ral] temples. Coins minted here, call[ed] *dehliwal*, had a wide circulation.

Map 1
Selected Sultanate cities of Delhi, thirteenth-fourteenth centuries.

The transformation of Delhi in[to] a capital that controlled vast are[as] of the subcontinent started wi[th] the foundation of the Del[hi] Sultanate in the beginning of th[e] thirteenth century. Take a look [at] Table 1 again and identify the fi[ve] dynasties that together made th[e] Delhi Sultanate.

The Delhi Sultans built ma[ny] cities in the area that we no[w] know as Delhi. Look at Map [1] and locate Dehli-i Kuhna, Si[ri] and Jahanpanah.

OUR PASTS – II 30

एन सी ई आर टी

कक्षा 7 दिल्ली सुलतान (Kingdom under the Tomara Rajputs)

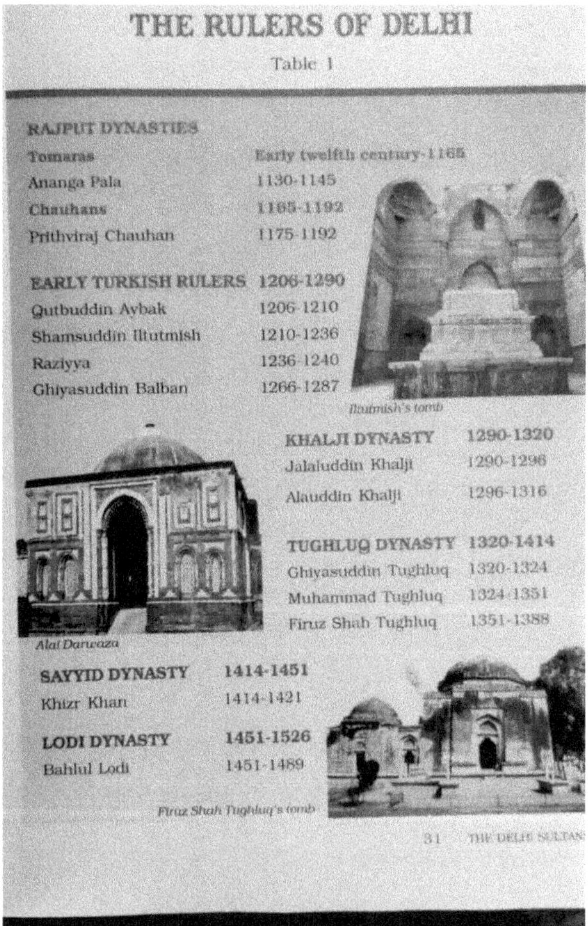

THE RULERS OF DELHI

Table 1

RAJPUT DYNASTIES	
Tomaras	**Early twelfth century-1165**
Ananga Pala	1130-1145
Chauhans	**1165-1192**
Prithviraj Chauhan	1175-1192
EARLY TURKISH RULERS	**1206-1290**
Qutbuddin Aybak	1206-1210
Shamsuddin Iltutmish	1210-1236
Raziyya	1236-1240
Ghiyasuddin Balban	1266-1287
KHALJI DYNASTY	**1290-1320**
Jalaluddin Khalji	1290-1296
Alauddin Khalji	1296-1316
TUGHLUQ DYNASTY	**1320-1414**
Ghiyasuddin Tughluq	1320-1324
Muhammad Tughluq	1324-1351
Firuz Shah Tughluq	1351-1388
SAYYID DYNASTY	**1414-1451**
Khizr Khan	1414-1421
LODI DYNASTY	**1451-1526**
Bahlul Lodi	1451-1489

Iltutmish's tomb

Alai Darwaza

Firuz Shah Tughluq's tomb

31 THE DELHI SULTAN

दिल्ली शासक - अनंगपाल 1130 -1145.

एन सी ई आर टी (कक्षा 7) वर्ष 2014 से पहले जो लिखा गया है उसे 2014 के बाद बदला गया।

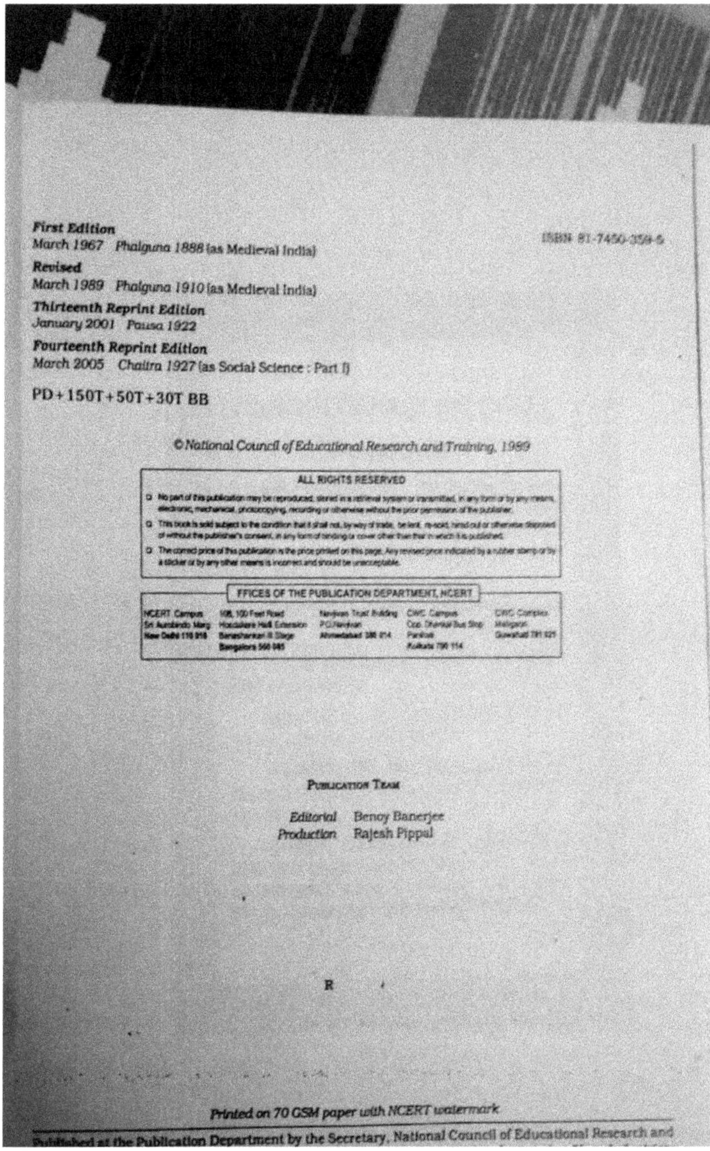

First Edition
March 1967 Phalguna 1888 (as Medieval India)
Revised
March 1989 Phalguna 1910 (as Medieval India)
Thirteenth Reprint Edition
January 2001 Pausa 1922
Fourteenth Reprint Edition
March 2005 Chaitra 1927 (as Social Science : Part I)

ISBN 81-7450-359-5

PD+150T+50T+30T BB

FFICES OF THE PUBLICATION DEPARTMENT, NCERT

NCERT Campus Sri Aurobindo Marg New Delhi 110 016	108, 100 Feet Road Hosdakere Halli Extension Banashankari III Stage Bangalore 560 085	Navjivan Trust Building P.O.Navjivan Ahmedabad 380 014	CWC Campus Opp. Dhankal Bus Stop Panihati Kolkata 700 114	CWC Complex Maligaon Guwahati 781 021

PUBLICATION TEAM

Editorial Benoy Banerjee
Production Rajesh Pippal

R

Printed on 70 GSM paper with NCERT watermark

Published at the Publication Department by the Secretary, National Council of Educational Research and

NCERT BOOK 2005 PUBLICATION

armies and was later ruled by the Sena dynasty. The Pratihara kingdom was breaking up into a number of states some of which were associated with the rise of the Rajputs.

The Rajputs

The Rajputs have a long and interesting history. Where they came from and who they were remains something of a mystery. Earlier historians thought that some of them belonged to certain Central Asian tribes which settled in India after the Huns had invaded northern India. Others now maintain that they were local chiefs who claimed high status. They were divided into clans. The Rajputs always insisted that they were of the *kshatriya* caste. Their kings ordered family histories to be written which connected them with either the sun-family *(surya-vamshi)* or the moon-family *(chandra-vamshi)* of ancient Indian kings. But there were four clans which claimed that they had not descended from either of these two families, but from the fire-family *(agni-kula)*. These four clans were the most important in the history of this period. They were the Pratiharas (or Partharas), Chauhans (or Chahamanas), Solankis (or Chaulukyas) and Pawars (or Paramaras).

These four *agni-kula* clans established their power in western India and parts of central India and Rajasthan. The Partharas ruled in the region of Kanauj. The Chauhans were strong in central Rajasthan. Solanki power rose in the region of Kathiawar and the surrounding areas. The Pawars established themselves in the region of Malwa with their capital at Dhar near Indore. Most of these dynasties began as small rulers under the Pratiharas and the Rashtrakutas, and they later rebelled against their overloards and declared their independence.

Other minor rulers also became powerful and gradually built small kingdoms in various parts of northern India, such as those of Nepal, Kamarupa (in Assam), Kashmir, and Utkala (in Orissa). Many of the hill states of the Punjab came into being at this time, including Champaka (Chamba), Durgara (Jammu) and Kuluta (Kulu). But these kingdoms were either in the hills or else were far away from the Rajput kingdoms and did not therefore take part in the history of the Rajputs. The kingdoms which did take part were those of Central India and Rajasthan such as those of the Chandellas in Bundelkhand, or the Guhilas in Mewar to the south of the Chauhans. To the north-east of the Chauhans were the Tomaras and they ruled in Haryana and the region around Delhi. They also began as small rulers under the Pratiharas, but they broke away when the Pratiharas became weak. The Tomaras built the city of Dhillika (Delhi) in A.D. 736. Later the Chauhans defeated the Tomaras and annexed their kingdom. It was a

Tomaras built the city of Dhillika (Delhi) in A.D. 736.

अनंगपाल तोमर दिल्ली शासक

सभी अभिलेख (दस्तावेज) यह तो मानते हैं कि दिल्ली की स्थापना अनंगपाल तोमर ने की थी । वर्तमान में जातीय व्यवस्था के चलते अनंगपाल तोमर को तोमर जाट, तोमर राजपूत और तोमर गुर्जर आदि अपनी-अपनी जाति से सम्बन्धित होने के अपने तरह-तरह के पक्ष रखते हैं ।

पुस्तक पढ़ने की आदत के कारण कक्षा 7 की एनसीईआरटी (नेशनल कौंसिल ऑफ़ एजुकेशन रिसर्च एंड ट्रेनिंग – राष्ट्रीय शैक्षिक अनुसंधान और प्रशिक्षण परिषद)) इतिहास पुस्तक आवर पाट्‌र्स – III) समाज विज्ञान प्रकाशन वर्ष मार्च 2021 पढ़ने का अवसर मिला । पुस्तक अंग्रेजी माध्यम से है ।

पुस्तक के अध्याय – 3 द दिल्ली सुल्तान्स (THE DELHI SULTANS) के पृष्ठ - 30 -

के दूसरे पैरा की पहली और दूसरी लाइन में लिखा हुआ है दिल्ली पहली बार तोमर राजपूत की राजधानी बनी थी । (Delhi first became the capital of a kingdom under the Tomara Rajputs)

पृष्ठ 31 पर दिल्ली शासक सारिणी दी गयी है

अनंगपाल – 1130 – 1145

पृथ्वीराज चौहान – 1175 – 1192 आदि ।

उपरोक्त पुस्तक पढ़ने से यह मालुम होता है कि अनंगपाल तोमर राजपूत थे (पृष्ठ 30 के अनुसार) और पृष्ठ 31 के अनुसार खाली अनंगपाल लिखा गया है । यहां तोमर शब्द और राजपूत शब्द दोनों नहीं लिखे हैं जबकि पृथ्वीराज चौहान लिखा गया है ।

विवेचना - अपने आप स्थिति को शंकास्पद कर रहे हैं, एक जगह अनंगपाल तोमर राजपूत लिखकर (पृष्ठ 30 के अनुसार) और दूसरे पृष्ठ 31 के अनुसार केवल अनंगपाल, किसे उचित माना जाय?

तोमर और राजपूत शब्द कहाँ से जोड़े गए – इसके अध्ययन के लिए इसी पुस्तक के पुराने प्रकाशन पढ़े गए जिनसे और स्थिति स्पष्ट होती है -

यथा – प्रकाशन मार्च 2005 अंग्रेजी

इसमे लिखा गया है – पृष्ठ – 22, - The Tomaras built the city of Dhillika (Delhi) in A.D. 736. जिससे यह अर्थ निकलता है कि ढिल्लिका शहर (दिल्ली) 736 ईस्वी में तोमरों ने बसाया । इसमें किसी शासक का नाम नहीं है केवल तोमर शब्द का उपयोग है ।

इसी पृष्ठ पर राजपूत के विषय में लिखा है – यथा

राजपूत

राजपूतों का एक लम्बा और मनोरंजक इतिहास है । वह कौन थे और कहाँ से आज यह आज भी रहस्य है । पूर्व इतिहासकारों का विचार था कि उनमें से कुछ मध्य एशिया की उन जातियों से सम्बन्धित हैं जो हूणों के उत्तर भारत के आक्रमण के बाद भारत में बस गई । अन्य अब ये मानते हैं कि वे उच्च प्रतिष्ठा का दावा करने वाले स्थानीय सरदार थे । वे कुलों में विभाजित थीं । राजपूत हमेशा जोर देकर कहते हैं कि वे क्षत्रिय जाति के हैं । राजपूत राजाओं ने अपने वंशों के इतिहास लिखवाए जिनमें उनका सम्बन्ध प्राचीन सूर्यवंशी या चन्द्रवंशी राजाओं से जोड़ा गया । किन्तु चार ऐसे राजपूत वंश भी थे जो अपने को इन दो प्राचीन वंशों का उत्तराधिकारी नहीं कहते थे । वे अपने को अग्निकुल का बतलाते थे । ये चारों वंश इस काल के इतिहास में सबसे अधिक प्रसिद्द हैं । वे परिहार (प्रतिहार), चौहान (चाहमन), सोलंकी (चालुक्य) और पंवार (परमार) थे ।

विवेचना – अब तोमर शब्द पर विचार कर लें –

तोमर शब्द रामायण और महाभारत दोनों में आया है, इसके साथ-साथ तोमर नाम की एक वन-औषधि भी है । कहने का आशय तोमर शब्द राजपूत शब्द से पुराना है ।

राजपूत शब्द की शुरुआत 6-7 वीं शताब्दी के बाद की है जब अग्नि यज्ञ कर अग्नि वंश की शुरुआत की गई और 13-14 वीं शताब्दी में इसका प्रचालन हुआ । यही स्थिति गुर्जर (गुजर) शब्द की है ।

जाट शब्द बहुत पुराना है – इसका उल्लेख देवों के देव महादेव शिव के पार्वती-शिव संवाद के देव संहिता में रूप में है । महर्षि पाणिनि ने भी लिखा है -"जट झट संघाते" । महाभारत में भी जाट शब्द कई बार आया है । जबकि राजपूत शब्द का तो प्रश्न ही नहीं बनता क्योंकि यह तो अग्निवंश के बाद का है ।

अग्नि वंश के चारों कुल प्रतिहार (या परिहार), चौहान (या चाहमन), सोलंकी (या चालुक्य) और पंवार (या परमार)–

थे, जो पहले से ही जाटों में विद्यमान हैं । इससे भी स्पष्ट होता है कि राजपूत शब्द बाद का है तोमर और जाट शब्द पहले से हैं ।

लेखक परिचय

लेखक परिचय

रनवीर सिंह (तोमर) आत्मज स्व. श्री दिलीप सिंह

बी.ई. (इलेक्ट्रिकल), एफ.आई.ई., चार्टर्ड इंजिनियर .

जन्म – 02 जुलाई 1955

जन्म स्थान - गांव - नगला भूपसिंह, डाकघर - पिसावा, जिला अलीगढ़, उत्तर प्रदेश 202155.

शिक्षा – बी. एस सी. इंजीनियरिंग (इलेक्ट्रिकल) अलीगढ़ मुस्लिम यूनिवर्सिटी अलीगढ़ उ.प्र. (1978).

एफ. आई.ई. चार्टर्ड इंजीनियर

सेवा – मध्य प्रदेश विद्‌युत मंडल (1979 से 2015), 36 वर्ष, सेवानिवृत्त - अति. मुख्य अभियन्ता.

वर्तमान – फेकल्टी मेंम्बर पावर डिस्ट्रीब्यूशन ट्रेनिंग सेंटर भोपाल.

वर्तमान निवास – मकान न. डुप्लेक्स - 11, कुटुम्ब अपार्टमेंट बलवन्त नगर, यूनिवर्सिटी रोड ठाठीपुर, ग्वालियर म.प्र. 474002.

अभिरुचि – पुस्तक अध्ययन, इलेक्ट्रिकल विषयों पर लेक्चर देना, सामाजिक गतिविधियाँ, वृक्षारोपण कार्य आदि.

अणु डाक – er.rsingh55@gmail.com , चलित दूरभाष +91 9425137463 .

प्रकाशित पुस्तकें – चौरासी का चक्कर, ऊर्जा संरक्षण एवं अक्षय उर्जा, विद्‌युत – सुरक्षा एवं उपचार, जाट संत, विद्‌युत वितरण संचालन और संधारण,

जटवारा चम्बल सिंध, ज्योतिष और भारतीय पर्व, विद्‌युत ऊर्जा मीटर, अर्थिंग (भू संयोजन), विद्‌युत वितरण ट्रांसफार्मर, जाट कवि, विद्‌युत उपकेन्द्र, जीवन की प्रेरणादायक कहानियां , पावर कैपेसिटर , विद्‌युत लाइन, Tomar Dynasty (अंग्रेजी), जाट मुख्यमंत्री, जाट राज्यपाल, जाट महिला खिलाड़ी, जाट प्लयेर्स (कॉमन वेल्थ गेम्स बर्मिन्घिम -2022), जाट बलिदानी (प्रकाशक – नोशन प्रेस/ Notion Press, वितरक – नोशन प्रेस, अमेज़न, फिल्पकार्ट).

महाराज अनंगपाल द्वितीय का पृष्ठ भाग में विष्णु ध्वज स्तम्भ (लौह स्तम्भ) के साथ (कलाकार की कल्पना)(स्रोत - सेमीनार ऑन किंग्स पी.डी. एफ.)

www.ingramcontent.com/pod-product-compliance
Ingram Content Group UK Ltd.
Pitfield, Milton Keynes, MK11 3LW, UK
UKHW060116010826
14089UKWH00003B/9

9 798894 7575